빛으로
지은 집 House of Debt

일러두기

1 원주는 미주로, 옮긴이주는 각주로 처리했다.
2 인용문의 고딕체 부분은 저자들이 강조한 것이다.

이 책은 실로 꿰매어 제본하는 전통적인 사철 방식으로 만들어졌습니다.
사철 방식으로 제본된 책은 오랫동안 보관해도 손상되지 않습니다.

빚으로
지은집

House of Debt

아티프 미안·아미르 수피 지음 | 박기영 옮김

가계 부채는
왜 위험한가

그린비센터

우리는 『빚으로 지은 집House of Debt』의 한국어판 출간을 매우 기쁘게 생각합니다. 우리가 책에서 했던 분석들 대부분은 미국에 초점을 맞추고 있습니다. 빚이 거시 경제와 어떻게 상호 작용을 하는지 제대로 이해하기 위해 필요한 최상의 미시 데이터를 구할 수 있는 나라가 미국이었기 때문입니다. 그러나 이 책에 나온 결론과 시사점들은 훨씬 더 광범위하게 적용될 수 있습니다.

예를 들어, 유럽 지역의 최근 불황은 미국의 경우와 매우 비슷한 경로를 따르고 있습니다. 유럽의 경기 후퇴도 채권국과 채무국이 하방 위험을 적절하게 분담하지 못했기 때문에 일어났습니다. 또한 스페인과 아일랜드의 경우처럼 악성 부채를 신속하게, 그리고 충분히 경감시켜 주지 못했기 때문에 경기 불황은 더욱 심각해지며 장기화되고 있습니다. 미국의 경우와 같이, 유럽이 겪고 있는 대다수 문제들의 근원에는 채무자의 상황에 아랑곳하지 않는 경직적인 채무 계약이 놓여 있습니다.

빚의 무서운 파괴력을 겪은 지역으로 아시아도 빼놓을 수 없습니다. 우리는 책의 4장에서 빚이 경제에 미치는 심각한 영향을 레버드로스levered losses 이론을 통해 설명하고 있는데, 1997년의 동아시아 금융 위기도 이에 해당됩니다. 당시 한국의 민간 부문을 포함해서, 동아시아 국가들은 해외로부터 막대한 자금을 빌려 와 부채가 크게 누적되어 있는 상황이었습니다. 그리고 이는 금융 위기 당시 한국과 같은 나라들을 우리가 책에서 설명하고 있는 〈채무자 섬debtor island〉과 같은 상황으로 몰아갔습니다.

동아시아 경제에서 자금이 빠져나가자, 채권자들은 채무자의 상황에 관계없이 대출액 전액을 모두 상환할 것을 요구했습니다. 이것이 바로 우리가 책에서 〈채무 계약의 가혹함〉이라 표현한 상황입니다. 동아시아 경제가 고통에 시름할 때, 해외 채권자들은 그 고통을 분담할 이유가 없었습니다. 〈채무자 섬〉처럼 동아시아 경제는 모든 충격을 감내해야 했고, 이는 총수요를 크게 감소시켜서 우리가 책에서 설명한 것과 유사한 이유로 불황을 야기합니다.

동아시아 위기는 한국이나 중국의 중앙은행들이 정책을 집행하는 방식에 큰 영향을 미쳤습니다. 중앙은행들은 빚의 잠재적 위험성을 깨달았으며, 빚이 외환 표시 대외 채무일 경우 특히 더 위험하다는 것을 깨달았습니다. 그래서 그들은 대외 채권자가 되는 정책을 신중하게 집행했습니다. 한국과 중국의 중앙은행들은 미국 채권을 수십

억 달러 규모로 사들이기 시작했습니다. 이는 사실상 미국 정부나 가계에 돈을 빌려 주는 것이나 다름없는 일이었습니다. 우리가 1장에서 논의하듯이 아시아 지역의 이런 변화는 10년 뒤 미국 경제에 큰 충격을 가하는 금융 위기의 전조가 됩니다.

이후 한국은 대외 채무의 위험성을 잘 관리했지만, 국내의 높은 민간 채무로부터 비롯된 문제에는 여전히 노출되어 있습니다. 우리가 책에서 설명한 레버드 로스 이론은 대내 채무와 대외 채무를 굳이 구분하지 않고 있습니다. 가장 근본적인 문제는 채무 계약에 대한 정의(定義)에, 즉 채무 계약이 위험을 채권자와 채무자 사이에 공평하게 나누지 않는 데 있기 때문입니다. 이런 관점에서 보면, 대외 채무이든 대내 채무이든 모두 똑같이 문제를 일으킬 소지가 있습니다. 우리가 1장에서 소개하고 있는 조르다, 슐라릭, 테일러의 연구도 높은 민간 부채수준이 불황의 심화 및 장기화와 관련이 높다고 보고하고 있습니다.

동아시아 위기 이후 한국의 가계 부채는 급속하게 증가해 왔습

• Jones, R. S. and M. Kim (2014), "Addressing High Household Debt in Korea," OECD Economics Department Working Papers, No 1164, OECD Publishing. http://dx.doi.org/10.1787/5jxx0558 mfbv-en.

니다. 가계 부채의 증가세는 가처분 소득의 증가세를 크게 앞질렀습니다. 가처분 소득 대비 부채 비율은 동아시아 위기 이후 두 배로 증가했습니다. 2012년 말 기준으로 가처분 소득 대비 부채 비율은 OECD 국가 평균은 133퍼센트이나 한국은 164퍼센트에 이릅니다. 국내 수요를 증가시키기 위해 가계 부채의 증가에 너무 크게 의존하는 것이 아니냐는 우려가 커지고 있습니다. 이는 바로 2000년대 미국에서 있었던 우려와 크게 다르지 않습니다.

우리가 책에서 주장하는 바는 가계 부채에 의존한 성장은 매우 위험하다는 것입니다. 한국 경제가 당면한 위험은 우리가 해외의 여러 역사적 사례들에서 살펴본 경우와 유사합니다. 주택 시장이 침체하기 시작하거나, 가계가 추가로 대출을 받을 여력이 감소하면 한국 경제의 총수요는 부정적인 충격을 받을 수 있습니다. 정부는 그런 만일의 사태에 어떻게 대비해야 할까요?

책의 3부에서는 빚으로 인해 경기 침체가 발생할 때 고려할 수 있는 정책적 대응 방안에 대해 논의하고 있습니다. 여기서 우리는 과다한 가계 부채로 인해 경제가 충격을 받았을 때 전통적인 정책 수단인 통화 정책과 재정 정책의 효과에 대해 논의하는데, 안타깝게도 이들 정책은 효과적이지 않을 수 있습니다. 빚으로 인해 불황이 발생할 때는 대규모의 신속한 채무 계약 재조정이 필수적인데, 현재의 금융 시스템으로는 효과적인 재조정이 일어나기 쉽지 않습니다. 우리는 책에서 이 문제에 대해 단기적, 장기적 해결책을 논의하고 있습니다. 우리의 제안이 한국 경제가 맞이한 잠재적 문제들을 해결하는 데 유용하게 쓰이기를 희망합니다.

　우리의 책을 한국 독자들에게 소개해 준 열린책들에 감사드립니다. 그리고 번역하느라 수고해 준 연세대학교 박기영 교수에게도 특별한 감사의 마음을 전합니다. 고맙습니다.

차례

한국어판 서문 5

House of Debt 1 보헤미아의 스캔들   13

1부 거품이 터졌을 때

House of Debt 2 빚과 파멸   33
House of Debt 3 허리띠 졸라매기   52
House of Debt 4 레버드 로스 이론   71
House of Debt 5 실업에 대한 설명   91

2부 거품의 형성

House of Debt 6 신용 팽창   111

House of Debt 7 재앙으로 이어지는 길   134

House of Debt 8 빚과 거품   155

3부 악순환의 고리 끊기

House of Debt 9 은행을 구할 것인가, 경제를 구할 것인가? 173

House of Debt 10 부채 탕감   196

House of Debt 11 통화 정책과 재정 정책   222

House of Debt 12 고통의 분담   244

감사의 글 275   주 277   옮긴이의 말 305   찾아보기 311

보헤미아의 스캔들

〈우리는 섹스, 술, 주말 없이 살 수 없다.〉 레저용 자동차를 만드는 위니바고Winnebago의 밥 올슨 회장이 가슴에 늘 달고 다녔던 배지의 문구다. 이 문구가 의미하듯이 미국에서는 많은 사람들이 주말과 휴가 기간에 레저용 자동차를 타고 여행을 다니기 때문에 미국에서 레저용 자동차에 대한 수요는 꾸준히 있어 왔다. 하지만 2008년 들어 경기가 급격히 나빠지면서 레저용 자동차 주요 제조 회사 중 하나인 모나코 코치 코퍼레이션Monaco Coach Corporation의 매출은 30퍼센트나 감소했다. 예전과 달리 차가 팔리지 않는 상황에서 모나코사는 어떻게 손 써볼 틈도 없이 파산 신청을 하게 되었으며 이 회사의 대변인 크레이그 와니체크는 〈우리 회사가 어떻게 해볼 수 없는 경제 전체의 상황 악화로 인해 힘든 결정을 하게 된 것을 유감으로 생각한다〉고 발표했다.

모나코 사는 디젤 엔진 이동 주택 차량 분야에서 선두 업체였다. 오랫동안 인디애나 주 북쪽에 생산 기지를 두고 미국 전역에 판매를 하고 있었으며, 2005년 당시 1만 5,000대 이상의 이동 주택 차량을 판매하고 인디애나 주 와카루사, 내파니, 엘크하트 카운티 사람들 3천 명 정도를 고용하고 있었다. 그러나 2008년 7월 모나코 사는 인디애나 주에 있는 두 개의 공장에서 1,430명을 정리해고했다. 직원들은 충격에 빠졌다. 와카루사 지역에 있는 공장에서 일하던 제니퍼 에일리어는 한 식당에서 기자에게 이렇게 얘기했다. 「정말 충격적입니다. 직원들은 정리해고가 있을 것이라 예상은 했지만 이 정도 규모일 줄은 몰랐습니다.」 와카루사 지역 한 호텔에서 바텐더로 일하는 캐런 헌트는 정리해고된 직원들을 걱정했다. 「이 사람들은 몇십 년 동안 이 일만 해온 사람들입니다. 이렇게 일하다 50대에 접어든 사람들을 누가 새로 채용하겠어요? 이 사람들은 망연자실하고 있는데 사실 앞으로가 더 걱정일 겁니다.」

이런 비극적인 이야기는 2008년 인디애나 주 북부 지역에서 흔한 일이었다. 연말이 되자 엘크하트 카운티 실업률은 4.9퍼센트에서 16.2퍼센트로 껑충 뛰었으며 2만 개의 일자리가 사라졌다. 실업의 여파는 지역 내 학교와 자선 기관에서도 찾아볼 수 있었다. 엘크하트의 무료급식소를 찾는 사람들의 수가 두 배 이상 늘었고 구세군이 크리스마스 기간 동안 공급한 음식과 장난감도 대폭 증가했다. 또한 이 지역 공립 학교 학생 중 약 60퍼센트가 저소득 가정을 지원하기 위한 무료 점심 프로그램을 신청할 정도였다.[1]

인디애나 주 북부 지역은 충격이 빨리 온 편이었지만, 다른 지역도 힘든 상황을 겪긴 마찬가지였다. 대침체 Great Recession는 2007년부터 2009년 사이 약 800만 개의 일자리를 앗아 갔다. 그리고 400만 채

이상의 집들이 압류를 당했다. 만약에 대침체가 없었다면 2012년 미국의 국민 소득은 약 2조 달러 높았을 것이다. 가계당 약 1만 7,000달러에 해당하는 금액이다.[2] 무형의 손실은 더 크다고 할 수 있다. 많은 연구들이 우울증, 자살 등 실업이 심리에 끼치는 부정적 효과를 지적하고 있다. 또한 불황 중 정리해고된 사람들은 평생 벌어들일 소득의 3년치에 해당하는 소득을 잃어버린다는 연구도 있다.[3] 루스벨트 대통령이 일찍이 실업은 〈사회 질서에 대한 가장 큰 위협〉이라고 말했던 것처럼 실업이 미치는 부정적 효과는 매우 크다.[4]

인디애나 주 모나코 사 직원들처럼 불황 중 직장을 잃은 사람들은 충격을 받고, 어찌할 바를 모르며 혼란에 빠지곤 한다. 이들이 충격과 혼란에 빠지는 데는 나름의 이유가 있다. 왜냐하면 심각한 경제 불황은 많은 측면에서 미스터리이기 때문이다. 대부분의 경우 불황은 경제의 생산 능력 변화와 무관하게 발생한다. 예를 들어, 대침체의 경우도 자연재해나 전쟁으로 인해 건물이나 생산 설비가 크게 파괴되거나 갑자기 첨단 기술이 퇴보되어 발생한 것이 아니다. 모나코 사의 근로자들 역시 오랜 기간 쌓아 온 숙련 기술을 하루아침에 까먹은 것이 아니다. 그러나 경제는 갑자기 삐걱거리고, 사람들의 소비는 급감했으며, 수백만 개의 일자리가 사라져 버렸다. 불황으로 인한 무형의 손실은 말할 것도 없다. 그러나 왜 불황이 일어나는지에 대해서는 명확한 설명이 존재하지 않는다.

사람들은 몸이 아플 때 의사를 찾아가게 된다. 왜 아픈지, 어떻게 하면 통증이 나아질지 묻게 된다. 상황을 개선시키기 위해 약을 먹거나 생활 습관을 고칠 의향도 있다. 신체적 고통이 아니라 경제적 고통인 경우에는 누구에게 찾아가야 할까? 상황을 개선시키기 위해 무엇을 해야 할까? 불행하게도 사람들은 의사들에게 드러내는 존경심을 경제학자들에게 보이지 않는다. 존 메이너드 케인스John Maynard Keynes가 1930년대 대공황 당시 동료 경제학자들에게 일갈했듯이 경제학자들은 〈관찰된 사실과 이론이 일치하지 않는 데 개의치 않는다〉. 그 결과 보통 사람들은 〈이론적 예측이 사실과 부합하는지 검증하는 다른 과학자들 집단에 대해 가지는 존경심을 경제학자들에게도 똑같이 가지기를 갈수록 꺼리고 있다〉.[5]

케인스가 살았던 시기에 비해 경제 활동에 대한 통계는 크게 늘어났으며 이들 통계를 분석할 수 있는 기술적 방법들도 크게 향상되었다. 이에 힘입어 우리는 이 책을 쓸 수 있었다. 우리의 목표는 야심 차다. 우리는 통계와 과학적 기법을 이용해서 오늘날 경제가 직면하고 있는 가장 중요한 문제들에 대한 답을 찾고자 한다. 왜 심각한 불황들이 발생하는가? 우리는 대침체와 그로 인한 결과를 막을 수 있었는가? 우리는 이런 위기들을 미연에 방지할 수 있는가? 이 책은 실증적인 증거에 기반을 두고 이러한 질문들에 답할 것이다. 모나코 사의 정리해고된 직원들을 포함해서 일자리를 잃은 수백만 명의 사람들은 대침체가 왜 일어났는지, 이런 위기를 방지하기 위해 우리가 무엇을 해야 하는지에 대해 증거에 기반을 둔 설득력 있는 설명을 들을 자격이 있는 사람들이다.

누가 범인인가? ─

명탐정 셜록 홈즈는 추리 소설 『보헤미아의 스캔들*A Scandal in Bohemia*』에서 이런 유명한 말을 남겼다. 〈자료를 보기 전에 이론부터 세우는 것은 중대한 실수다. 왜냐하면 그럴 경우 사실에 부합하는 이론을 만드는 대신 부지불식간에 이론에 부합하도록 사실을 비틀기 때문이다.〉[6] 심각한 경제 불황의 미스터리는 셜록 홈즈가 풀어야 했던 난제들에 견줄 수 있다. 경제학자들도 실제로 어떤 일들이 일어났는지 제대로 알기도 전에 이론부터 서둘러 세우는 우를 범하기 쉽다. 하지만 우리는 자료를 먼저 살펴보는 셜록 홈즈의 문제 해결 방식을 따라야만 한다. 최대한 많은 자료들을 모으는 것부터 시작하자.

대침체와 관련해서 중요한 사실 하나가 있다. 미국의 가계 부채는

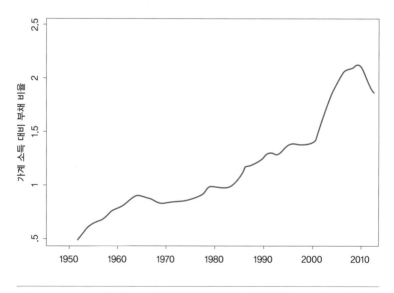

그림 1.1 미국의 가계 소득 대비 부채 비율

2000년부터 2007년 사이 급격하게 늘어났다. 불과 7년 사이에 가계 부채 총액은 두 배로 늘어 14조 달러에 이르렀으며 가계 소득 대비 부채 비율도 1.4에서 2.1로 껑충 뛰었다. 그림 1.1은 1950년부터 2010년 사이 가계 소득 대비 부채 비율을 보여 주고 있는데 2000년대 이후 증가세가 얼마나 빠른지 볼 수 있다. 2000년까지 이 비율은 완만한 증가세를 보이다가 그 이후부터 2008년까지 급격하게 증가하고 있다.

국내 총생산 대비 부채 비율의 장기적 패턴에 대해 연구한 경제학자 데이비드 베임David Beim에 따르면, 대침체 직전의 증가세와 견줄 만한 사례는 미국 역사를 통틀어 딱 한 번 있었다. 바로 대공황 초기다.[7] 1920년부터 1929년 사이 주택 할부금과 자동차, 가구 등 내구재 소비에 대한 할부금이 폭발적으로 증가했다. 비록 현재와 비교해서 통계 자료가 조금 덜 정확하겠지만 경제학자 찰스 퍼슨스Charles Persons가 1930년대에 계산한 결과에 따르면 도시 지역 주택 담보 대출액은 1920년부터 1929년 사이 세 배가 증가하였다.[8] 이런 증가세는 2000년부터 2007년 사이 주택 시장 활황에 견줄 바가 아니었다.

1920년대의 할부 금융 증가는 소비자들이 세탁기, 자동차, 가구 등 내구재를 사는 방식을 완전히 바꿔 놓았다. 소비자 금융 분야에서 손꼽히는 전문가인 마사 올니Martha Olney는 〈1920년대는 소비자 금융 역사에서 전환점을 이룬 시기였다〉고 설명한다.[9] 미국 역사에서 처음으로 내구재를 사려는 소비자들이 매장에서 현금이 아니라 빚을 이용해 사는 것이 자연스럽게 느껴지던 시기였다. 빚을 내서 물건을 구입하는 것에 대한 사회적 인식도 변해서 이전보다 거부감 없이 더 자연스럽게 받아들여졌다.

이런 소비 행태의 변화로 1920년대 가계 지출은 소득보다 더 빠르게 증가했다.[10] 가계 소득 대비 소비자 부채는 대공황 전 10년 동안 두 배 이상 증가하였으며 많은 학자들이 〈1929년에 가계 부채가 유례없이 증가했다〉고 지적한다.[11] 1930년 찰스 퍼슨스는 이미 1920년대의 부채 증가에 대해 명쾌한 결론을 내렸다. 〈지난 10년은 엄청난 신용 팽창이 있었던 시기였다. 지난 시기 경제가 호황을 누린 가장 큰 이유는 엄청난 빚을 끌어당겨 썼기 때문이다.〉[12] 그리고 가계가 빚에 의존해 소비를 하면서 저축은 감소하였다. 마사 올니는 1898년부터 1916년 사이 7.1퍼센트였던 미국의 개인 저축률이 1922년부터 1929년 사이 4.4퍼센트로 감소했다고 추정한다.

앞서 살펴본 바와 같이 대공황과 대침체 직전 모두 가계 부채가 급격하게 증가했다. 놀라운 공통점은 또 있다. 바로 두 사건 모두 가계 지출이 이해할 수 없을 정도로 급감하면서 시작되었다는 것이다. 모나코 사의 종업원들은 이 점을 쉽게 이해할 것이다. 왜냐하면 정리 해고가 있었던 이유는 2007년과 2008년 사이 이동 주택 차량에 대한 소비가 급감했고 그 결과로 일감이 없어졌기 때문이다. 이런 패턴은 어디서나 볼 수 있었다. 자동차, 가구, 가전제품 등 내구재 소비도 2008년 최악의 금융 위기 직전에 급감했다. 예를 들어 2008년 1월부터 8월 사이 자동차 판매는 2007년 대비 10퍼센트 가까이 감소했다.

대공황도 마찬가지로 가계 지출이 급격하게 감소하면서 시작되었다. 경제사학자인 피터 테민Peter Temin은 대공황이 심각했던 이유는 독립 지출*이 매우 크게 감소하고 그 감소세가 지속적이었기 때문이라 주장한다. 덧붙여 그는 1930년대 소비 감소는 〈진정으로 독립적〉

이라고 설명한다. 소득의 감소나 가격 변화만으로 소비 감소를 설명하기에는 독립 지출의 감소 폭이 너무 컸기 때문이다. 대공황 때와 마찬가지로 대침체를 촉발시킨 소비 지출의 감소도 불가사의할 정도로 컸다.[13]

국제적 증거 ──

미국처럼 경제적 재앙 이전에 가계 부채가 급증하고 소비 지출이 급감하는 패턴은 다른 나라에서도 널리 찾아볼 수 있다. 다른 나라들의 경우를 살펴보면 새로운 사실을 하나 더 알 수 있다. 그것은 바로 가계 부채가 더욱 크게 증가할수록, 소비 지출 또한 급격히 줄어든다는 것이다. 16개 경제협력개발기구OECD 국가들을 대상으로 대침체를 연구한 루벤 글릭Reuven Glick과 케빈 랜싱Kevin Lansing에 따르면, 1997년부터 2007년 사이 가계 부채가 크게 증가했던 나라일수록 2008년부터 2009년 사이 가계 지출은 더욱 큰 폭으로 줄어들었다.[14] 즉 불황 전 가계 부채 증가와 대침체 시기 소비 감소 사이에는 강한 상관관계가 있었다. 대상 국가 중 소비 감소가 가장 컸던 두 나라인 아일랜드와 덴마크는 2000년대 초 가계 부채가 엄청나게 증가했던 나라다. 2000년부터 2007년 사이 미국의 가계 부채도 엄청나게 증가했지만 같은 시기 아일랜드, 덴마크, 노르웨이, 영국, 스페인, 포르투갈, 네덜란드의 가계 부채 증가 폭은 이보다 더 컸다. 마찬가지로 미

• autonomous spending. 소득 수준의 변화와 관계없는 소비 지출.

국의 소비 지출이 급격하게 감소했던 것보다 (포르투갈을 제외한) 6개 나라의 소비 감소 폭은 더 컸다.

국제통화기금IMF의 한 연구는 글릭과 랜싱의 연구를 동유럽과 아시아 국가들을 포함시켜 36개국으로 확장했고 2010년까지로 표본 기간을 늘렸다.[15] 연구 결과 불황 시 소비 감소를 가장 잘 예측하는 변수가 가계 부채 증가율임을 확인할 수 있었다. 달리 얘기하면, 대침체 이전 어떤 나라에서 얼마만큼 가계 부채가 증가했는지 알 수 있다면, 대침체기 동안 어떤 나라에서 소비 지출이 가장 크게 감소하는지 알 수 있다는 것이다.

과연 가계 부채 증가와 불황의 정도 사이의 관계는 대침체에만 국한되는 것일까? 최근까지 영란은행 총재를 맡았던 머빈 킹Mervyn King은 대침체가 있기 오래전인 1994년에 〈부채 디플레이션: 이론과 증거Debt Deflation: Theory and Evidence〉라는 제목으로 유럽경제학회 회장 취임 연설을 했다. 연설 요약문의 첫 줄부터 머빈 킹은 〈1990년대 초 가장 심각한 불황이 일어났던 나라들은 모두 민간 부채가 가장 크게 증가했던 나라들이었다〉라고 주장했다.[16] 연설문에서 머빈 킹은 1984년에서 1988년 사이 국가별 가계 부채의 증가와 1989년에서 1992년 사이 해당 국가의 경제 성장률 간의 관계를 자료를 통해 보여 주었다. 머빈 킹의 연구는 20년 뒤 글릭과 랜싱, 국제통화기금이 수행한 연구와 매우 유사하다. 완전히 다른 시기의 경제 위기를 대상으로 연구했지만, 머빈 킹도 똑같은 관계를 발견했다. 스웨덴, 영국처럼 가계 부채가 가장 급격하게 증가한 나라들이 불황 시 경제 성장이 가장 크게 둔화되었다.

또 다른 예로 경제학자 카르멘 라인하트Carmen Reinhart와 케네스 로고프Kenneth Rogoff가 연구한 제2차 세계 대전 이후 선진국에서 발생한 〈5대〉 은행 위기를 들 수 있다. 5대 은행 위기란 1977년 스페인, 1987년 노르웨이, 1991년 핀란드와 스웨덴, 1992년 일본에서 발생한 은행 위기를 말한다.[17] 이들 위기는 모두 자산 가격이 급락하고 은행들이 큰 손실을 입으면서 발생했는데, 또한 모두 회복에 오랜 시간이 걸린 심각한 경제 불황이었다. 라인하트와 로고프는 이들 나라 모두 위기 직전 부동산 가격이 크게 상승했으며 (나라 전체가 생산한 것보다 더 많이 소비했다고 해석할 수 있는) 경상 수지 적자가 커졌다고 지적한다.

하지만 라인하트와 로고프는 은행 위기에 선행하는 가계 부채의 패턴에 대해서는 강조하지 않았다. 은행 위기를 가계 부채와 연결 지어 살펴본 연구로는 모리츠 슐라릭Moritz Schularick과 앨런 테일러Alan Taylor의 연구를 들 수 있다. 이들은 핀란드를 제외한 4개 나라에 대해 관련 통계를 추가로 모으고 분석한 결과 4개 나라 모두에서 은행 위기 발생 전 민간 부채가 급격하게 증가했음을 보였다(여기서 민간 부채는 정부와 은행의 부채를 제외한 가계와 비금융 회사의 부채를 뜻한다). 모두 위기 전 민간 부채가 증가했다는 점에서 이들 은행 위기는 어떤 의미에서 민간 부채 위기라 불러도 무방하다. 또한 이런 맥락에서 대공황, 대침체와 궤를 같이한다고 볼 수 있다. 은행 위기와 가계 부채의 누적은 서로 깊이 관련되어 있다. 또한 이 둘의 결합은 금융 위기를 낳으며, 라인하트와 로고프의 획기적인 연구가 보였듯이 가장 심각한 경제 위기와 관련되어 있다.[18] 은행 위기는 사람들의 관심을 끄는 큰 사건이지만 우리는 이러한 위기에 앞서 가계 부채가 누적되는 현상이 일어난다는 사실을 분명하게 인식해야 한다.

불황의 심각성을 결정하는 데 금융 위기의 어떤 측면들이 중요할까? 가계 부채의 증가일까, 아니면 은행 위기일까? 오스카 조르다 Oscar Jorda, 모리츠 슐라릭, 앨런 테일러의 연구가 이에 대한 답을 제공하고 있다.[19] 이들은 1870년부터 2008년 사이 14개 선진국에서 일어났던 200회가 넘는 불황 사례들을 분석했다. 이들의 연구는 라인하트와 로고프의 연구 결과, 즉 은행 위기로 인해 촉발된 불황이 다른 일반적인 불황의 경우보다 경제에 미치는 여파가 훨씬 더 크다는 것이 옳다는 사실을 확인하면서 출발한다. 그러나 조르다, 슐라릭, 테일러는 또 다른 사실도 발견했다. 그것은 바로 은행 위기로 인해 촉발된 불황에 앞선 민간 부채의 증가량이 다른 일반적인 불황의 경우보다 훨씬 더 크다는 사실이다. 은행 위기로 인해 촉발된 불황 이전의 부채 증가량은 그렇지 않은 경우보다 무려 다섯 배에 이른다. 그리고 은행 위기로 촉발된 불황이더라도 민간 부채가 낮았을 경우에는 경제적 여파가 일반적인 불황의 충격과 비슷함을 알 수 있었다. 즉 부채가 증가하지 않는 이상 은행 위기로 인한 불황은 다른 불황과 크게 다를 바 없다는 것이다. 반대로 은행 위기가 수반되지 않은 일반적인 불황이라도 민간 부채가 많았던 상황에서는 경제적 여파가 더 크다는 것도 발견했다. 결론적으로 최악의 불황은 민간 부채가 높은 상황에서 은행 위기와 연관될 때 나타난다.[20] 수많은 사례를 분석한 이들 연구의 결론은 명확하다.

선진국들의 현대 경제사에 대한 한 세기 또는 그 이상에 걸친 연구를 통해 우리는 호황 시 부채의 누적과 뒤이은 불황의 심각성 사이에는 매우 밀접한 관계가 있다는 것을 최초로 보였다. 또한 우리는 금융 위기의 경제적 비용이 위기 직전 시기 부채 비율에 따라 매우 크게 달라질 수 있다는 것을 보였다.[21]

미국의 사례와 국제적 사례들을 종합해 보면 아주 분명한 패턴을 찾을 수 있다. 그것은 바로 경제적 재앙에는 거의 언제나 가계 부채의 급격한 증가라는 현상이 선행해서 일어난다는 것이다. 사실상 이 상관관계는 매우 강해서 거시 경제학에서 얘기하는 일종의 경험적 법칙에 가깝다고 할 수 있다. 더욱이 가계 부채의 급격한 증가와 경제 위기는 소비 지출의 급격한 감소와 긴밀하게 연관되어 있다.

다시 한 번 얘기하면, 가계 부채, 소비 지출, 불황의 심각성은 서로 연관되어 있는 것으로 보인다. 하지만 언뜻 보면 이 세 가지 요소 사이의 정확한 관계는 분명하지 않기 때문에 다른 설명도 가능하다. 여러 유능한 경제학자들이 다른 가설들을 살펴보았는데, 그중 일부는 가계 부채는 지엽적인 문제에 불과하다고 주장한다. 즉 불황의 심각성을 설명할 때 가계 부채는 주요 변수가 아니라는 것이다.

다른 가설들 ──

가계 부채의 중요성를 회의적으로 보는 경제학자들은 다른 대체 가설을 제시한다. 아마도 가장 일반적인 의견은 경제의 펀더멘털 fundamentals을 강조하는 시각이다. 이러한 시각에 따르면 심각한 불황은 자연재해, 쿠데타, 미래에 대한 전망 변화 등 경제의 펀더멘털에 가해지는 충격에 의해 발생한다.

하지만 우리가 살펴본 심각한 불황들은 자연재해나 커다란 정치적 사건들에 이어서 일어나지 않았다. 그렇기 때문에 펀더멘털을 강조하는 시각은 경제 주체들이 미래에 대한 기대가 바뀔 때 불황이 일어날 수 있다고도 한다. 예를 들면 불황 직전 부채가 늘어나는 것은 단순히 소득이나 생산성이 계속 증가할 것이라는 낙관적인 전망을 반영하는 것일 수 있다는 것이다. 경제 주체들이 어떤 기술의 발전 때문에 생활 환경이 크게 개선될 것이라 기대한다고 하자. 심각한 불황은 이런 기대가 충족되지 않을 때 일어날 수도 있다는 것이다. 기술이 발전하거나 소득이 계속 증가할 것이라는 기대가 어긋날 때 사람들은 소비를 줄이기 시작한다. 펀더멘털을 강조하는 시각에 따르면 심각한 불황 전까지 부채는 계속 증가하기 마련이다. 그러나 이런 상관관계는 바로 인과관계까지 의미하지는 않는다.

두 번째 설명은 야수적 충동animal spirits에 따른 시각이다. 경기 변동은 비합리적이고 자주 변하는 기대 때문에 일어난다는 이 시각은 어떤 합리적 사고를 따르는 과정이 아니라는 점만 빼고는 앞서 설명한 펀더멘털에 기초한 시각과 유사하다. 예를 들어 대침체 전 주택 시장이 호황일 때 사람들은 주택 가격이 영원히 오를 것이라는 비합리적 기대를 가지고 빚을 내서 집을 사고 소비를 늘린다. 그러다가 변덕이 심한 인간의 심리로 인해 어느 한 순간 집값이 떨어질지도 모른다는 비관적인 기대를 하게 되면 급격하게 소비를 줄인다. 그 결과 주택 가격은 하락하고 자기실현적 예언에 따라 경제 전체는 나락으로 떨어진다. 즉 미래에 대한 비관적 기대로 경기 불황을 걱정한 나머지 소비를 줄인 것이 실제로 불황을 가져오는 것이다. 이 시각도 첫 번째 시각과 마찬가지로 가계 부채는 불황과 거의 아무런 관련이 없다고 본다. 두 시각 모두에는 일종의 운명론에 기반을 둔 체념이 짙게 드리워져 있다. 둘 다 경제 활동이 급격하게 축소되는 것은 예측할 수도 없고 피할 수도 없다고 보기 때문이다. 이들 시각에 따르면 불황은 경제가 자연스럽게 돌아가면서 나타나는 일반적인 현상일 뿐이다.

세 번째 가설은 은행banking 중심적 시각이다. 문제의 핵심은 금융 부문이 약화되면서 자금의 흐름이 멈추는 데 있다는 것이다. 이 시각에 따르면 부채의 누적이 문제가 아니다. 진짜 문제는 부채의 흐름이 멈추는 것이다. 이 시각에는 은행이 가계와 기업들에 계속 자금을 공급할 수 있다면 경제는 멀쩡하게 돌아간다는 생각이 바탕에 깔려 있다. 즉 은행을 구제하면 경제를 구할 수 있고 우리는 평온한 일상으로 돌아갈 수 있다는 것이다.

이 시각은 대침체기 동안 정책 입안자들의 전폭적인 지지를 받았다. 당시 부시 행정부의 정책 대안은 2008년 9월 24일 조지 부시 대통령의 연설에서도 볼 수 있듯이 이 시각에 크게 의존했다.[22] 그때 부시 대통령은 이렇게 말했다. 「집값이 하락하면서 모기지 대출과 관련된 금융 자산의 가격이 크게 떨어졌으며 이들 자산을 보유하고 있던 은행들은 자금의 공급을 줄였습니다. 그 결과 경제 전체가 위험해졌습니다. ……그렇기 때문에 제가 오늘 제안하고자 하는 바는 연방 정부가 이들 부실 자산과 관련된 위험을 줄이고 자금을 긴급하게 공급함으로써 은행 및 다른 금융 기관들의 파산을 막고 이들 기관들이 자금을 다시 공급하게 만들자는 것입니다. ……이러한 정책적 노력은 미국 경제 전체를 살리기 위한 것입니다.」 부시 대통령은 우리가 은행을 구한다면 〈일자리도 만들 수 있고〉, 〈경제도 회복하고 성장할〉 거라고 주장했다. 과도한 부채 따위는 없다. 그러니 은행이 더 많은 대출을 해줄 수 있도록 격려하는 것이 우리의 할 일이라는 것이다.

* * *

경제적 재앙에 대처하고 나아가 이를 미연에 방지할 수 있는 유일한 방법은 그 원인을 이해하는 것이다. 대침체 당시 원인에 대한 갑론을박 때문에 정책 입안자들이 적절하게 상황에 대처하는 것이 지연되었다. 우리가 주장한 가계 부채와 심각한 불황 사이의 관계에 대해 추가로 설명이 필요한 것인지, 아니면 위의 세 가지 다른 시각들이 맞는지 구분할 필요가 있다. 이를 위한 가장 좋은 방법은 과학적 기법을 사용하는 것이다. 통계와 자료들을 자세하게 살펴보고 어떤 이론이 옳은 것인지 알아보자. 이것이 이 책을 쓴 목적이다.

가계 부채가 어떻게 경제에 영향을 미치는지 제대로 알기 위해서 우리는 미국의 대침체 시기를 중점적으로 분석할 것이다. 오래전 불황을 경험한 경제학자들에 비해 우리는 훨씬 많은 통계와 이를 수월하게 분석할 컴퓨터를 가지고 있다. 대출, 지출, 주택 가격, 파산 등을 포함해서 수많은 사건들에 대한 미시적 통계가 있다. 이들 통계는 모두 미국 전역의 우편번호zip-code 단위 지역별로 구분되어 있으며 일부 통계는 심지어 개인별, 계약별로도 존재한다. 많은 통계와 발전된

컴퓨터 성능 덕분에 우리는 누가 더 많은 부채를 졌는지, 누가 지출을 줄였는지, 누가 일자리를 잃었는지 검증할 수 있다.

큰 그림 ──

독자들의 짐작대로 우리는 빚이 위험하다고 생각한다. 우리의 생각이 옳다면, 그리고 가계 부채의 빠른 증가가 실제로 심각한 불황을 야기한다면, 우리는 금융 시스템 전반에 대한 우리의 생각을 근본적으로 바꿔야 한다. 금융 시장의 주요 기능 중 하나는 사람들로 하여금 위험을 분산시키고 나누도록 하는 것이다. 실제로 금융 시장은 위험을 감소시키는 많은 상품들을 내놓고 있다. 예를 들어 생명 보험, 주식 포트폴리오, 주요 지표에 기초한 풋옵션˙ 등이 그것이다. 이들 상품을 이용해서 가계는 예측하지 못한 사건으로 인한 피해를 줄일 수 있다는 안도감을 가질 수 있다.

　가계로 하여금 과도하게 빚을 지게 함으로써 돌아가는 금융 시스템은 우리가 원하는 바와 정반대의 시스템이다. 왜냐하면 빚은 오직 채무자에게만 위험을 지우기 때문이다. 우리는 집값 하락 같은 충격에 대비할 수 있게 하는 시스템을 원하지만 우리가 이 책에서 보이듯이 현재의 금융 시스템 아래에서는 집값 하락의 충격은 고스란히 해당 주택의 소유자만 받게 된다. 현재의 금융 시스템은 우리 같은 대중들에게 유리하게 작동하지 않고 불리하게 작동한다. 우리는 아래에서 대출을

˙ put option. 어떤 자산을 미리 정한 가격으로 지정된 날짜 또는 그 이전에 팔 수 있는 권리.

끼고 집을 산 사람의 예를 통해 모기지가 자금을 빌려 준 은행보다 주택 소유자에게 훨씬 더 위험할 수 있다는 것을 보일 것이다. 주택 소유자들은 오직 집값이 폭락했을 때에만 본인들이 얼마나 위험한 투자를 했던 것인지 알 수 있다.

그러나 모든 것이 비관적이지는 않다. 만약에 과도한 부채가 문제의 원인이라면 우리는 이 문제를 해결할 수 있다. 이 경우 우리는 더 이상 심각한 불황과 대규모 실업 사태를 경기 변동 과정의 필수 불가결한 현상이라 생각할 필요도 없다. 운명이라고 체념할 필요 없이 상황을 개선시킬 수 있는 것이다. 우리는 독자들이 책을 덮고 나서 향후 불황에 어떻게 대처하고, 나아가 불황 자체를 방지할 수 있는 어떤 이론적 체계, 그것도 경험적 사실에 기반을 두고 있는 체계를 알기 바란다. 우리는 이 목표가 매우 야심 차다는 것을 잘 알고 있다. 그러나 이는 반드시 추구해야 할 목표라고 믿는다. 우리는 불황이 불가피하다고 믿지 않으며, 우리가 이해할 수 없는 자연의 섭리 때문이라고도 생각하지 않는다. 오히려 불황은 너무 많은 가계 부채를 양산하는 금융 시스템 때문에 발생한다. 경제적 불황은 자연의 섭리에 의해 발생하는 것이 아니라 사람들이 만들어 내는 것이다. 문제를 잘 이해할 수 있는 적절한 관점은 어떻게 불황을 예방할 수 있는지 이해하는 데 도움을 줄 것이다.

House of Debt

1부

거품이 터졌을 때

빚과 파멸

우리 모두는 갑작스럽게 발생하는 병, 태풍, 화재와 같이 생명을 위협할 수 있는 예측 불가능한 위험에 노출되어 있다. 또한 이런 위험들을 잘 알고 있기 때문에 보험을 사서 예기치 못한 위험에 대비하고 있다. 이것이 우리가 금융 시스템을 이용하는 가장 흔한 방식이다. 또한 한 개인이 온전히 위험을 감당하는 것보다 금융 시스템을 이용해서 위험을 고루 나누는 것이 더 나은 방식이기도 하다.

저자 중 한 명(아미르 수피)은 캔자스 주의 토피카 지역에서 자랐는데 이곳은 무서운 회오리바람이 자주 발생하는 곳이다. 그렇기 때문에 이 지역에서는 아주 예전부터 학교에서 회오리바람에 대비하는 훈련을 해왔다. 경보가 나면 학생들은 교실을 빠져나와 복도 벽에 기대 머리와 목을 손으로 감싸고 공처럼 동그랗게 몸을 유지하는 훈련을 하는데 이런 훈련을 1년에 최소 두 번 이상 실시한다. 이런 대피 훈련과 마찬가지로 캔자스 주의 주택 소유자들은 회오리바람 때문에 집이 부서질 것에 대비해 적절한 보상을 주는 보험에 가입해서 위험에 대비한다. 행여나 집이 파손될 경우 보험 보상금으로 종전과 똑같은 집을 가질 수는 없더라도 최소한 새 출발을 할 수는 있다. 보험이 이런 방식으로 위험을 감소시키는 것은 금융 시스템의 중요한 기능 중 하나이다.

언뜻 보기에 상해나 사망처럼 위험해 보이지 않는 주택 가격의 급락은 주택 소유자에게는 회오리바람처럼 예상치 못한 심각한 위험이 된다. 미국인들에게 홈 에쿼티˙는 유일한 재산인 경우가 많다. 그들은 그 돈으로 은퇴 후를 대비하거나 자녀들의 대학 학비를 대주겠다는 생각을 가지고 있다. 안타깝게도 집값의 폭락은 캔자스 주의 작은 마을에 들이닥치는 회오리바람처럼 예상하기 힘들다. 그러나 예기치 못한 주택 가격 하락으로 인한 피해를 누가 입느냐의 관점에서 보면 모기지 대출에 의존한 금융 시스템은 보험과 정반대의 역할을 한다. 보험이 주택 소유자를 회오리바람의 위험으로부터 보호하는 반면, 부채는 집값이 하락할 때 모든 위험을 주택 소유자에게 전가한다. 왜 그런지 살펴보자.

가혹한 부채의 이면 ─

오늘날 남의 돈을 빌려 와서 소비를 하는 것은 매우 자연스러운 일이라 우리는 정작 빚이 얼마나 무서운 것인지를 잊을 때가 있다. 부채의 가장 큰 특징은 자산 가격의 하락으로 인한 손실을 채무자가 가장 먼

˙ home equity. 소유하고 있는 주택 가격에서 부채를 뺀 금액.

저 져야 한다는 것이다. 예를 들어 어떤 사람이 저축해서 모은 돈 2만 달러와 8만 달러의 모기지 대출을 이용해서 10만 달러짜리 집 한 채를 샀다고 하자. 이 경우 주택 소유자의 자산 순가치는 2만 달러이다. 만약에 집값이 20퍼센트 하락한다면 어떻게 될까? 그때 주택 소유자는 2만 달러의 손실을 입는다. 이 상황에서 8만 달러에 집을 팔게 되면 주택 소유자는 그 돈을 모두 채권자에게 지불해야 한다. 즉 채권자는 원금 8만 달러를 온전히 회수함으로써 아무런 피해도 입지 않는 반면 주택 소유자는 전 재산을 날리는 셈이다. 금융 용어를 써서 표현하자면 모기지 대출 기관 또는 채권자는 집에 대한 우선 청구권senior claim을 가지고 있기 때문에 집값이 떨어지더라도 손실이 안 날 수 있다. 반면 주택 소유자는 후순위 청구권junior claim을 가지고 있기 때문에 집값이 떨어질 때 큰 손실을 입을 수 있다.

그러나 우리는 이 사례에 등장하는 모기지 대출 기관을 경제의 다른 부분과 동떨어져 존재하는 별개의 존재로 여겨서는 안 된다. 모기지 대출 기관은 경제 내 저축자들savers의 돈을 이용해서 대출을 해준다. 저축자들은 예금, 채권, 주식 등의 형태로 은행에 자금을 공급한다. 따라서 이들은 모기지 대출을 해준 은행의 궁극적인 소유자나 마찬가지다. 이런 맥락에서 보면 모기지 대출 기관이 대출을 해준 집에 대해 우선 청구권을 가지고 있다는 말은 사실상 경제 내의 저축자들이 집에 대해 우선 청구권을 가지고 있다는 말이나 진배없다. 순자산이 많은 이들 저축자들은 우선 청구권을 가지고 있기 때문에 집값이 하락해도 차입자들에 비해 손실을 입을 가능성이 훨씬 적다.

경제 전체의 저축자들과 차입자들에 대해서 생각해 보자. 만약에 경제 전체의 집값이 20퍼센트 떨어지게 되면 그로 인한 손실은 경제 내 차입자들에게 집중된다. 안 그래도 순자산이 적은 상황에서 (그래서 대출을 받아야 했지만) 이러한 손실의 전가는 차입자들의 재무 상황을 크게 악화시킨다. 안 그래도 미미하기 짝이 없던 순자산이 훨씬 더 적어지게 되는 것이다. 반면 상대적으로 더 많은 금융 자산을 가지고 있고, 모기지 대출로 인한 빚도 적은 저축자들은 집값이 하락해도 순자산에 거의 타격을 받지 않는다. 기본적으로 이들은 예금, 채권, 주식 등을 통해 경제 내 집들에 대해 우선 청구권을 가지고 있기 때문이다. 집값이 우선 청구권으로도 원금을 건질 수 없을 정도로 폭락하면 이들도 피해를 입을 수 있지만 차입자들의 손실에 비하면 이들이 입게 되는 손실의 크기는 매우 작다.

이런 맥락에서 볼 때 손실이 채무자에게 집중되는 현상은 부의 불평등과 따로 떼어서 볼 수 없다. 대출이 많은 경제에서 집값이 폭락하면 순자산이 적은 채무자들이 손실의 가장 큰 부분을 감당하기 때문에 부의 불평등도는 더욱 악화된다. 저축자가 손실을 입는 상황이 오더라도 상대적인 측면에서 이들의 상황은 오히려 개선된다. 위의 예에서, 집값 하락 이전 주택 소유자는 집값의 20퍼센트를, 저축자는 80퍼센트를 소유하고 있었다. 하지만 집값이 떨어지면 주택 소유자는 전 재산을 잃게 되고, 저축자는 집값의 100퍼센트를 보유하게 된다.

대침체기의 부채와 부의 불평등 ──

대침체기 동안 집의 가치는 5.5조 달러나 떨어졌다. 미국 경제의 국민소득이 한 해 약 14조 달러라는 것을 생각하면 이 수치는 엄청나게 큰 것이다. 이렇게 집값이 크게 떨어졌으니 주택 소유자들의 순자산은 크게 감소했을 것이다. 그렇다면 이런 손실의 분포 distribution는 어떨까? 대출을 받아 집을 산 사람들의 손실은 실제로 얼마나 컸을까?

먼저 2007년 미국의 순자산 분포부터 살펴보자.[1] 한 가계의 순자산은 크게 주식, 채권, 각종 예금 등을 포함한 금융 자산과 주택 관련 자산으로 구성되어 있다. 이들 금융 자산과 주택 자산을 합한 뒤 부채를 뺀 것을 순자산으로 정의한다. 모기지 대출과 홈 에쿼티 대출은 가계 부채에서 가장 큰 부분을 차지하는데 2006년 기준 전체 가계 부채의 80퍼센트에 달했다.

2007년 미국 전체 가구의 순자산과 레버리지(대출액)의 구성을 조사한 결과 가계들 사이에 극명한 차이가 드러났다. 순자산 분포에서 하위 20퍼센트에 해당하는 주택 소유자들, 즉 가장 가난한 주택 소유자들은 빚을 심각하게 많이 지고 있었다. 이 그룹의 레버리지 비율, 즉 대출 총액을 자산으로 나눈 비율은 거의 80퍼센트에 달했다(앞서 살펴본 10만 달러짜리 집을 8만 달러 대출을 받아 산 경우와 같다). 게다가 순자산의 대부분이 홈 에쿼티로 이루어져 있었다. 순자산이 5달러라면 4달러가 홈 에쿼티인 상황이었으니 다가오는 불황에 대비할 수 있는 다른 금융 자산이 거의 없는 셈이었다. 이들 그룹은 홈 에쿼티만 가지고 있는데다 상당한 액수의 빚까지 지고 있는 상황이었다.

고소득층의 상황은 두 가지 중요한 측면에서 달랐다. 첫째, 이들 그룹은 불황이 시작될 무렵 부채 비율이 훨씬 낮았다. 순자산 분포 상위 20퍼센트에 드는 주택 소유자들의 레버리지 비율은 7퍼센트에 불과했다. 하위 20퍼센트 그룹의 레버리지 비율이 80퍼센트라는 점을 고려하면 두 그룹 사이에는 엄청난 차이가 있다. 둘째, 이 그룹의 순자산은 비주택 자산에 크게 집중되어 있었다. 하위 20퍼센트 그룹이 뮤추얼 펀드, 주식, 채권 등을 포함한 다른 자산 1달러당 홈 에쿼티가 4달러였던 반면, 상위 20퍼센트는 정반대로 홈 에쿼티 1달러당 다른 자산이 4달러였다. 그림 2.1은 이런 사실들을 그래프로 보여 주고 있다. 이 그림은 2007년 주택 소유자들을 순자산을 기준으로 20퍼센트씩 다섯 집단, 즉 5분위로 나누고 각 분위마다 총자산에서 부채, 홈 에쿼티, 금융 자산이 차지하는 비중을 보여 준다. 우리는 여기서 그래프가 오른쪽으로 이동할수록, 즉 하위 20퍼센트 그룹에서부터 순자

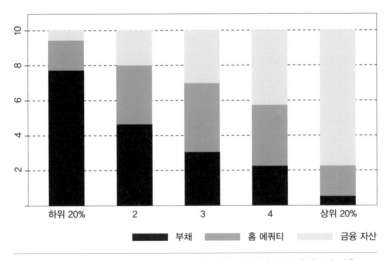

그림 2.1　2007년 순자산 기준 5분위에 따른 주택 소유자의 레버리지 비율

산이 높은 그룹으로 옮겨 갈수록 부채는 줄어들고 금융 자산은 증가하는 것을 볼 수 있다.

사실 이러한 결과는 너무나 당연한 것이다. 왜냐하면 저소득층의 부채는 고소득층의 자산이기 때문이다. 금융 시스템을 통해 저소득층에게 자금을 공급하는 사람은 결국 고소득층이기 때문에 위의 그래프처럼 저소득층 주택 소유자로부터 고소득층 주택 소유자로 옮겨 감에 따라 부채는 줄고 금융 자산은 늘어난다. 위에서 언급한 바와 같이 빚을 지는 것과 부의 불평등은 매우 긴밀하게 연결되어 있다. 부자들이 가난한 사람들에게 자금을 공급하는 것 자체는 전혀 나쁠 것이 없다. 그러나 이런 자금의 공급이 빚을 이용한 자금 조달 방식debt financing이라는 점을 주목해야 한다. 부자들이 은행의 주식과 채권을 소유한다는 것은 은행이 발행한 모기지 대출을 소유하는 것과 다름없다. 따라서 주택 소유자들이 지불하는 대출 이자도 금융 시스템을 돌고 돌아 부자들에게로 흘러들어 간다.

대침체에 대한 논의로 본격적으로 들어가기 전에 그림 2.1에 나타난 내용을 잘 이해하는 것이 중요하다. 가장 가난한 주택 소유 계층이 가장 빚을 많이 져서 집값 하락에 대한 위험에 제일 크게 노출되어 있었으며, 그들은 집 말고는 별다른 금융 자산이 없는 상태였다. 높은 레버리지, 주택 자산에 대한 과도한 투자, 없는 것이나 다름없는 금융 자산의 결합은 이들 가계에 재앙을 예고하고 있었다.

가난한 사람들은 어떻게 더 가난해졌는가? ─

2006년부터 2009년 사이 미국 전역의 집값은 평균 30퍼센트 정도 떨어졌다. 집값은 오를 기미가 없다가 2012년 말이 되서야 겨우 반등의 기미가 보였다. 주가 지수인 S&P500 지수는 2008년과 2009년 초에 급락했다가 이후 다시 빠르게 올랐다. 뱅가드 채권 시장 지수 Vanguard Total Bond Market Index에 따르면 저금리 덕분에 대침체 중에도 채권 가격이 강하게 반등했으며 2007년부터 2012년 사이 채권 가격은 30퍼센트 이상 올랐다. 만약에 대침체가 오기 전에 채권을 보유하고 있었다면 그 가계는 금융 위기의 여파를 손쉽게 넘어갈 수 있었을 것이다. 그러나 우리가 위에서 살펴본 바와 같이 오직 최상위 부자들만이 채권을 보유하고 있었다.

집값 하락은 순자산이 적은 가계에 가장 큰 충격을 주었는데 그 이유는 이들 가계의 부가 거의 모두 홈 에쿼티로 묶여 있었기 때문이다. 하지만 타격은 여기에 그치지 않았다. 순자산이 적은 가계가 빚도 많이 지고 있었기 때문에 해당 가계의 순자산에 대한 피해는 더 커졌다. 이는 레버리지 승수leverage multiplier 효과 때문이다. 레버리지 승수는 집값이 하락할 때 레버리지에 비례해서 순자산의 손실이 커지는 것을 설명한다.

처음의 예로 돌아가서 레버리지 승수가 어떻게 작동하는지 살펴보자. 10만 달러짜리 집을 8만 달러의 모기지 대출과 2만 달러의 순자산으로 산 이 주택 소유자의 주택 담보 대출 비율LTV: Loan-To-Value Ratio은 80퍼센트이다. 집값이 20퍼센트 떨어진다면 이 주택 소유자의 순자산은 몇 퍼센트 떨어지게 될까? 힌트를 주자면 20퍼센트보다는 훨씬 더 크게 떨어진다. 계산을 해보자. 집값 하락 전에 2만 달러의 순자산을 가지고 있었는데 집값이 20퍼센트 떨어짐에 따라 집값은 8만 달러가 되었다. 갚아야 할 대출은 여전히 8만 달러이므로 주택 소유자의 순자산은 0이 되었다. 변화율로 따지면 순자산은 100퍼센트 감소한 것이다. 이 예에서 20퍼센트의 집값 하락이 100퍼센트의 순자산 변화를 가져왔으므로 레버리지 승수는 5가 된다. 즉 집값 하락폭의 5배로 순자산이 크게 변하는 것이다.[2]

2006년부터 2009년 사이 집값은 전국적으로 30퍼센트 떨어졌다. 그러나 상대적으로 가난한 주택 소유자들은 빚을 더 많이 지고 있었기 때문에 이들의 순자산은 더 큰 폭으로 감소했다. 이들 계층의 레버리지 비율이 80퍼센트인 상황에서 집값이 30퍼센트 떨어졌기 때문에 사실상 이들의 순자산은 허공에 사라져 버린 것과 마찬가지다. 바로 이 점이 많은 사람들이 간과하는 부분이다. 집값은 30퍼센트 떨어졌지만 레버리지 승수 효과로 인해 모기지 대출을 지닌 주택 소유자들의 순자산은 훨씬 큰 폭으로 떨어졌다.

이런 사실들을 종합해 보면 대침체기에 어떤 주택 소유자들이 가장 큰 타격을 입었는지 알 수 있다. 가난한 주택 소유자들은 별다른 금융 자산이 없었고, 이들의 부는 거의 전적으로 홈 에쿼티로 이루어져 있었다. 더욱이 홈 에쿼티는 후순위 청구권을 가지고 있었다. 이런 상황에서 집값이 하락하자 그 충격은 레버리지 승수만큼 커져 버렸다. 주식, 채권 등의 금융 자산 가격은 이후 회복되었으나 이들에게는 어차피 금융 자산이 거의 없었으므로 이들과 아무런 상관이 없는 얘기였다.

그림 2.2는 이런 사실들을 요약하면서 대침체기에 일어난 가장 중요한 패턴 중 하나를 보여 주고 있다. 그림은 주택 소유자의 부를 기준으로 최하위 5분위, 중간 5분위, 최상위 5분위 계층의 순자산이 어떻게 변화했는지를 보여 준다. 최하위 5분위, 즉 가장 가난한 주택 소유자 계층은 대침체기에 심각한 타격을 입었다. 2007년부터 2010년 사이 이들 계층의 순자산은 3만 달러에서 사실상 0이 되었다. 레버리지 승수가 작동했기 때문이다. 1992년부터 2007년까지 순자산을 꾸준히 늘려 왔지만 대침체가 이들의 순자산을 모두 허공에 날려 버렸다. 지나치게 높은 홈 에쿼티 비중과 과도한 부채가 결합된 이들 계층의 자산 구성 상태를 고려하면 이는 충분히 예측 가능한 결과다. 가장 부유한 20퍼센트 계층의 평균 순자산은 320만 달러에서 290만 달러로 줄어들었다. 액수 자체로는 크게 감소했다고 할 수 있으나 퍼센티지 변화 기준으로는 매우 작다. 즉 이들 계층은 거의 타격을 받지 않았다. 1992년부터 2004년까지 늘어난 재산은 대침체에도 불구하고 크게 감소하지 않았다. 손실이 크지 않았던 이유는 이들 계층이 대침체기에 주택보다 훨씬 더 수익률이 높았던 금융 자산을 가지고 있었기 때문이다. 게다가 금융 자산 중 많은 자산이 주택에 대한 우선 청구권을 가지고 있었다.

　집값 폭락과 결합한 과도한 부채는 이미 크게 벌어져 있는 부자들과 가난한 사람들의 격차를 더욱 크게 벌려 놓았다. 맞다, 가난한 사람들은 원래 가난했다. 그러나 이들은 집값의 폭락으로 그나마 가지고 있던 것조차 모두 잃어버렸다. 이들이 진 빚이 일으킨 레버리지 승수 효과가 이들의 순자산에 직접적으로 타격을 가했기 때문이다. 이

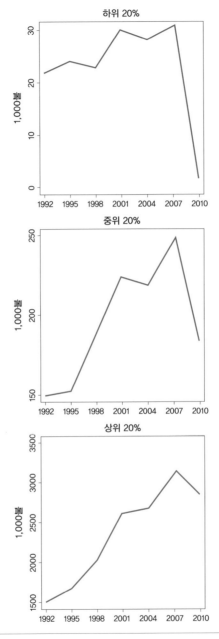

그림 2.2 순자산의 변화

것이 빚의 근본적인 특징이다. 빚은 정확히 가장 가진 것이 없는 계층에 엄청난 손실을 입힌다. 상대적으로 부유한 계층은 보유 자산의 우선 청구권으로 손실을 적게 입었고 상대적 기준으로는 오히려 상황이 개선되었다. 대침체 이전에도 이미 미국의 부 불평등도는 심각한 상황이었다. 2007년 순자산 상위 10퍼센트 계층이 전체 부의 71퍼센트를 소유하고 있었다. 이 수치는 1992년의 66퍼센트보다 증가한 것이다. 2010년에 이 수치는 74퍼센트로 증가하는데, 이는 위의 그림에서 살펴본 패턴과 일치한다. 부자들은 여전히 부자였고 가난한 사람들은 더 가난해졌다.

많은 사람들이 소득과 부의 불평등 추세를 논의해 왔지만, 정작 그들은 빚의 중요한 역할에 대해서는 간과하였다. 빚에 과도하게 의존하는 금융 시스템은 부의 불평등을 악화시킨다. 빚이 어떻게 부의 불평등을 야기하는지도 중요한 연구 주제이지만 우리는 손실의 불균등한 분포가 경제 전체에 어떤 영향을 미치는지를 집중적으로 살펴보고자 한다.

순자산 손실의 지역적 특성 ──

대침체기에 발생한 집값의 폭락은 지역마다 매우 다른 양상을 띠었으며 우리는 이 사실을 이용해서 연구를 진행했다.[3] 순자산이 가장 가파르게 감소한 카운티는 캘리포니아와 플로리다에 위치하고 있었다. 콜로라도, 메릴랜드, 미네소타도 감소 폭이 컸던 지역이다. 반면 미국 가운데에 위치한 캔자스, 오클라호마, 텍사스는 집값 폭락의 광풍을 피해 간 지역들이다.

일부 지역의 집값은 어마어마한 폭으로 떨어졌다. 캘리포니아 센트럴밸리 지역의 머시드, 샌와킨, 솔라노, 스태니슬로스 등 네 개 카운티에서는 집값이 떨어지면서 순자산이 절반 정도로 줄어들었다. 그리고 이들 카운티의 순자산은 이미 2006년 당시 미국 전체 순자산의 중위수에 못 미치는 지역이었다. 워싱턴 D.C.에서 약간 북쪽에 있는 메릴랜드 주 프린스조지 카운티의 경우도 순자산이 40퍼센트 감소했는데, 이 지역의 순자산 규모 역시 미국 전체 중위수에 못 미치고 있었다.

2000년 당시 샌프란시스코에서 남동쪽으로 약 210킬로미터 떨어진 곳에 위치한 머시드 카운티는 연간 평균 소득이 3만 5천 불로 캘리포니아 다른 지역에 비해 상대적으로 가난한 곳이었다. 하지만 2002년부터 2006년 사이 신용 평점이 낮은 저소득층의 대출에 힘입어 이곳 집값은 60퍼센트나 껑충 뛰었다. 너 나 할 것 없이 대출을 받으면서 이 지역의 가계 부채는 80퍼센트 증가했다. 이런 상황에서 주택 시장의 활황세가 돌아서자 그 결과는 참혹했다. 2006년부터 2009년 사이 머시드 카운티의 홈 에쿼티는 50퍼센트나 줄어들었다.

대침체기 동안 많은 사람들의 주택 가격이 모기지 대출액보다 더 낮게 떨어졌다. 즉 집을 팔아도 빚을 다 못 갚은 상황이 된 것이다. 이런 경우를 〈깡통 주택underwater〉 또는 〈업사이드다운upside-down〉이라 하는데 사실상 홈 에쿼티가 마이너스가 된 것이다. 만약에 이때 집을 팔 경우 주택 소유자는 대출액과 집값의 차액을 은행에 지급해야만 한다. 이런 상황에서 주택 소유자는 집값보다 많은 대출액을 지고 집에 눌러살든가, 아니면 압류foreclosure를 선택해서 집을 버리고 떠나든가 해야 했다.

많은 사람들이 집값보다 많은 대출 금액을 끼고 집에 눌러 앉았다. 2011년 모기지 대출을 받은 집의 23퍼센트에 해당하는 1,100만 가구가 깡통 주택이었다.[4] 이러한 수치를 모르고 있던 것도 아닌데 이 글을 쓰면서 우리는 새삼 놀라게 된다. 이 수치는 정말 충격적인 것이어서, 거듭 말할 만한 가치가 있다. 사실상 미국에서 모기지 대출을 받은 집 4채 중 1채꼴로 깡통 주택이 된 것이다. 앞서 언급한 센트럴밸리 지역 중에는 우편번호 5자리 기준으로 깡통 주택의 비율이 70퍼센트를 넘는 곳이 네 곳이나 있었다. 머시드 카운티의 경우 이 비율은 60퍼센트에 달했다. 또 많은 주택 소유자들이 집을 버리고 떠났고 그 집들은 은행에 압류당했다. 집을 떠난다고 해서 일이 모두 해결되는 것은 아니었다. 모기지 대출을 못 갚는 바람에 개인의 신용 평점은 형편없이 낮아졌다. 더욱이 압류는 가계의 순자산을 추가로 파괴하는 악순환으로 연결되었다.

압류와 투매 현상 ——

금융 위기 당시 빚으로 인한 부정적 효과는 단지 빚을 진 사람들에게만 국한되지 않았다. 집값이 폭락하자 과도한 레버리지와 연관된 문제들이 경제 전체에 충격을 주었다. 예를 들어 높은 실업률과 건설업 분야의 부진을 들 수 있다. 하지만 가장 직접적인 결과는 압류의 급격한 증가다. 경제학자들은 오래전부터 자산 가격이 떨어질 때 빚이 미치는 효과에 대해 잘 알고 있었다. 그 효과 중 가장 잘 알려진 것이 투매 fire sale 현상이다. 투매는 채무자나 채권자가 자산을 시장 가격보다 훨씬 낮은 가격에 팔려고 하는 상황을 뜻한다. 주택 시장에서는 흔히 압류 이후 투매가 일어난다. 왜냐하면 은행이 주인이 포기하고 떠난 집을 압류한 뒤 자금을 확보하기 위해 시장 가격보다 훨씬 더 싼 가격에 집을 팔기 때문이다.

집을 팔고 나면 잠재적 구매자와 감정평가사는 해당 지역의 다른 집들의 가격도 투매된 가격에 맞춰 평가하게 된다. 그 결과 해당 지역의 모든 집값이 동시에 하락한다. 심지어 대출을 전혀 끼고 있지 않은 집의 가격도 떨어지게 된다. 결과적으로 재정적으로 건전했던 주택 소유자들마저 제값을 받고 집을 팔지 못하거나 더 좋은 조건으로 리파이낸싱*을 하지 못하게 된다. 지난 몇 년 동안 많은 주택 소유자들이 리파이낸싱을 하려다 집값이 제대로 평가받지 못하는 것을 보고 충격을 받았다. 이런 낮은 감정가는 감정평가사들이 집값을 평가할 때 주변에 압류되면서 투매된 주택 가격을 이용하기 때문이었다.

빚으로 자금 조달을 할 때 서서히 나타나는 부정적 효과 중 하나는 압류의 외부 효과 externalities이다. 경제학적 용어로 부정적 외부 효과는 당사자 간의 사적 거래가 당사자 이외의 다른 사람들에게도 부정적인 효과를 끼치는 경우를 의미한다. 문제는 압류한 집을 시장에 내다 팔 때 은행이 투매의 부정적 외부 효과를 전혀 의식하지 않는다는 것이다. 은행 입장에서는 집을 싸게라도 팔아서 현금화시키는 것

• refinancing. 기존의 모기지 대출을 금리나 만기 측면에서 더 유리한 모기지 대출로 대체하거나 더 큰 대출을 새로 받고 그 차액만큼을 현금화하는 것을 말한다.

이 더 유리하지만 사회 전체의 입장에서는 그렇지 않다.

압류는 대침체 시기 집값의 하락세를 더욱 가속화시켰다. 2009년과 2010년에 압류는 역사적으로 유례없는 수준까지 증가했다. 대침체 이전에 압류가 가장 많았던 해는 2001년이었는데, 그해 전체 모기지 대출 주택 가운데 약 1.5퍼센트가 압류를 당했다. 대침체기에 압류는 이보다 세 배 이상 늘어, 2009년에 전체 모기지 대출 주택의 약 5퍼센트가 압류를 당했다. 대니얼 하틀리Daniel Hartley의 연구에 따르면, 2009년과 2010년에 팔린 집들의 30 내지 40퍼센트가 압류된 집이었거나 값이 더 떨어지기 전에 서둘러 판 집이었다.[5]

우리는 프란체스코 트레비Francesco Trebbi와의 공동 연구에서 압류의 부정적 효과가 얼마나 큰지 추정했다.[6] 우리는 주마다 압류에 대한 정책이 다르다는 사실에 착안했다. 예를 들어 어떤 주에서는 대출을 못 갚는 주택 소유자를 퇴거 조치하기 위해서 대출자가 반드시 법원 명령을 받아야만 하는 반면, 어떤 주는 법원 명령이 필요 없다. 당연히 사법적 압류 절차가 필요 없는 후자에 속하는 주들에서 압류가 더 신속하게, 쉽게 일어날 것이다. 따라서 단순히 압류 관련 정책의 차이만으로 주마다 압류의 수가 달랐는데, 우리는 이런 차이들을 이용해서 압류가 지역 경제에 미치는 영향을 추정할 수 있었다.

2004년부터 2006년까지는 집값 추세가 거의 비슷했으나 이후 집값은 압류가 상대적으로 쉬웠던 주에서 더 가파르게 떨어졌다. 법원 명령이 필요했던 주에서는 집값이 평균 25퍼센트 떨어졌으나 법원의 판단이 필요 없던 주에서는 40퍼센트 이상 떨어졌다. 그림 2.3은 이 두 가지 부류의 주들에서 집값이 어떻게 변화했는지를 보여 주고 있

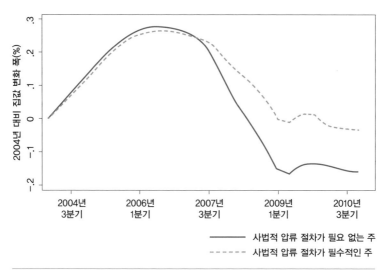

그림 2.3 **압류와 주택 가격**

는데, 여기서 우리는 법원을 거치지 않고 압류를 할 수 있는 주에서 집값이 더 가파르게 떨어진 것을 볼 수 있다.[7] 주마다 압류 정책이 다르다는 사실을 이용한 우리 연구에 따르면 2007년과 2009년 사이 압류 주택이 1퍼센트 증가할 때마다 집값은 1.9퍼센트포인트 감소했다. 나아가 이렇게 하락한 집값은 소비와 건설 경기를 위축시켰다.

빚으로 촉발된 투매는 주택 시장에만 한정되지 않는다. 안드레이 슐라이퍼Andrei Shleifer와 로버트 비시니Robert Vishny는 차입 매수[•]의 인기가 잦아들던 1980년대 말에 있었던 투매 현상을 제대로 이해하는 것이 중요하다고 강조한다.[8] 당시 레버리지가 매우 높았던 기업들이 유동성을 마련하기 위해 보유 자산을 헐값에 팔아치우자 다른

• leveraged-buyout. 매수 대상 기업을 담보로 자금을 조달해서 기업을 인수하는 방법.

기업들이 가지고 있던 자산들의 담보 가치도 동반 하락했다. 존 지나 코플로스John Geanakoplos는 투매가 미치는 영향에 대해 광범위한 연구를 해왔다.[9] 그의 연구에 따르면 채무 불이행default은 자산의 가치를 더 높게 평가하는 사람(차입자)으로부터 자산의 가치를 낮게 평가하는 사람(대부자)에게로 자산이 이동하는 현상이다. 대부자는 그 재산을 보유할 의향이 없고, 차입자는 그 재산을 보유할 여력이 없다. 그 결과 대부자는 그 자산을 상대적으로 헐값에 팔게 된다. 그리고 악순환이 시작된다. 자산 가격이 급락하면서 채무 불이행이 증가한다. 채무 불이행은 투매를 촉발시킨다. 그리고 투매는 자산 가격을 더 떨어뜨려 채무 불이행을 증가시킨다.

주택 시장의 거품이 꺼졌을 때, 의심할 바 없이 경제 내 자원을 재배분하는 것이 필수적이었다. 너무 많은 세입자들이 집을 샀고, 너무 많은 주택 소유자들이 자신들이 감당할 수 없는 집을 구해 이사했다. 또한 너무 많은 집들이 지어졌다. 경제에 충격이 오자 부채가 과다한 경제는 효율적으로 자원을 재배분할 수 없었다. 대신 과도한 부채는 투매를 불러왔고 순자산의 손실은 더욱 악화되었다.

빚은 보험과 정반대다 ──

매년 미국에서는 35만 건 정도의 주택 화재가 일어난다.[10] 화재의 피해는 매우 크다. 경제적, 심리적 손실도 클 뿐더러 자녀들의 학업에 지장이 있을 수도 있다. 심지어 비용을 감당하지 못해 제대로 된 치료를 받지 못할 수도 있다. 태풍과 화재는 우리가 일상에서 마주칠 수 있는 수많은 위험들 가운데 몇 가지 사례일 뿐이다. 개인이 혼자서 이러한 위험들을 감당하기는 쉽지 않은 일이다. 그렇기 때문에 개인이 통제할 수 있는 영역을 넘어선 위험들은 건전한 금융 시스템을 통해 제거하거나 줄임으로써 공동으로 서로의 안전을 도모해야 한다. 금융 시스템을 적절하게 이용하면 상대적으로 적은 비용으로 위험으로부터 개인들을 보호할 수 있으며 그 혜택은 장기적으로 모두에게 이익이 된다. 재난을 겪더라도 가족이 그 상처를 치유하고 앞으로 나아갈 수 있어야만, 부모는 정상적으로 아이들을 키우며 생계를 꾸려 나갈 수 있다. 그래야 경제 전체의 생산성이 높아지고 사람들도 더 행복하게 살아갈 수 있다.

빚은 보험과 정반대로 위험을 증폭시키는 역할을 한다. 빚은 주택 소유와 관련된 위험을 분산시키기는커녕 그 위험을 감당할 능력이 가장 적은 사람들에게 위험을 전가시킨다. 앞서 살펴본 것처럼 빚은 대침체기 동안 부의 불평등을 두드러지게 심화시켰다. 빚은 또한 압류를 통해 자산 가격을 떨어뜨린다. 떨어진 자산 가격은 모기지 대출을 이용한 주택 소유자의 순자산을 크게 감소시키며 이는 또 다른 재앙으로 이어진다. 사람들이 소비를 줄이는 것이다.

허리띠 졸라매기

대침체가 초래된 원인을 설명하는 유력한 논의 가운데 하나는 2008년 9월 리먼브라더스의 파산에 초점을 맞춘다. 리먼브라더스를 파산에서 구제하지 않고 내버려 둔 것은 〈재앙에 가까운 실수〉였으며, 이 파산 결정이 결국 전 세계적인 불황을 촉발시켰다는 것이다.[1] 인터넷 언론인 「데일리 비스트Daily Beast」의 제이컵 바이스버그Jacob Weisberg는 대침체의 원인을 논하는 기사에서 〈미국 정부가 리먼브라더스를 회생시키지 않고 파산을 하게 내버려 둠으로써 전 지구적인 불황이 불가피해졌다〉는 데 〈거의 모두가 동조하고 있다〉고 말했다.[2] 이런 식의 설명은 1장에서 논의한 은행 중심적인 시각과 입장을 같이한다. 이러한 관점에 따르면, 리먼브라더스의 파산은 금융 시스템을 얼어붙게 했고, 이에 따라 기업들이 사업에 필요한 자금을 조달하지 못하게 되었다. 그 결과 기업은 투자를 줄이고 노동자들을 정리해고할 수밖에 없었다. 이 시각에 따르면, 리먼브라더스의 파산을 막았더라면 대침체와 같은 커다란 경제 위기는 일어나지 않았을 것이다.

소비 주도의 불황 ──

과연 리먼브라더스의 파산이 대침체를 설명하는 이론에서 핵심적인 역할을 하는 것일까? 다시 통계를 살펴보자. 1장에서 살펴봤듯이 대침체와 관련된 중요한 사실 가운데 하나는 대침체가 소비에 의해 주도되었다는 것이다. 소비 지출이 감소하는 시기와 크기에 대해 좀 더 자세히 살펴보자.

소비 지출은 2008년 가을 전에 크게 감소하였다. 전미경제연구소NBER: National Bureau of Economic Research에 따르면 불황은 리먼브라더스가 파산하기 3분기 전인 2007년 4분기에 이미 시작되었다. 특히 주택 투자와 내구재 소비가 2008년 가을 훨씬 전부터 크게 감소했다. 2008년 가을에 있었던 리먼브라더스의 파산이 분명히 경제 상황을 더 악화시키기는 했지만 이것이 대침체의 주요 원인은 결코 아니다.

주택 투자와 내구재 소비가 어떻게 변화했는지 살펴보자. 내구재는 자동차, 가구, 가전제품, 전자제품 등과 같이 한번 사면 오래 쓸 것을 예상하고 사는 제품이다. 주택 투자는 새 집을 짓는 것과 기존 주택의 보수 및 개조를 포함한다. 신축과 개조 모두 주택 서비스에 대한 수요로 볼 수 있으며 주택 투자는 주택이라는 내구재에 대한 소비로 볼 수 있다.

주택 투자는 리먼브라더스 파산보다 2년 빠른 2006년에 이미 크게 감소하고 있었다. 2006년 2분기 주택 투자는 연간으로 환산해서 17퍼센트 감소했다. 또한 2006년 2분기부터 2009년 2분기 사이 주택 투자는 한 분기도 빠짐없이 연율로 최소 12퍼센트 감소했으며 2007년 4분기와 2008년 1분기에는 30퍼센트 넘게 감소했다. 주택 투자 감소는 2006년 2, 3, 4분기 국내 총생산의 1.1~1.4퍼센트를 감소시켰다.

내구재 소비는 주택 투자처럼 일찍 감소하지는 않았지만 마찬가지로 금융 위기 전에 감소했다. 2006년과 비교해 보면 2007년 가구 소비는 1.4퍼센트 떨어졌고 주택 개조와 관련된 지출은 4퍼센트 감소했다. 가전제품 지출은 2007년에도 2퍼센트 정도 늘었으나 2005년과 2006년의 7퍼센트 증가에 비하면 매우 작은 수치다.

2008년만 따로 놓고 살펴보면 매우 중요한 사실을 알 수 있다. 리먼브라더스와 AIG가 회복 불능의 상태에 빠졌던 2008년 9월을 은행 위기가 시작된 시점으로 본다면 1월부터 8월까지의 소비 지출을 살펴봄으로써 은행 위기 전 지출의 감소를 살펴볼 수 있다. 하나의 기준점으로 2008년 1월부터 8월까지의 지출 변화를 2007년 같은 기간과 비교해 보자. 두 해의 같은 기간을 비교하는 이유는 소매 판매는 계절적 요인에 영향을 받기 때문이다. 그러면 분명한 패턴이 나타난다. 2008년에 자동차에 대한 소비 지출은 8퍼센트가 줄었고, 가구 소비는 8퍼센트, 주택 개조를 위한 지출은 5퍼센트 줄었다. 이러한 소비 감소는 모두 리먼브라더스의 파산 전에 일어났다. 따라서 가계 소비의 급격한 감소는 은행 위기 말고 다른 이유로 촉발된 것으로 보는 것이 합당하다. 1장에서 살펴본 모나코 사의 사례도 이러한 증거에 부합한다. 인디애나 주 북부에 위치한 공장에서 단행된 대규모 정리해고도 은행 위기가 최고조에 이르기 전인 2008년 여름에 일어난 일이었음을 기억할 필요가 있다. 사실 이동 주택에 대한 수요도 이미

2007년과 2008년 초반에 급감했다.

물론 2008년 3분기와 4분기에 일어난 전반적인 가구 소비 감소는 전례가 없는 일이었다. 이 기간 동안 국민 소득 계정NIPA: National Income and Product Accounts에 따르면 전체 소비는 5.2퍼센트 감소했다. 이 수치는 1947년부터 집계한 국민 소득 계정 역사에서 두 분기 동안 기록된 하락 폭 가운데 가장 큰 것이었다. 이 수치에 그나마 가까웠던 사례는 1980년 1분기와 2분기로, 이때 소비는 4.6퍼센트 감소했다. 소비는 2008년 말 전에 급격히 줄어들기 시작했지만 은행 위기 동안 그 추세가 가팔라진 것은 의심할 여지가 없다.

하지만 은행 위기가 일어났던 시기를 찬찬히 살펴보면 그때도 소비가 불황을 이끈 주요 요인으로 작용했음을 알 수 있다. 국민 소득 계정을 이용해서 미국 전체의 생산을 소비, 투자, 정부 지출, 순수출로 나눌 수 있으며 이들 하위 계정들이 전체 국내 총생산 증가율에 얼마나 기여하는지 계산할 수 있다. 특히 소비와 투자가 대침체 시기 국내 총생산 증가율에 얼마나 기여했는지 알아보는 것이 중요하다. 투자는 주택 투자와 비주택 투자로 분류할 수 있는데 전자는 주택의 신축과 보수에 관한 것이고 후자는 공장, 자본재, 컴퓨터, 장비 등에 대한 기업 투자를 의미한다.

은행 부문이 잘 돌아가지 않아 대침체가 초래되었다는 주장에 따르면 기업과 은행은 가계보다 훨씬 더 중요한 역할을 한다. 이런 주장에 따르면 리먼브라더스가 파산한 시기에 은행들은 대출을 줄였으며 이는 기업들로 하여금 비주택 투자를 줄이고 고용을 줄이게 했다. 그러나 국민 소득 계정에 나타난 증거는 이런 주장을 반박한다. 주택 투자는 이미 은행 위기 이전에 국내 총생산 성장률을 끌어내리고 있었다. 소비도 역시 2008년 1분기와 2분기에 마이너스로 돌아섰다. 이는 가계 지출의 감소가 은행 위기보다 선행했다는 증거로 볼 수 있다. 그림 3.1은 전미경제연구소에서 공식적으로 대침체가 시작되었다고 보는 2007년 4분기부터 소비, 주택 투자, 비주택 투자가 국내 총생산 성장률에 얼마만큼 기여했는지를 보여 준다. 그림에서 볼 수 있듯이 주택 투자와 소비의 감소가 불황의 초반 세 분기 경기 침체의 주요 원인이었다.

대침체 최악의 시기였던 2008년 3분기와 4분기는 어떠했을까? 이 시기의 패턴이 더 중요하다. 그림에서 볼 수 있듯이 2008년 3분기 국내 총생산 하락은 소비의 급락으로 인한 바가 크다. 비주택 투자는 국내 총생산 증가율을 떨어뜨리긴 했지만 그 효과는 소비로 인한 효과의 절반도 되지 않는다. 2008년 4분기도 역시 소비가 국내 총생산 성

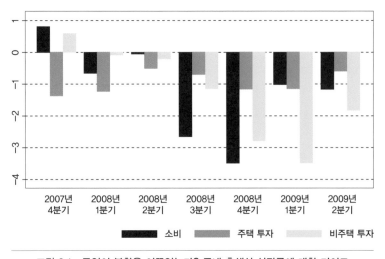

그림 3.1 무엇이 불황을 이끌었는가? 국내 총생산 성장률에 대한 기여도

장률 하락의 주범이다. 비주택 투자가 국내 총생산 성장률 하락에 가장 크게 기여하는 시기는 2009년 1분기와 2분기에 들어선 다음이다.

이와 같이 분기별 소비와 투자가 어떻게 변했는지 살펴봄으로써 은행 위기로 인한 기업의 투자 축소보다는 가계 지출의 감소가 불황의 원인이었다는 것을 알 수 있다. 일자리가 줄어든 것은 가계가 덜 사기 시작했기 때문이지 기업들이 투자를 중단했기 때문이 아니다. 위에서 살펴본 바에 따르면 기업 투자의 감소도 가계 지출의 축소에 대한 반응일 가능성이 높다. 기업들은 자신들의 상품이 잘 팔리지 않으면 당연히 투자를 줄일 것이다. 2008년 후반과 2009년 초반의 기업 투자 감소를 설명하기 위해서 굳이 은행 위기까지 들먹일 필요가 없는 것이다.

국민 소득 계정 같은 총량 자료로 소비가 불황을 이끌었다는 점은 분명하게 알 수 있지만 소비 지출이 어떤 이유로 감소했는지는 파악하기가 쉽지 않다. 은행 위기가 일어나서 불황이 올 것을 예상하고 소비를 줄이기 시작했을까? 또는 조만간 정리해고가 될지 몰라 불황이 시작하기도 전에 내구재 소비를 줄였을까? 아니면 미래에 대한 막연한 두려움 때문에 비합리적으로 소비를 줄였을까? 아래에서는 지역별 통계를 이용해서 대침체 시기 어떤 지역에서 가계 지출이 얼마나 줄었는지 알아본다. 여기서 나타난 패턴을 살펴보면 소비 지출이 왜 급격하게 줄었는지 그 이유를 알 수 있다.

소비 지출이 급감한 지역[3] ——

2장에서 살펴본 것처럼 집값 하락의 여파는 지역별로 매우 달랐다. 예를 들어 플로리다의 경우 집값 폭락으로 인한 가계 순자산의 손실이 평균 16퍼센트에 이르렀던 반면 텍사스의 경우 2퍼센트에 불과했다. 캘리포니아 북부 센트럴밸리 지역은 순자산이 50퍼센트나 감소했다. 총량 자료보다 좀 더 세분화된 통계를 이용해서 순자산의 감소가 소비 지출 감소의 주범인지 아니면 리먼브라더스 파산 같은 다른 요인 때문이었는지 파악할 수 있다. 부채에 허덕이는 가계의 순자산 감소가 불황의 원인이라면 순자산이 가장 크게 감소한 지역에서 가계 지출이 상대적으로 더 크게 감소해야 한다. 그리고 이 지출의 감소는 불황 초기에 일어나야 한다.

　우리는 미국의 카운티들을 2006년부터 2009년 사이 집값 폭락으로 인해 순자산의 감소 정도에 따라 5분위로 나누었다. 하나의 5분위가 미국 전체 인구의 20퍼센트를 포함하는 꼴이다. 순자산 감소가 가장 큰 5분위를 〈순자산 대폭 감소 지역〉, 감소가 가장 작았던 5분위를 〈순자산 소폭 감소 지역〉이라 하자. 순자산 대폭 감소 지역은 캘리포니아, 플로리다, 조지아, 메릴랜드, 미시간, 버지니아 등 넓은 지역에 분포되어 있었고 소폭 감소 지역도 전국에 걸쳐 퍼져 있었다.

　순자산 대폭 감소 지역의 경우 평균 26퍼센트의 순자산 감소가 있었고, 소폭 감소 지역의 경우 사실상 순자산의 변동이 0퍼센트였다. 앞서 논의한 바와 같이 집값 하락으로 인한 순자산이 감소하는 이유는 집값 하락 자체와 레버리지 승수 두 가지로 나눌 수 있다. 레버리지 승수 효과로 집값 하락 폭이 같았던 지역들 중에서도 대출이 많았던 지역의 경우 순자산 손실의 크기가 더 컸다. 이런 맥락에서 볼 때, 순자산 대폭 감소 지역은 단순히 집값이 폭락한 지역이 아니라 집값 폭락과 높은 부채가 결합한 지역이었다.

2006년부터 2009년 사이 순자산 대폭 감소 지역에서는 소비가 20퍼센트 가까이 감소했다. 이 수치는 매우 큰 것이었다. 왜냐하면 같은 기간 미국 경제 전체의 소비 감소 폭은 약 5퍼센트였기 때문이다. 즉 대폭 감소 지역의 소비는 경제 전체에 비해 4배나 크게 줄어들었다. 반면 소폭 감소 지역은 2006년과 2009년의 소비 수준에 변화가 없었다. 그림 3.2는 소비 지출이 대폭 감소 지역과 소폭 감소 지역에서 어떻게 다른지 보여 준다. (두 시계열 모두 2006년 소비 지출을 100으로 놓았다.) 그림을 통해 이미 2007년부터 두 지역의 소비 격차가 커지는 것을 볼 수 있으며 순자산이 크게 감소한 지역에서는 일찍부터 불황

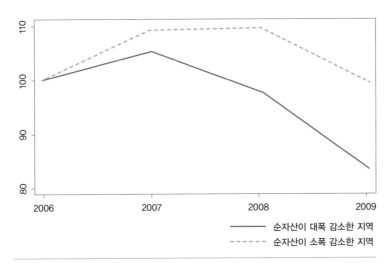

그림 3.2 순자산 대폭 감소 지역과 소폭 감소 지역의 소비 지출 변화

이 찾아온 것을 알 수 있다. 그리고 2008년에는 두 지역의 소비 차이가 극심하게 벌어지기 시작했다. 심지어 순자산 소폭 감소 지역에서는 2007년과 2008년 사이 가계 지출이 오히려 증가했다. 2008년까지 순자산이 크게 떨어지지 않은 카운티만 따로 분석해 보면 실제로 불황이 있었다는 증거를 찾을 수 없을 정도였다. 반대로 순자산이 대폭 감소한 지역의 소비는 2008년 급격하게 감소했다.

물론 경제적 재앙의 영향은 궁극적으로 순자산의 폭락을 피해 갔던 지역에서도 느껴졌다. 2006년부터 2008년까지 증가했던 소비가 이들 지역에서도 2009년에 10퍼센트 가까이 감소했다. 문제는 해당 지역의 순자산이 감소하는 것으로 끝나지 않았다는 데 있다. 순자산 대폭 감소 지역이 받은 충격은 해당 지역에 국한되지 않고 미국 전역으로 퍼졌다. (우리는 5장에서 대침체 시기 실업을 설명하면서 이 부분을 다시 논의할 것이다.)

순자산의 감소가 소비에 얼마나 큰 영향을 미치는지는 캘리포니아의 센트럴밸리 지역을 살펴보면 쉽게 알 수 있다. 앞서 말한 바와 같이 머시드, 샌와킨, 솔라노, 스태니슬로스 지역에서는 집값 폭락으로 순자산이 절반으로 줄어들었다. 이와 같은 순자산의 대폭 감소에 소비는 극적으로 반응했다. 2006년부터 2009년 사이 이들 지역의 소비가 30퍼센트 가까이 감소한 것이다. 이러한 소비 감소의 상당 부분은 대침체가 막 시작될 무렵에 발생했다. 2006년 여름과 비교해 볼 때 리먼브라더스 파산 전인 2008년 여름에 자동차 구매는 이미 35퍼센트나 줄어들어 있었다. 2008년 가을에 있었던 은행 위기로는 2008년 여름 센트럴밸리 지역에서 소비 지출이 왜 이토록 급감했는지 설명할 수 없다.

우리는 순자산 감소와 소비 지출이 지역마다 매우 다른 양상을 보였다는 것을 살펴보았다. 순자산이 크게 감소한 지역들은 다른 지역들에 비해 소비 지출이 훨씬 일찍, 그리고 훨씬 크게 감소했다. 우리는 이러한 패턴이 나타난 이유가 채무 가계의 순자산 손실 때문이라고 생각하며 그림 3.2은 우리의 설명을 지지하는 증거로 볼 수 있다. 대침체의 원인에 대한 어떤 대안적인 가설도 소비 지출과 관련된 지역적 차이를 설명할 수 있어야 한다.

빚은 어떤 역할을 하는가? ─

2011년 11월, 『뉴요커』지의 영향력 있는 칼럼니스트인 제임스 슈로위키James Surowiecki는 〈부채 축소의 오류The Deleveraging Myth〉라는 제목을 단 칼럼에서 대침체 당시 부채 때문에 가계 지출이 급락한 것이 아니라고 주장했다. 대신 그는 굳이 가계 부채 문제를 끌어들이지 않더라도 집값 하락만으로 소비 지출의 둔화를 쉽게 설명할 수 있다고 주장했다. 그는 칼럼에서 이렇게 말했다. 〈집값이 올라가면 사람들은 더 부자가 되었다고 생각해서 소비를 늘린다. ……마찬가지로 집값이 떨어지면 소비를 줄이기 마련이다. 결국 빚이 전혀 없더라도 집값이 떨어지면 소비는 줄기 마련이다.〉[4]

이런 효과를 주택의 자산 효과housing-wealth effect라 하는데 우리는 세미나에서 관련 연구를 발표할 때마다 빚의 역할 없이 자산 효과만으로 소비 감소를 설명할 수 있다는 주장을 접했다. 그러나 우리가 볼 때 이 주장에는 두 가지 문제가 있다. 첫 번째로 이 주장은 2장에서 살펴본 압류의 외부 효과를 고려하지 않고 있다. 압류는 집값에 큰 영향을 미친다. 빚이 없었다면 당연히 압류도 없었을 것이고 집값이 크게 하락하지도 않았을 것이다. 압류가 지출에 얼마나 영향을 미치는지에 대해서는 아래에서 따로 설명하겠지만, 그 전에 집값 하락을 빚과 떼어 놓고 설명할 수 없다는 것을 이해하는 것이 중요하다.

두 번째로 빚의 역할은 전혀 중요하지 않고 주택의 자산 효과만으로 소비 감소를 설명할 수 있다는 시각에서 보면 순자산이 어떻게 분포되어 있는지는 그리 중요하지 않게 된다. 자산 효과만 중요하다면 어떤 가계가 손실을 입는지 상관없이 집값 폭락은 소비를 크게 축소시킬 것이다. 앞서 설명한 것처럼 부채는 손실이 날 때 순자산이 가장 적은 사람들에게 손실을 집중시킨다는 사실을 염두에 두고 이 질문에 답해 보자. 빚으로 인한 손실이 순자산이 적은 채무자에게 집중된다면 집값이 하락할 때 이들의 소비 지출은 더 크게 줄어드는가? 주택의 자산 효과를 강조하는 시각에 따르면 대답은 〈아니오〉이다. 하지만 우리가 주장하는 부채 중심적 시각debt-centric view에 따르면 답은 〈그렇다〉이다.

통계를 이용해서 살펴보자. 지역별 패턴을 보면 순자산이 줄어들 때 사람들은 소비를 줄인다. 경제학 용어로 이런 소비 반응을 주택 자산에 대한 한계 소비 성향MPC: Marginal Propensity to Consume이라고 부른다. 주택 자산에 대한 한계 소비 성향은 주택 자산이 감소할 때 소비가 얼마나 줄어드는지를 보여 준다. 예를 들어 한 개인의 집값이 1만 달러 하락할 때 소비를 500달러어치 줄인다면, 이때 한계 소비 성향은 1달러당 0.05달러(=500달러/10,000달러), 즉 5센트이다. 집값이 동일한 폭으로 떨어져도 한계 소비 성향이 클수록 소비가 반응하는 폭은 커진다. 주택에 의한 자산 효과만을 강조하는 시각에 따르면 모든 사람은 동일한 한계 소비 성향을 가지고 있기 때문에 빚은 중요하지 않다고 본다.

우리의 연구 결과에 따르면 대침체 시기 주택 가격 변화에 따른 한계 소비 성향은 5센트에서 7센트 정도이다. 가령 집값이 1만 달러 하락했다면 개인의 소비 지출은 평균 500달러에서 700달러 정도 감소하는 것이다. 대침체 중 주택 가격이 전체 5.5조 달러가 떨어졌으므로 우리가 추정한 한계 소비 성향에 따르면 무려 2,750억 달러에서 3,850억 달러 정도 소비가 줄어든 것이다.

그러나 이 수치는 인구 전체에 걸친 평균적인 한계 소비 성향이다. 따라서 어떤 사람들이 소비를 가장 크게 줄였는지에 대해서는 말해 주는 바가 없다. 만약에 주택 관련 자산 효과보다 부채로 인한 효과가 더 크고 중요하다면, 빚이 있는 가계의 한계 소비 성향이 더 커야 한다. 즉 집값이 같은 폭으로 떨어지더라도 부채가 많은 가계일수록 소비가 더 크게 감소해야 한다.

이 점은 매우 중요하므로 간단한 예를 이용해서 명확하게 이해해 보자. 두 가계가 서로 이웃해서 살고 있다고 하자. 두 집은 모든 측면에서 동일한 집이며 2006년 당시 집값은 10만 달러였다. 가계 D(빚을 뜻하는 영어 단어 Debt의 첫 글자를 따서)는 가계 N(No Debt를 뜻하는)으로부터 집을 담보로 8만 달러를 빌려서 10만 달러짜리 집을 샀다. 따라서 2006년 기준으로 가계 D는 홈 에쿼티 2만 달러에 레버리지 비율은 80퍼센트이고 가계 N은 홈 에쿼티 10만 달러에 레버리지 비율은 0퍼센트이며 금융 자산(모기지 대출)은 8만 달러이다.

2006년부터 2009년 사이 주변 집값이 10퍼센트 또는 1만 달러 떨어졌다고 하자. 따라서 2009년 현재 D와 N, 두 집 모두 10만 달러가 아니라 9만 달러짜리 집을 가지고 있는 상황이다. 이 기간 동안 홈 에쿼티는 두 집에서 모두 1만 달러 줄어들었다. 가계 D의 모기지 대출은 8만 달러 그대로이다. 가계 N은 그 모기지를 금융 자산으로 가지고 있지만 그 가치에는 아무런 변화가 없다. 따라서 두 집 모두 순자산이 1만 달러 줄어든 것은 전적으로 홈 에쿼티의 변화에 따른 것이다. 가계 D의 순자산은 2만 달러에서 1만 달러가 되었으며 가계 N의 경우 9만 달러의 홈 에쿼티와 8만 달러의 모기지 대출을 합쳐 17만 달러의 순자산이 있다.

이제 중요한 질문을 던질 차례이다. 이런 상황에서 과연 어떤 가계가 소비를 더 줄일까? 두 가계는 모두 1만 달러의 자산 손실을 입었다. 만약에 순전하게 자산 효과만 작동해서 소비가 줄어든다면 빚이 많고 적고는 소비 지출의 변화와 무관할 것이다. 즉 우리의 예에서 두 가계의 한계 소비 성향은 동일할 것이다. 예를 들어 두 가계 모두 한계 소비 성향이 0.05라면 두 집 모두 동일하게 500달러씩 지출을 줄일 것이다. 다시 한 번 말하자면, 두 가계가 동일한 한계 소비 성향을 가지고 있다면 빚의 많고 적음은 전혀 중요하지 않게 된다. 오직 집값의 변동만이 소비에 영향을 미친다.

이와 달리 만약에 빚이 중요한 역할을 한다면 어떻게 될까? 빚이 많을수록 집값이 하락할 때 소비가 더 크게 감소한다면 가계 D의 한계 소비 성향이 가계 N의 한계 소비 성향보다 크다고 볼 수 있다. 즉 빚이 많을수록 같은 크기의 집값 하락에도 소비는 더 많이 감소할 것이다. 가계 D의 한계 소비 성향이 더 크다면 집값이 폭락할 때 레버리지의 분포가 중요해진다. 집값 하락으로 인한 손실이 빚을 많이 지고 있는 가계에 집중된다면, 이들 가계의 소비는 더 큰 폭으로 감소할 것이다.

가계의 한계 소비 성향은 수요를 진작하기 위한 정부의 경기 부양 정책 효과와도 관련이 있다. 예를 들어 미국 정부는 2001년과 2008년에 경기 진작을 위해 세금 환급금을 돌려준 적이 있는데 정책 입안자들은 세금 환급금 중 소비로 이어지는 비율이 어느 정도인지에 큰 관심을 가지고 있다. 만약 이때 세금 환급금이 한계 소비 성향이 큰 사람들에게 돌아가고, 그 결과 소비가 더 크게 증가했다면 이 정책은 효과적인 정책으로 평가받았을 것이다.

자산 효과만 있는 것이 아니다 ─

우리는 우편번호 단위 지역별 자동차 구입에 대한 통계를 이용해서 가계 소득과 레버리지에 따라 한계 소비 성향의 차이가 있는지 검증해 보았다. 우편번호 단위 지역별 통계를 이용해서 우리는 순자산 감소가 컸던 카운티들을 분석함으로써 이들 지역에서 실제로 소비 지출도 큰 폭으로 줄었는지 살펴볼 수 있다. 보다 구체적으로 우리는 같은 크기의 집값 하락에 대해 레버리지가 높은 가계와 낮은 가계의 자동차 구입액이 얼마나 다른지를 추정한다. 즉 대침체 시기 주택 관련 자산 효과로 인한 한계 소비 성향이 가계의 레버리지 정도에 따라 얼마나 달라지는지를 추정하는 것이다.

연구 결과는 극적이었다. 위의 예에 나온 가계 D가 가계 N에 비해 소비를 훨씬 크게 줄였다는 것을 분명하게 드러냈던 것이다. 실제로 2006년 당시 주택 담보 대출 비율이 90퍼센트 이상이었던 가계의 한계 소비 성향은 모기지 대출 비율 30퍼센트 이하인 가계의 한계 소비 성향보다 세 배 이상 컸다. 예를 들어 집값이 1만 달러 하락했을 때 주택 담보 대출 비율이 90퍼센트 이상인 가계는 자동차에 대한 지출을 300달러 줄인 반면, 30퍼센트 이하인 가계는 100달러 이하로 줄였다. 똑같은 크기의 집값 하락에 대해 빚이 많은 가계일수록 지출을 훨씬 더 크게 줄인 것이다. 그림 3.3은 레버리지에 따라 한계 소비 성향의 추정치가 어떻게 다른지 보여 주고 있다. 여기서 양자 사이에 강력한 관계가 있음을 확인할 수 있다. 그것은 바로 집에 대한 레버리지 비율이 높으면 높을수록, 집값이 떨어졌을 때 가계는 소비를 더욱 적극적으로 줄인다는 것이다.

레버리지가 높은 가계일수록 집값 변화에 따른 한계 소비 성향이 높다는 것은 우리 연구에서 가장 중요한 결과 중 하나다. 왜냐하면 이 결과로 인해 부와 빚이 어떻게 분포하는지가 중요해지기 때문이다. 대침체기에 일어난 집값 하락이 레버리지가 높은 가계와 낮은 가계에 동일하게 체감된 것은 아니었다. 집값 하락은 레버리지가 높은 가계에 가장 큰 충격을 가져왔다. 2장에서 논의했듯이 주택 시장 경기가 하강하면서 충격을 가장 크게 받았던 사람들은 순자산이 많지 않으면서 그나마 있는 순자산도 홈 에퀴티에 묶여 있는 가계였다. 또한 집

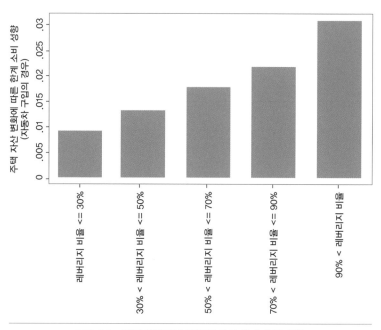

그림 3.3　주택 레버리지 비율에 따른 한계 소비 성향

값이 떨어진 것뿐만 아니라 집값 변동에 대한 한계 소비 성향이 가장 큰 가계의 집값이 가장 크게 떨어졌다. 바꿔 말하면, 레버리지가 낮고 금융 자산이 많은 계층의 집값이 더 떨어졌다면 2006년부터 2009년 사이 소비 지출의 감소 폭은 훨씬 더 완만했을 것이다.[5]

　앞서 살펴본 계층별 한계 소비 성향의 차이는 2000년대 초 기술주 거품이 터질 때처럼 자산 가격의 폭락과 관련해 중요한 사실을 일깨운다. 먼저 자산 가격의 폭락은 엄청난 부의 손실을 의미한다는 점을 잊어서는 안 된다. 2000년부터 2002년 사이 미국 가계들의 금융 자산은 5조 달러가량 줄어들었으며 그 대부분이 주식 가격 폭락 때문이었다. 이 수치는 대침체기 동안 집값 하락으로 인한 자산 감소 총액과

놀라울 만큼 흡사하다. 그러나 기술주 주가의 폭락으로 인한 금융 자산의 엄청난 손실에도 불구하고 가계 지출은 거의 영향을 받지 않았다. 오히려 가계 지출은 2000년부터 2002년 사이 5퍼센트 증가했다. 이는 1998년부터 2000년 사이 가계 지출이 15퍼센트 증가한 것에 비하면 낮은 수치이긴 하지만 2007년부터 2009년 사이 8퍼센트 감소한 것과는 비교할 수 없을 정도로 양호한 수치다.

2000년 초 기술주 거품의 붕괴는 가계 소비 지출에 별다른 영향을 주지 않았던 반면, 대침체 시기 주택 시장 거품의 붕괴는 소비 지출의 엄청난 감소로 이어졌다. 왜 그럴까? 이는 한계 소비 성향의 차이로 설명할 수 있다. 기술주를 보유한 사람들은 레버리지가 거의 없는 최상위 부자들이었다. 2001년 당시 순자산 기준 상위 20퍼센트가 미국 주식의 약 90퍼센트를 소유하고 있었다. 그리고 이들 계층의 레버리지 비율은 고작 6퍼센트 정도로 매우 낮았다(즉 이들은 자산 100달러당 6달러 정도의 빚을 지고 있었다). 레버리지가 적은 고소득층은 자산에 대한 한계 소비 성향이 매우 낮은 경향이 있다. 이런 상황을 고려해 보면 기술주 거품이 터졌을 때 소비가 별 타격을 받지 않은 것은 그리 놀라운 일이 아니다.

기술주 거품 붕괴와 주택 시장 거품 붕괴를 비교해 봄으로써 우리는 앞으로 나아가는 데 유용한 교훈을 얻을 수 있다. 자산 가격의 하락은 결코 달가운 일이 아니다. 하지만 자산이 많은 빚으로 이루어져 있을 때 자산 가격의 하락은 큰 재앙이 될 수 있다. 높은 레버리지와 자산 가격의 급락이 결합해서 소비 지출의 급격한 축소를 가져오기 때문이다.

실증적 증거의 요약 ―

경기가 위축되면 일자리가 줄어들고 많은 사람들이 고통을 받지만 왜 이런 일들이 일어나는지 우리는 정확하게 그 원인들을 알지 못했다. 우리는 이 어려운 퍼즐을 이해하고자 이 책을 쓰기 시작했다. 어떤 난제라도 문제를 풀기 전에 사실들을 취합하는 것이 필요하다. 우리는 어떤 기제를 통해서 대침체라는 경제적 재앙에 이르게 되었는지를 많은 통계를 이용해서 보였다. 이어지는 장에서는 왜 이런 심각한 불황이 일어나는지 설명하는 이론에 대해 설명한다. 그 전에 지금까지 살펴본 실증적 증거들을 요약해 보자.

첫 번째로 심각한 경기 침체 이전에 거의 언제나 가계 부채가 급증하는 현상이 선행해서 일어났다는 사실을 들 수 있다. 대공황 때도 그랬으며 대침체 때도 마찬가지였다. 또한 지난 10년간 유럽에서 일어난 최악의 경제 위축들도 예외가 아니다. 이미 1994년에 학자들은 심각한 불황과 이에 선행하는 가계 부채 증가 사이에 긴밀한 연관성이 있다는 것을 인식했다. 나아가 불황은 가계 지출이 급감하면서 시작된다.

또 하나 중요한 사실은 주택 같은 자산의 가격이 급락할 때 발생하는 손실이 레버리지에 따라 달라진다는 것이다. 미국의 대침체기 동안 주택 시장 붕괴는 상대적으로 순자산이 적고 레버리지가 높은 가계에 더 큰 타격을 가했다. 이들 계층의 순자산은 집값 하락으로 인해 크게 감소했다. 빚을 통한 자금 조달은 집값이 하락할 때 자산이 많은 계층에게는 별 피해를 입히지 않는 반면 자산이 가장 적은 계층에게는 큰 피해가 가게끔 만든다. 그 결과, 대침체 이전 이미 심각했던 부의 불평등이 2006년부터 2009년 사이 더욱 악화되었다.

소비 지출 패턴을 지역적으로 살펴보면, 대침체기 동안 소비 지출이 급격히 감소한 이유에 대한 수수께끼는 의외로 쉽게 풀린다. 가계 부채가 많고 집값이 크게 떨어진 지역에서는 주택 소유자의 순자산이 대폭 감소하면서 소비도 크게 줄었다. 반면 순자산의 손실이 거의 일어나지 않았던 지역에서는 심지어 2008년까지도 지출이 거의 줄지 않았다. 하지만 결국에는 집값 폭락을 면한 지역에서도 소비 지출이 줄어들었다.

마지막으로, 빚은 소비가 급격하게 감소하는 이유를 이해하는 데 매우 중요한 역할을 한다. 빚은 압류를 불러오고, 압류가 일으키는 외부 효과는 집의 가치를 더욱 떨어뜨린다. 그리고 집값 하락으로 인한 손실은 빚이 많은 가계에 집중되는데 우리는 이들의 한계 소비 성향이 가장 높다는 사실을 유념해야 한다.

책의 앞부분에서 말했듯이 대침체기에 정리해고를 당한 근로자들은 왜 자신들이 일터를 떠났어야만 했는지에 대해 사실에 입각한 정확한 설명을 들을 자격이 있는 사람들이다. 우리는 이제 통계와 자료들을 이용해서 그 원인의 실체에 좀 더 가까워졌다. 이어지는 장들에서 우리는 왜 빚이 심각한 경기 위축을 가져오며 어떤 경로로 수백만 개에 달하는 일자리가 사라지는지 설명하는 이론을 제시하고자 한다.

레버드 로스* 이론

캘리포니아 대학 버클리 캠퍼스 경제학과 명예 교수이자 구글의 수석 경제학자이기도 한 할 배리언Hal Varian은 데이터의 중요성을 강조한다. 최근 한 인터뷰에서 배리언은 〈문명이 시작될 무렵부터 2003년까지 고작 5엑사바이트**의 정보를 축적했으나 오늘날은 이틀마다 같은 양의 정보를 만들어 내고 있다〉고 말한 바 있다. 그리고 〈향후 10년 동안 가장 유망한 직업은 통계학자일 것이다〉라는 배리언의 말은 인구에 널리 회자되고 있다. 배리언은 폭발적으로 증가하는 데이터뿐만 아니라 이를 잘 해석하는 기술도 중요하다는 것

* levered losses. 〈levered〉라는 단어에는 〈빚을 지다leveraged〉라는 의미와 작은 힘으로 무거운 물건을 들어올리는 〈지렛대lever〉라는 의미가 중의적으로 담겨 있다. 풀어서 설명하면 〈레버드 로스〉는 빚 때문에 발생했으며 그로 인해 피해가 증폭된 손실을 의미한다. 저자가 의도한 중의적 표현을 강조하기 위해 우리말로 옮기지 않고 원문 그대로 레버드 로스로 옮겼다.

** exabytes. 1엑사바이트는 10^{18} 바이트이며 1기가바이트의 10억 배에 해당한다.

을 잘 알고 있다. 그의 말마따나 〈데이터를 다룰 줄 아는 능력, 즉 데이터를 이해하고, 처리하고, 거기에서 가치를 뽑아내고, 시각화하고, 상호 작용하는 능력이 앞으로 몇십 년 동안 엄청나게 중요한 기술이 될 것이다〉.[1] 독자들은 짐작하겠지만 우리는 배리언처럼 데이터의 중요성을 잘 알고 있다. 그렇기 때문에 앞의 세 장을 할애해서 심각한 경기 위축의 원인을 이해하기 위한 통계들을 분석했다. 또한 우리는 배리언이 강조한 것처럼 데이터를 올바르게 해석하는 기술이 매우 중요하다고 생각한다.

데이터를 해석하는 기술은 거시 경제학 분야에서 특히 더 중요하다. 미국 경제 전체는 수백만 개의 기업과 가계로 이루어져 있기 때문에 분석이 쉽지 않다. 마치 생태계처럼 각자의 의사결정과 행동이 서로에게 영향을 미친다. 배리언이 말한 것처럼 데이터가 폭발적으로 증가하고 있기 때문에 어떤 일들이 벌어지는지 알고자 한다면 우리는 거의 무한한 양의 자료들을 모아서 분석할 수 있게 되었다. 경제에 어떤 일들이 벌어지고 있는가? 어떤 경제 주체의 행동이 가장 중요한가? 경기 회복을 위해 어떤 조치가 필요한가? 그러나 데이터를 잘 해석하기 위한 어떤 구조가 없이는 데이터의 바다에 빠져 허우적댈 가능성이 높다.

바로 이런 이유로 경제학 모형이 중요하다. 거시 경제학자들은 데이터를 해석하기 위해 세운 이론적 모형에 의해 대략적으로 구분된다. 모형은 어떤 데이터가 중요한지, 입수 가능한 정보를 어떤 방식으로 이용할 것인지에 대한 구조를 제시한다. 이 장에서 우리는 레버드로스levered-losses 프레임워크라 부르는 이 책의 핵심적인 경제 모형을 제시하고자 한다. 이 모형은 지금껏 우리가 밝혀낸 사실들에 기반을 두고 있다. 여기서 제시하는 이론을 통해 우리는 왜 불황이 일어나기 전에 가계 부채가 빠르게 증가하는지, 그리고 왜 소비가 급격하게 줄면서 불황이 시작되는지 설명하고자 한다. 이 모형은 우리가 찾은 사실들을 일관성 있게 설명하면서 레버리지가 높은 경제에서 자산 가격이 급락하면 어떻게 대량 실업을 수반하는 경제적 재앙이 닥치는지 설명한다.

우리가 제시하는 레버드 로스 프레임워크를 설명하기 위해 먼저 아무런 마찰이 없는 거시 모형에서부터 시작하자. 이 모형은 앞서 언급한 펀더멘털을 강조하는 시각과 일치한다.[2] 우리가 보기에 이 모형은 비현실적이며 심각한 경기 후퇴를 설명하지 못한다. 그러나 레버드 로스 프레임워크를 이해하기 위해서는 이 모형에 대해 알아 둘 필요가 있다. 왜냐하면 펀더멘털을 강조하는 시각을 이해하고 나서야 우리는 비로소 경제적 재앙이 시작되는 출발점을 이해할 수 있기 때문이다.

펀더멘털을 강조하는 시각과 로빈슨 크루소 ——

펀더멘털을 강조하는 시각의 바탕에 깔려 있는 기본적인 입장은 국내 총생산과 같은 경제 전체의 생산량은 투입되는 노동의 양, 자본, 기술 수준 같은 생산 측면의 요인으로 결정된다는 것이다. 즉 수요가 아니라 공급 측면이 한 경제의 크기를 결정한다는 것이다. 생산 기술이 얼마나 효율적인지, 하루 동안 몇 시간이나 일하는지, 근로 의욕이 어떤

지 등에 의해 경제 전체의 규모가 결정된다. 이런 시각은 종종 공급 중심supply-side 시각이라 불린다. 이 시각에서는 한 경제의 생산 능력, 공급, 자원을 주로 강조되기 때문이다.

경제의 공급 측면을 강조하는 데서 볼 수 있듯이, 이러한 시각에서 경기 변동은 경제의 생산 능력이 변할 때 나타나는 현상이다. 펀더멘털을 강조하는 시각을 이해하는 데 자주 쓰이는 〈로빈슨 크루소〉 경제를 예로 들어 보자. 이 경제는 로빈슨 크루소 한 사람만이 존재하고 상품 또한 코코넛 한 가지뿐이다. 이러한 경제 안에서 코코넛 생산량은 코코넛 나무(〈자본〉)의 수와 코코넛을 따기 위해 로빈슨 크루소가 일하는 시간(〈노동 공급〉)에 따라 결정된다.[3] 즉 자본과 노동의 투입량에 따라 이 경제의 국내 총생산인 코코넛 수가 결정된다.

이와 같은 매우 단순한 경제에서 어떤 이유로 심각한 경기 후퇴가 일어날까? 이 경제의 생산 능력에 충격을 주는 어떤 요인이라도 경기 변동을 일으킬 수 있다. 태풍이 한 예가 될 수 있다. 태풍이 들이닥쳐 코코넛 나무가 뿌리 뽑히거나 훼손된다면 수확할 수 있는 코코넛 열매의 수는 급격하게 줄어들 것이다. 줄어든 열매의 수는 코코넛 소비의 감소로 이어질 것이고 이는 바로 이 경제에서 〈불황〉을 의미한다. 이 경제의 생산량은 수요의 변화가 아니라 생산에 필요한 가용 자원에 의해 결정된다.

논의를 좀 더 확장해 보자. 이러한 모형 아래에서 생산 능력이 줄어들지 않는다면 로빈슨 크루소가 소비를 갑자기 줄이는 현상을 이해하기란 무척 어렵다. 아무런 재난도 일어나지 않은 상황에서 로빈슨 크루소가 코코넛 소비를 줄인 이유를 설명해 줄 수 있는 것은 그의 선호 체계나 미래에 대한 예상에 변화가 생겼다는 것 말고는 아무것도 없다. 예를 들어, 어느 날 아침 일어나서 문득 생각하기를 언제 구조될지 모르니 코코넛을 적게 먹고 미래에 대비해야겠다는 결심을 할 수 있다. 또는 조만간 태풍이 닥칠 것 같으니 태풍에 대비하기 위해 식량을 아껴야겠다고 생각할 수도 있다. 하지만 이런 식으로 경제 주체의 선호나 기대가 갑자기 바뀌는 것을 알아차리는 것은 쉽지 않을뿐더러 실제 현상을 선호나 어떤 믿음의 갑작스런 변화로 설명하는 것 또한 바람직한 접근법이 아니라고 생각한다.

펀더멘털을 강조하는 시각으로는 선진국들의 심각한 경기 후퇴 현상을 설명하기가 쉽지 않다. 왜냐하면 경제의 생산 능력에 충격이 가해져 심각한 불황이 닥치는 경우는 거의 없기 때문이다. 예를 들어 대공황, 대침체, 그리고 최근 유럽의 경제 위기는 전쟁이나 자연재해와 같은 심각한 재난에 의해 촉발된 것이 아니었다. 또한 하루아침에 자동차나 비행기를 만들고 집을 짓는 방법을 잊어버리는 등 생산 기술이 갑자기 퇴보한 것도 아니었다. 그리고 앞서 언급한 모든 불황의 경우에서 부동산 가격이 폭락하는 동안 주택이나 건물이 무너진 것도 아니었다. 심각한 불황은 생산 능력의 저하 없이도 일어날 수 있다.

펀더멘털을 강조하는 시각으로 불황을 설명하기 힘든 이유는 크게 두 가지로 요약할 수 있다. 첫째, 심각한 불황은 생산 능력의 저하를 가져오는 어떤 재앙들에 의해 시작되지 않는다. 불황은 자산 가격이 급락하고 소비가 급격하게 줄어들 때 시작된다. 둘째, 펀더멘털을 강조하는 시각으로는 소비 침체로 인한 불황을 설명할 수 없다. 펀더멘털을 강조하는 시각이 강조하는 바와 같이 한 경제의 생산물은 수요 측면이 아니라 생산 능력에 의해 좌우된다면 소비 지출이 감소한다고 해서 불황이 온다는 법은 없다. 또한 펀더멘털을 강조하는 관점에 따르면, 경제는 스스로 소비 침체에 대한 조정 능력을 가지고 있다. 예를 들어 소비가 감소하면 이자율이나 공산품 가격이 하락하면서 원래의 생산 능력만큼 생산하게 된다. 하지만, 아래에서 설명하는 것처럼, 경제의 자가 치유 능력은 충분하지 않다.

펀더멘털을 강조하는 시각만으로는 심각한 경기 후퇴를 설명하기가 쉽지 않으며, 펀더멘털을 강조하는 시각에서 벗어나 불황을 설명하고자 하는 이론들도 몇 가지 중요한 사실을 설명할 수 있어야 한다. 왜 소비 지출이 급격하게 감소했는가? 왜 소비 지출의 감소가 경제 전체에 큰 영향을 미쳤는가? 왜 경제의 자가 치유 능력은 작동하지 않았는가? 왜 경제의 생산량은 급감하고 일자리는 사라졌는가? 우리가 제시하는 레버드 로스 프레임워크는 이 질문들에 답하면서, 동시에 통계에 의해 강하게 지지된다. 이제 우리의 이론을 살펴보자.

레버드 로스 프레임워크[4] ——

레버드 로스 프레임워크의 첫 번째 구성 요소는 한 경제의 구성원들이 빚의 유무에 따라 이질적이라는 것이다. 한 경제 안에는 차입자와 저축자가 존재하며 차입자는 많은 빚을 지고 있다. 차입자는 채무 계약debt contract의 형태로 저축자로부터 돈을 빌리고, 이러한 채무 계약에 따라 차입자는 때마다 이자를 지불해야 한다. 그리고 채무 계약에 의해 저축자는 차입자의 자산에 대한 우선 청구권을 가지게 된다.

달리 말해 차입자가 채무 계약을 이행하지 못하면 저축자는 차입자의 자산을 압류할 권리를 가지고 있다. 만약에 집값이 떨어지고 차입자가 집을 판다고 해도, 차입자는 여전히 빌린 돈 모두를 갚아야만 한다. 차입자는 집에 대해서 후순위 청구권을 가지고 있기 때문에 집값이 떨어질 때 발생하는 손실을 제일 먼저 감수해야 한다.

차입자는 순자산이 적기 마련인데, 바로 그렇기 때문에 이들이 집을 살 때 대출을 받는 것이다. 반면 저축자는 순자산이 많은 가계이기 마련이다. 이 모형에서는 저축자가 금융 기관의 중계 없이 차입자에게 자금을 빌려 준다. 부자가 가난한 사람들에게 돈을 빌려 준다고 말할 수도 있을 것이다. 물론 현실 세계에서는 은행이나 뮤추얼 펀드, 주식 등을 통해 자금이 간접적으로 흘러간다. 하지만 저축자가 모기지 대출이라는 금융 자산을 가지고 있고 담보인 집에 대한 우선 청구권을 가지고 있다는 중요한 사실에는 변함이 없다. 저축자는 집값이 떨어져도 타격을 받지 않는다. 원래 이들이 부자라서 그렇기도 하지만 또한 이들에게는 집에 대한 우선 청구권이 있기 때문이다.

레버드 로스 프레임워크의 두 번째 구성 요소는 빚을 진 가계들이 급격하게 소비를 줄이게 만드는 경제 전체에 대한 충격이다. 이 충격은 채무 가계의 순자산을 줄이거나 대출을 받기 더 어렵게 만드는 어떤 사건들로 이해할 수 있다. 실제로 부동산 가격의 급락은 거의 어느 상황에서나 이런 유의 충격이라 할 수 있다. 2장에서 봤듯이 대침체기 동안 주택 가격 폭락은 모기지 대출을 받은 가계의 순자산에 큰 타격을 입혔다.

레버드 로스 프레임워크 안에서는 두 가지 영향으로 인해 부동산 가격의 하락이 소비에 미치는 효과가 증폭된다. 첫 번째는 주택 자산의 가치가 변할 때 소비를 가장 크게 변화시키는 계층, 즉 빚진 사람들에게 손실이 집중되는 현상이다. 두 번째는 압류로 인해 집값 하락의 충격이 더욱 커지는 현상이다.

대출을 끼고 있던 가계가 집값 하락으로 손실을 입으면 소비를 줄이게 되는데 그 이유에는 여러 가지가 있다. 그중 하나로 순자산이 감소한 가계는 미래 소비에 대비하기 위해 소비를 줄이고 저축을 늘리게 되는 것을 들 수 있다. 예를 들어 은퇴를 앞둔 50대 후반 부부를 생각해 보자. 만약 이들에게 집값의 20퍼센트에 해당하는 홈 에쿼티가 있다면 집을 팔거나 줄임으로써 노후 소비를 대비할 수 있다. 그러나 집값이 20퍼센트 떨어져서 홈 에쿼티가 모두 사라진다면 이들은 큰 곤경에 처하게 된다. 은퇴 후에 계획한 대로 소비할 여력이 전혀 남아 있지 않게 되는 것이다. 그 결과 이들 부부는 소비를 줄여 저축을 하려고 한다.[5]

이와 같이 재산의 손실을 보충하기 위해 저축을 늘리는 것 이외에도 빚을 진 가계는 대출을 받기가 어려워져 소비를 줄이기도 한다. 예를 들어 홈 에쿼티가 다 사라진 경우 추가적인 대출을 받기 위한 담보가 없어진 것과 마찬가지다. 또한 더 낮은 이자율의 모기지 대출로 갈아타기도 더 힘들어진다. 이처럼 대출을 받기 힘들기 때문에 유동성 제약을 받게 되고 소비는 감소한다. 레버드 로스 프레임워크에서는 한계 소비 성향이 큰 사람들에게 손실이 집중되기 때문에 경제 내 모든 사람들에게 손실이 균등하게 배분되는 경우보다 소비 지출의 감소가 더 크게 일어난다. 3장에서 살펴본 바와 같이 주택 자산의 손실이 있을 때 빚을 지고 있는 가계의 소비 지출은 저축자가 주택 자산에 손실을 입을 때보다 훨씬 더 민감하게 반응한다. 달리 얘기하면, 순자산이 많은 저축자들은 소비를 줄이지 않고도 손실로 인한 충격을 더 쉽게 완화시킬 수 있다.

부채가 주택 시장에 가해진 충격을 증폭시키는 두 번째 경로는 2장에서 논의한 바와 같이 압류의 외부 효과다. 집값이 크게 하락하면 대출 금액이 집값을 초과하는 집들이 생기기 마련이다. 이런 깡통 주택을 가진 가계는 모기지 대출을 상환하지 못하고 채무 불이행에 빠질 가능성이 아주 높다. 상환액이 엄두도 내지 못할 만큼 크거나 전략적인 이유로 일부러 대출 상환에 적극적으로 나서지 않기 때문이다. 어찌 되었든 간에 채무 불이행은 압류로 이어지고 압류는 집값을 더욱 떨어뜨리게 된다. 따라서 처음에 집값이 떨어지면서 시작된 소비 감소는 압류로 인해 집값이 더 떨어지면서 더욱 증폭된다.

레버드 로스 프레임워크를 설명하기 위해 우리는 채권자 가계와 채무자 가계를 예로 들었지만, 이 개념적 틀은 더 광범위하게 적용될 수 있다. 예를 들어, 독일로부터 많은 돈을 빌린 스페인을 국가 단위의 채무자로 생각해 볼 수 있다. 스페인의 부동산 가격이 하락하자 스페인 사람들은 위에서 설명한 것과 같은 이유로 소비를 급격하게 줄였다. 반면 독일은 우선 청구권을 가지고 있었기 때문에 스페인의 집값이 하락한다고 해서 손해를 볼 일이 없었다.

지금 우리는 레버드 로스 프레임워크를 통해서 소비 지출의 급격한 감소가 어떤 방식으로 일어나는지 살펴보았다. 펀더멘털을 강조하는 시각으로는 이러한 소비 급감 현상을 설명할 수가 없다. 앞서 언급한 바와 같이, 펀더멘털을 강조하는 시각에는 우리가 다루어야 할 약점이 하나 더 있다. 펀더멘털을 강조하는 시각은 소비 지출이 급감하더라도 경제가 자연 치유력 통해 원래의 생산량을 금세 회복할 수 있다고 보는데 이 주장에 대해 살펴보자.

경제는 어떻게 반응하는가? ──

빚을 진 가계들이 소비 지출을 급격하게 줄일 때, 경제가 파국에서 벗어나는 첫 번째 방식은 이자율의 급격한 하락을 통해서이다. 채무자들이 대출을 줄이고 저축을 늘림에 따라 이자율은 자연히 떨어지게된다. 이렇게 하락하는 이자율은 어느 시점에서 기업들이 다시 대출을 받고 투자를 하게 되는 수준까지 떨어진다. 그리고 이렇게 늘어난투자는 가계 소비의 감소를 상쇄하게 된다. 또한 낮아진 이자율로 인해 집값 하락으로 인한 충격이 크지 않은 저축자들은 소비를 늘리게된다. 왜냐하면 이자율이 낮을 때 자동차를 새로 사거나 부엌을 다시꾸미는 것이 유리하기 때문이다. 불황 때 주로 저금리 정책을 쓰는 중앙은행도 이 상황을 돕게 된다. 저금리로 인한 저축자들의 소비 증가와 기업의 투자 증가가 채무자들의 소비 감소를 벌충한다면 경제는큰 손실 없이 위기 상황을 넘길 수 있을 것이다.

　불황이 올 때 경제는 재화 시장의 조정을 통해서도 자가 치유 능력을 발휘할 수 있다. 소비 지출이 감소하면 기업들은 상품 가격을 낮춘다. 상품 가격이 떨어지게 되면 소비자들도 결국 시장으로 돌아오게되어 있다. 국가의 경우도 마찬가지다. 수출 의존도가 높은 소규모 국가의 경우 국내 소비의 감소는 환율 인상을 가져오고 이는 수출을 늘림으로써 국내 총생산이 증가한다. 종합하면 채무자의 수요가 급격하게 감소하게 되면 이자율이 낮아지고, 가격이 떨어지고, 환율이 올라가는 방향으로 경제가 반응한다.

하지만 우리는 모두 이런 식의 조정이 이루어지지 않는다는 것을 잘 알고 있다. 대침체기에 빚을 진 가계들이 소비를 크게 줄였을 때 경제는 이렇게 반응하지 않았다. 이는 이자율, 재화 가격, 환율 등이 상황에 따라 변화하는 것을 막는 어떤 마찰들frictions이 있음을 의미한다. 빚을 진 가계의 소비 감소를 증폭시켜서 경제 전체가 높은 실업률을 수반한 불황으로 빠져들게 하는 마찰들이 존재하는 것이다.

경제의 자가 치유를 막는 마찰들 ──

가장 잘 알려진 마찰로는 명목 이자율이 0퍼센트 밑으로 더 떨어질 수 없다는 사실, 즉 제로 금리 하한zero lower bound을 들 수 있다.[6] 이자율이 더 떨어질 수 없으므로 저축자들의 소비를 추가로 끌어낼 수 없으며 그 결과 채무 가계의 소비 감소를 메꿀 수 없다. 이런 상황을 〈유동성 함정liquidity trap〉이라고도 한다. 이자율이 추가로 더 내려가야 하는데 여전히 0퍼센트에 머문 상황에서는 저축을 할 동기가 없는 사람들이 현금이나 미국 국채를 보유하는 방식으로 자금을 운용한다. 즉 자금을 무위험 자산에 묶어 놓는다.

제로 금리 하한이 존재하는 이유는 정부가 흔히 현금이라 부르는 불환 지폐paper money를 발행하기 때문이다. 현금 보유는 마이너스의 수익률을 가질 수 없다.[7] 우리가 현금을 유용하게 쓰는 이유 중 하나는 보모에게 수고비를 주거나 음식점의 발레 파킹을 이용할 때처럼 거래를 편하게 해주기 때문이다. 그러나 현금도 자산의 한 종류로 볼 수 있다. 모든 재산을 현금으로 보유한다면 최악의 경우 얼마만큼의 수익을 올릴까? 답은 0퍼센트이다. 인플레이션이 없다면 현금은 어떤 일이 일어나도 투자자에게 0퍼센트의 이자율을 보장해 줄 것이다. 현금에는 소위 리스크가 존재하지 않는다. 어느 누구라도 화폐를 보유함으로써 어떤 경우에나 최소 0퍼센트의 명목 수익률을 올릴 수 있다면 어떤 자산도 마이너스의 기대 명목 수익률을 줄 수 없다. 이것이 바로 명목 이자율의 제로 금리 하한이 의미하는 바다. 경제 내의 어떤 명목 이자율도 0퍼센트보다 낮을 수는 없다.

어떤 사람이 저축을 할 때 마이너스 금리를 적용받는다고 해보자. 100달러를 예금했더니 1년 뒤 90달러를 돌려받는 상황이라면 저축을 하느니 물건을 사는 것이 더 나은 선택일 것이다. 새 집이나 차를 살 수 있는 상황에서 은행에 돈을 묵혀서 썩히는 사람은 거의 없을 것이다. 제로 금리 하한이 존재하지 않고 마이너스 금리가 가능하다면 저축자들은 적극적으로 소비에 나설 것이고 그렇게 되면 차입자들의 소비 감소를 상쇄하는 데 도움이 될 것이다.

하지만 현실에서 제로 금리 하한은 엄연히 존재하며 명목 금리는 마이너스가 될 수 없다. 위의 예처럼 예금에 대해서 10퍼센트의 마이너스 금리를 매기거나 10퍼센트의 벌금을 물린다면 은행 계좌에 돈을 넣는 것보다 집 금고에 넣어 두고 0퍼센트의 명목 금리를 얻는 것이 더 현명한 일이며 이런 이유로 제로 금리 하한이 존재한다. 그 결과 경제는 유동성 함정에 빠진다. 차입자들은 빠듯한 살림에서 수입과 지출의 균형을 맞춰야 하고 추가로 대출을 받기도 어려운 상황이기 때문에 소비를 줄일 수밖에 없다. 또한 저축자들은 소비를 유인할 만큼 이자율이 충분히 낮지 않기 때문에 소비를 늘리려 하지 않는다.[8] 결국 경제 상황은 수요에 의해 주도된다. 가계 소비를 늘리는 어떤 사건이나 정책도 국민 총생산을 늘리는 데 도움이 된다. 역사상 거의 모든 주요 경제 위기 때를 살펴봐도 명목 이자율은 매우 낮았다. 우리가 이 책을 쓰는 지금 시점에서 봐도 지난 5년간 미국의 단기 국채 금리는 0퍼센트였다.

인플레이션이 발생하면 실질 금리는 언제나 마이너스가 될 수 있다. 인플레이션은 현금을 보유한 저축자들에게 대해 벌금을 물게 하는 것과 마찬가지다. 일단 여기서는 논의의 편의를 위해 인플레이션은 없다고 가정하자(하지만 이 책의 11장에서 정책 문제를 다룰 때 우리는 인플레이션 문제로 돌아갈 것이다).

명목 금리가 제로 금리 하한에 묶여 있어서 이자율의 역할을 기대할 수 없다면 상품 가격의 하락은 사람들로 하여금 소비를 늘리게 할 수 있을까? 대답은 역시 〈아니오〉다. 소비자 가격의 하락은 오히려 상황을 더욱 악화시킬 수 있다. 상품 가격의 하락은 기업이 생산 비용을 낮춤으로써 가능한데 임금도 생산 비용의 일부다. 따라서 기업은 임금을 줄이게 된다. 부채 부담은 명목 금액으로 고정된 상태이므로 임금 하락은 빚을 진 가계에 큰 충격을 가한다. 즉 상환해야 할 빚은 명목 금액으로 고정된 상태에서 임금이 하락한다면 채무 가계의 소비는 추가로 감소할 여지가 매우 크다. 이렇게 되면 수요 감소는 추가적인 임금 삭감으로 이어지고, 이는 다시 가계의 수요 감소로 돌아오는 일종의 악순환에 빠지게 된다. 이것이 바로 대공황 때 어빙 피셔Irving Fisher가 〈부채 디플레이션debt deflation〉 사이클이라 부른 유명한 현상이다.[9]

경제가 심각한 소비 부진에서 빠져나오지 못하게 막는 중요한 마찰들은 몇 가지 더 있다. 예를 들어 채무자들은 저축자들과 구매하는 상품의 종류가 다른 경우가 많다. 만약에 채무자들이 소비를 줄인다면 이들이 주로 구매하는 상품의 생산은 감소할 것이며 반대로 저축자들이 주로 구매하는 상품의 생산은 늘릴 필요가 있을 수 있다. 이때 자원의 재배분이 필요한데 이 과정에서 마찰이 있게 된다. 예를 들어 건설업에 종사하는 근로자가 다른 산업으로 배치될 필요가 있을 수 있고, 환율이 올라감에 따라 지역 소매상에서 일하는 사람이 수출 산업에 배치될 필요가 있을 수 있다.[10] 또는 채무자의 소비가 줄고 저축자의 소비가 늘면서 구매력이 재배분될 필요가 있을 수 있다. 일반적으로 이런 방식의 재배분을 막는 모든 종류의 마찰은 채무 가계의 지출 감소가 높은 실업률이 수반된 심각한 불황으로 이어지게 만든다.

누구도 피해 갈 수 없다 ──

채무자들이 소비 지출을 급격하게 줄일 때, 저축자들은 제로 금리 하한과 같은 마찰로 인해 그러한 소비 부족분을 채울 수 없다. 그러나 수요 부족이 일으키는 재앙에 가까운 경제적 효과는 채무자들만이 감당하는 것이 아니다. 그 효과는 경제 전체에 퍼진다. 레버드 로스는 심지어 경제가 호황일 때 아무런 빚을 지지 않았던 사람들에게도 영향을 미친다.

레버드 로스로 인한 수요 감소가 가져오는 연쇄 효과 중 가장 무서운 효과는 대규모 실업 현상이다. 주택 시장 붕괴와 하등의 관계가 없는 지역의 근로자들도 수요 감소로 인해 일자리를 잃는다. 앞서 살펴본 모나코 사의 경우가 좋은 예다. 인디애나 주 북부 지역은 부채 비율이 높지 않았고 주택 가격이 크게 떨어지지도 않았다. 왜 그곳에 사는 근로자들이 일자리를 잃었을까?

대규모 실업이 왜 발생하는지 알아내는 것은 쉽지 않은 일이다. 거시 경제학자들은 비자발적 실업의 이유뿐만 아니라 존재 여부 자체에 대해서도 오랜 시간 다양한 의견을 제시해 왔으나 오늘날까지도 의견 일치를 보지 못하고 있다. 가격이 신축적으로 움직이는 전형적인 거시 경제 모형으로는 비자발적 실업을 설명할 수 없다. 왜냐하면 이들 모형에서는 사람들이 일하려 하는 시간(〈노동 공급〉)과 기업이 필요로 하는 근로 시간(〈노동 수요〉)이 일치하지 않을 경우 임금이 조정되면서 불균형이 해소되기 때문에 비자발적 실업은 존재하지 않는다. 비자발적 실업을 설명하기 위해서는 임금이 조정되거나 근로자들이 일자리를 찾는 것을 방해하는 어떤 〈경직성rigidities〉이 모형 안에 있어야 한다.

먼저 레버드 로스가 있을 때 실업 현상이 어떻게 나타나는지 간단한 예를 통해 살펴보자.[11] 한 경제가 채무자 섬Debtor Island과 채권자 섬Creditor Island, 두 개의 섬으로 이루어져 있다고 가정해 보자. 채무자 섬에 사는 사람들은 많은 빚을 지고 있는 반면 채권자 섬에 사는 사람들은 빚이 전혀 없다. 그리고 두 개의 섬 거주자 모두 자동차와 이발 서비스 두 가지 상품을 소비한다고 하자. 자동차는 두 섬 간에 거래가 자유로운 반면 이발 서비스는 그렇지 않다. 따라서 각 섬 자동차 산업의 고용은 두 섬의 자동차 수요를 모두 합친 것의 함수가 되나 각 섬의 이발소 고용은 해당 섬의 수요에만 달려 있다. 또한 사람들은 두 섬을 오고 갈 수 없다고 가정하자.

이제 채무자 섬의 주택 가격이 폭락했다고 하자. 레버드 로스는 수요를 급격하게 줄이므로 채무자 섬의 자동차 판매와 이발 서비스 수요가 급감한다. 만약에 임금과 상품 가격이 신축적으로 움직인다면 어떻게 될까? 채무자 섬의 이발 서비스는 채무자 섬 거주자들만 이용하므로 수요 감소는 이발 서비스의 가격을 하락시킨다. 이는 다시 채무자 섬 이발사들의 임금을 감소시킨다. 떨어진 임금이 너무 낮다고 생각한 이발사들은 이발사를 그만두고 자동차 산업에서 일하려 한다.

그러나 자동차 산업에 대한 노동 공급이 증가하면서 자동차 산업에 종사하는 근로자의 임금은 이발사가 받는 임금과 같아지게 될 때까지 떨어진다. 결과적으로 채무자 섬의 자동차 산업 근로자 수는 증가하고, 이발자 수는 감소하고, 두 산업 모두 임금이 낮아진다. 하지만 전체 일자리 수는 변하지 않는다. 근로자들이 이발소에서 자동차 산업으로 이동하고, 그들은 낮아진 임금을 수용할 수밖에 없기 때문이다.

채권자 섬과 채무자 섬은 자동차 산업을 통해 연결되어 있다. 따라서 채권자 섬에는 레버드 로스가 일어나지 않더라도 채무자 섬에서 일어난 일의 영향을 받는다. 채무자 섬 자동차 산업의 임금이 떨어졌기 때문에 채무자 섬의 자동차 생산자는 자동차를 더 싸게 팔 수 있게 된다. 채무자 섬에서 생산된 자동차가 채권자 섬에서도 팔릴 수 있으므로 채권자 섬의 자동차 생산자는 이에 대응하기 위해 자동차 가격을 낮춰야 한다. 이는 임금의 하락을 의미한다. 자동차 산업의 임금이 하락하면 근로자들은 자동차 산업을 떠나 이발사가 되길 원하며 이는 다시 이발사 임금의 하락을 초래한다. 이 과정은 채권자 섬 자동차 산업의 임금과 이발사 임금이 같아질 때까지 지속된다. 임금과 상품 가격이 신축적으로 조정되는 이 모형에서조차 채무자 섬의 레버드 로스는 채권자 섬의 가계에 직접적으로 영향을 미친다. 채무자 섬 사람들과 마찬가지로 채권자 섬 사람들도 임금 삭감을 받아들일 수 밖에 없는 처지에 놓이게 되는 것이다.

그러나 임금과 가격이 신축적으로 반응하지 않는다고 가정할 경우 문제는 훨씬 더 심각해진다. 이제 임금과 가격은 완전히 경직적이라 채무자 섬의 수요가 감소한다 해도 전혀 움직이지 않고 고정되어 있다고 해보자. 위의 예와 마찬가지로 채무자 섬의 집값이 폭락하면 가계는 자동차와 이발 서비스에 대한 소비를 줄일 것이다. 그러면 자동차 생산자와 이발소의 수입은 줄어들 것이고, 이에 대처하기 위해 이들은 생산에 투입되는 비용을 줄여야 할 것이다. 그러나 수요 감소를 임금 삭감으로 대응할 수 없기 때문에 이들은 근로자들을 정리해고 할 수밖에 없다. 그 결과 채무자 섬에는 실업이 크게 증가하게 된다.

하지만 여기서 우리가 강조하고자 하는 바는 따로 있다. 그것은 바로 부채가 없었던 채권자 섬도 높은 실업률로 고통받게 된다는 것이다. 이는 대단히 중요한 통찰이다. 채무자 섬의 가계들이 자동차 소비를 줄이면 채권자 섬의 자동차 산업도 수요 감소를 겪게 되며 수입이 감소한다. 따라서 임금 삭감을 통해 가격을 더 낮출 수 없게 되면 이들은 근로자들을 해고할 것이다. 해고된 자동차 산업 근로자들은 이발소에 가서 일자리를 찾지만 이곳도 임금이 떨어지지 않기 때문에 일자리를 구할 수 없다. 결과적으로 채권자 섬에는 부채를 진 사람들이 아무도 없었지만 일자리가 줄어들게 된다.

우리가 살펴본 간단한 예에서는 임금이 경직적이라는 가정 때문에 완전 고용을 유지하기 위해 필요한 노동의 산업 간 재배분이 일어나지 않았다. 채무자 섬의 이발사들은 자동차 산업으로 재배분되고, 채권자 섬의 자동차 산업 근로자들은 이발소로 재배분될 필요가 있었지만 말이다. 어떤 지역의 경제가 수요 감소로 인한 충격을 받는다면 지역 경제의 수요를 충족시키기보다는 지역 경제 밖의 수요를 충족시키는 방향으로 노동력을 재배치할 필요가 있다. 임금이 신축적이라면 재배치가 이루어지겠지만 경직적이라면 실업이 늘어날 것이다. 하지만 임금의 경직성만이 실업의 원인은 아니며 비슷한 역할을 하는 마찰들이 많다. 우리의 예에서 보면 이발사들이 자동차 산업에 일하기 위해서 전문적인 훈련이 필요하다든가 이발사가 되기 위해 수련이 필요하다고 한다면 역시 단기에 실업이 증가할 것이다.

그렇다고 해서 임금의 신축성이 문제를 해결한다고 생각하지는 않는다. 앞에서 살펴본 바와 같이 빚을 진 가계의 임금이 하락할 경우 어빙 피셔가 말한 〈부채 디플레이션〉의 악순환을 통해서 수요 감소의 문제는 더욱 악화된다. 핵심은 레버리지를 진 가계가 지출을 줄일 때 경제 내에서 보다 큰 조정 과정이 필요하다는 것이다. 임금은 하락할 필요가 있고, 근로자들은 산업 간 재배치되어야 한다. 이런 재배치를 방해하는 어떤 마찰들로 인해 수요 감소가 대규모 실업으로 이어지는 것이다.

자원의 재배분? ——

불황 때 흔히 접하는 주장 중 하나는 경제를 다시 살리기 위해 경제 내 자원을 재배분하자는 것이다. 예를 들어 임금 삭감을 허용하고 노동력의 산업 간 재배치를 원활하게 하자는 것이다. 하지만 이런 접근은 현실적으로 매우 어렵다. 왜냐하면 경제의 총수요가 급격히 감소했을 때 경제가 매우 빠르게 조정되어야 하기 때문이다. 이런 조정을 방해하는 마찰이 있을 경우 경제 전체가 해를 입게 된다. 보다 효과적인 접근법은 문제의 핵심인 레버드 로스 문제에 초점을 맞춤으로써 수요 감소의 문제를 해결하는 것이다. 이런 접근법이 이 책의 주요 주제이며 우리는 책의 후반부에서 정책 대안을 살펴보면서 이에 대해 다시 논의할 것이다.

우리가 위에서 살펴본 예에서 배워야 할 중요한 교훈은 우리는 모두 한배를 타고 있다는 것이다. 호황일 때 아무런 빚이 없던 가계도 불황과 함께 수요가 감소하면서 피해를 입을 수 있다. 예를 들어 인디애나, 오하이오, 켄터키 주처럼 주택 시장의 호황, 붕괴와 별 관련이 없었던 곳의 자동차 공장 근로자들은 다른 지역의 소비자들이 자동차 구매를 줄이면서 큰 타격을 입었다. 고용은 레버드 로스로 인한 충격이 경제 전체에 퍼져 나갈 때 가장 중요한 경로가 된다. 하지만 또 다른 경로도 있다. 모기지 대출을 받은 가계가 파산을 하고 은행이 압류를 할 때 주변 집값을 함께 떨어뜨린다. 또한 모기지 대출의 상환 불능이 늘어나면 은행은 대출 공급을 줄이며 경제 전체가 피해를 입게 된다.

레버드 로스로 초래된 경제 위기를 논할 때 도덕적 판단을 내리며 분노를 터뜨리는 것이 당연한 반응일 수 있다. 예를 들어 우리는 무책임한 사람들이 빚을 너무 많이 져서 집을 산 결과이므로 그 사람들이 책임을 지도록 해야 한다는 말을 자주 듣는다. 그러나 이런 식의 도덕적 훈계는 위기 상황에서 그리 도움이 되지 않는다. 왜냐하면 레버드 로스는 경제 전체로 빠르게 퍼져 가며 빚을 진 가계의 수요 감소는 경제 전체에 영향을 미치기 때문이다.

실업에 대한 설명

2012년 1월 테네시 주 공화당 상원의원인 밥 코커Bob Corker 는 납세자의 돈을 이용해서 깡통 주택 소유자들의 대출 원금을 탕감해 주자고 한 오바마 행정부의 제안을 격렬하게 비난했다. 그는 이를 〈형편없는 공공 정책〉이라 부르며 성명서를 통해 〈이 입법안은 2008년 금융 위기 전까지 희한한 형태의 모기지 대출과 최초 납입금도 없는 담보 대출이 횡행했던 캘리포니아, 플로리다, 네바다, 뉴욕 주 사람들의 무책임한 주택 구입 관행의 결과를 책임 있게 행동한 테네시 주 주민과 다른 미국 국민들의 희생으로 감당하게 하려는 것〉이라고 비판했다. 또한 밥 코커 상원의원은 무분별한 주택 소유자들에 대한 구제 금융을 막기 위해 〈캘리포니아나 플로리다 주 같은 곳에서 모기지 대출 원금을 탕감하기 위한 재원은 연방 정부의 세수가 아니라 해당 주의 자금으로 처리하도록 하는 입법안을 제출하겠다〉고 했다.[1]

• down payment. 집을 구입할 때 지불하는 선수금이며 미국의 경우 통상 집값의 5~25퍼센트임.

코커 상원의원의 말처럼 집값 하락의 충격이 큰 지역의 주택 소유자들을 돕는 정책은 테네시 주 유권자들의 입장에서 본다면 〈형편없는 공공 정책〉일까? 이 질문에 답하기 위해 테네시 주 경제를 좀 더 들여다보자. 코커 상원의원의 말대로 테네시 주는 거품과 폭락을 오간 주택 시장의 비정상적인 등락으로부터 거리를 두고 있었다. 2002년부터 2006년 사이 테네시 주 집값은 25퍼센트 올랐는데 캘리포니아와 플로리다 주의 집값 상승률인 60퍼센트에 비하면 오름세가 아주 완만했다. 또한 대침체가 시작될 무렵 레버리지 비율도 전국 평균보다 훨씬 낮았으며 주택 시장이 붕괴될 때 순자산 손실도 2퍼센트에 불과했다.

테네시 주에는 주택 시장 거품과 집값 폭락이 없었다. 그렇다고 해서 테네시 주에 사는 사람들은 다른 주들에서 일어난 재앙으로부터 아무런 영향을 받지 않았다고 할 수 있을까? 또는 캘리포니아 주와 플로리다 주의 타격을 받은 주택 소유자들이 자신들의 문제를 스스로 해결하도록 내버려 두는 것이 테네시 주 사람들에게 더 유리할까? 코커 상원의원의 주장은 테네시 주가 고립되어 따로 존재하는 섬 같은 존재라고 가정하는 데 문제가 있다. 테네시 주의 일자리는 미국 경제 전체의 상황과 긴밀하게 맞물려 있다. 예를 들어 2007년 테네시 주의 자동차 산업은 활황세였다. 당시 테네시 주는 미국 전체에서 자동차 산업 고용 비율이 여섯 번째로 높았고 11만 4,000명이 넘는 사람들이 자동차나 관련 부품 산업에서 일하고 있었다. 또한 테네시 주에서 생산된 자동차 대부분은 테네시 주 안에서 팔리기보다 다른 주들에서 팔리고 있었다. 즉 테네시 주 생산량의 많은 부분이 주택 시장 붕괴의 충격이 컸던 다른 주에서 소화되었다. 이런 상황에서 플로리다 주 사람들이 자동차 구입을 줄이게 되자 그 여파는 테네시 주의 자동차 공장 근로자들에게도 다가왔다. 대침체기 동안 테네시 주 자동차 산업 일자리는 3만 개가 줄었으며 이는 자동차 산업 종사자 4명당 1명꼴로 일자리를 잃은 것과 마찬가지였다.

이런 일들은 자동차 산업에만 국한된 것이 아니었다. 다른 주에서도 소비되는 제품을 만드는 산업에서는 비슷한 패턴들이 나타났다. 테네시 주는 2007년 당시 이렇게 다른 주에서도 소비되는 제품을 만드는 산업에 고용된 근로자 비율이 전국에서 열한 번째로 높은 주였다. 2007년과 2009년 사이 이들 산업의 종사자 6명 중 1명꼴로 일자리를 잃었다. 캘리포니아, 플로리다, 네바다, 뉴욕 주의 소비 감소가 테네시 주 근로자들에게 직접적인 타격을 가한 것이다. 만약에 이들 지역의 충격을 경감시키는 정책을 썼다면 테네시 주 일자리가 몇 개나 보전되었을지는 확실하게 알 수 없다. 하지만 우리가 보기에 캘리포니아나 플로리다 주의 곤경에 빠진 가계들을 돕는 것을 테네시 주 주민의 입장에 서서 〈형편없는 공공 정책〉이라 간주하는 시각은 그리 신뢰가 가지 않는다. 레버드 로스와 관련된 문제는 당신이 어디에 살고 있는지가 중요하지 않다. 우리가 강조한 바와 같이, 노동 시장에 대한 파급 효과는 어느 누구도 피해 갈 수 없다. 우리는 모두 한배를 타고 있는 것이다.

4장에서 소개한 레버드 로스 이론은 코커 상원의원이 주장하는 바의 맹점이 어디에 있는지 설명해 준다. 우리는 채무자 섬에서 소비 부진으로 인해 일어난 충격이 자동차 산업을 통해 채권자 섬의 일자리에도 영향을 미치는 것을 보았다. 이제 이 장에서 우리는 통계를 분석해서 실물 경제에서 가계 순자산의 감소로 인해 얼마만큼의 일자리가 사라졌는지 살펴볼 것이다. 또한 대규모 수요 감소가 대공황 이후 가장 높은 실업률로 이어지게 만든 마찰들에는 어떤 것들이 있는지 살펴볼 것이다.

몇 개의 일자리가 사라졌는가? ──

2007년 3월부터 2009년 3월 사이 미국의 민간 부문 일자리 6백만 개가 사라졌으며 실업률은 9퍼센트에 이르렀다. 일찍이 미국 역사에 없었던 현상이었다. 우리가 앞서의 장들에서 강조한 가계 순자산에 가해진 충격이 어떻게 이와 같은 대규모 실업으로 이어질 수 있었을까? 이 장에서 우리는 데이터를 들여다봄으로써 이 질문에 답하고자 한다. 3장에서 논의한 바와 같이, 2006년에서 2009년 사이 순자산의 손실이 컸던 지역일수록 해당 지역의 가계 지출은 훨씬 더 크게 감소했다. 우리는 이렇게 충격이 컸던 지역의 소비 감소가 미국 경제 전체를 통틀어 얼마만큼의 일자리 상실로 이어졌는지 추정하고자 한다.

　첫 번째로 생각할 수 있는 방법은 주택 시장 붕괴의 충격이 컸던 지역과 주택 가격 폭락을 겪지 않았던 지역의 일자리 감소를 비교하는 것이다. 예를 들어 우리는 데이터를 통해 캘리포니아 지역의 일자리 감소가 테네시 주의 일자리 감소 폭보다 크다는 것을 알 수 있다. 하지만 이 결과는 코커 상원의원의 주장이 틀렸던 것과 같은 이유로 완전한 분석이 아니다. 충격이 컸던 지역에서 소비되는 상품들은 미국 전역의 다른 곳에서도 생산되기 때문이다. 이런 이유로 정확한 분석이 쉽지 않다. 주택 시장 붕괴가 없었던 지역의 일자리 감소 중 얼마만큼이 다른 지역의 수요 감소로 인한 것인지 추정할 수 있을까?

우리는 미국 경제 전체의 고용을 지역 경제 수요를 충족시키기 위한 일자리와 국민 경제 전체의 수요를 충족시키는 일자리, 두 개의 집단으로 나눠서 살펴보려 한다. 전자를 비교역재non-tradable 일자리, 후자를 교역재tradable 일자리라 부르자. 비교역재 일자리는 식당에서 일한다든가 식료품점에서 일하는 것과 같은 소매업과 지역 경제에 국한된 서비스를 포함한다. 따라서 비교역재 일자리는 지역 경제의 영향을 받는다. 교역재 일자리는 다른 지역으로 수송되어 팔리는 상품을 만드는 일자리다. 자동차를 만든다거나 가구, 가전제품 같은 내구재를 만드는 일자리를 예로 들 수 있다. 또한 교역재 일자리는 다른 제품의 생산 과정에 쓰이는 기계를 만드는 일자리도 포함한다. 이 개념은 테네시 주의 경우를 논의할 때 이미 사용했는데 테네시 주는 교역재 산업에 종사하는 사람들의 비율이 열한 번째로 크다.[2]

4장의 채무자 섬과 채권자 섬의 예에서 설명한 바와 같이 우리는 레버드 로스 시각을 이용해서 대침체 시기 어느 지역에서 얼마만큼의 일자리 손실이 일어날지 예측할 수 있다. 순자산 손실은 수요 감소로 이어지기 때문에 순자산 손실이 컸던 지역 경제의 비교역재 일자리는 더 크게 줄어들 것이다. 반면 교역재 일자리는 순자산 손실이 컸던 지역에서만 더 크게 감소하라는 법은 없다. 오히려 교역재 일자리는 전국에 걸쳐 고르게 감소할 것이다. 만약에 우리가 통계 분석을 통해 순자산 손실이 컸던 지역에서 비교역재 일자리가 더 크게 감소했고 교역재 일자리는 전국에 걸쳐 고르게 감소했다는 것을 보일 수 있다면, 이는 레버드 로스 프레임워크를 지지한다고 볼 수 있다.

자동차 산업은 이런 분석 방법에 아주 적합하다. 왜냐하면 자동차의 생산과 판매는 비교역재와 교역재 일자리 모두를 수반하기 때문이다. 어떤 지역의 공장에서 생산된 자동차는 당연히 다른 지역에서도 판매될 것을 예상하고 만든 것이기 때문에 이런 종류의 교역재 일자리는 자동차에 대한 전국적 수요에 영향을 받을 것이다. 반면 생산된 자동차를 실제로 판매하는 일은 자동차 대리점에서 일하는 사람들이 담당하고 있다. 예를 들어 비교역재 일자리라 할 수 있는 자동차 딜러 같은 종사자들은 잠깐이라도 고객과 만나야 하기 때문에 자동차의 지역적 수요에 크게 영향을 받는다.

우리는 레버드 로스 프레임워크를 통해 대침체기 동안 자동차 산업 일자리가 지역별로 어떻게 영향을 받았는지에 대해 보다 정확한 예측을 할 수 있다. 레버드 로스 프레임워크가 맞다면 순자산 손실이 컸던 지역에 위치한 자동차 대리점의 고용이 더 크게 준 것으로 통계가 나와야 한다. 그리고 주택 시장 붕괴와 관련이 없었던 지역에 위치한 대리점의 일자리가 적게 감소해야 한다. 순자산 감소가 컸던 지역의 자동차 수요가 크게 감소한 결과는 전국에 걸친 자동차 및 관련 부품 생산과 관련된 일자리 감소로 나타나야 한다. 즉 레버드 로스 프레임워크에 따르면 순자산 손실이 일부 지역에 국한된 지역적 충격이더라도 전국적 단위에서 자동차 생산 공장의 정리해고가 일어나게 된다.

데이터 분석 결과는 우리가 레버드 로스 프레임워크를 통해 예상한 것과 정확히 맞아떨어졌다. 순자산 감소 크기와 해당 지역의 자동차 딜러 일자리 감소 사이에 강한 상관관계가 나타난 것이다. 순자산 감소가 가장 컸던 카운티들에서는 자동차 딜러 일자리가 14퍼센트나 감소한 반면, 순자산 감소가 가장 작았던 카운티들에서는 자동차 딜러 일자리는 고작 3퍼센트 감소했다. 우리가 앞에서 살펴봤듯이 순자산이 많이 감소한 지역의 채무 가계는 소비를 급격하게 줄이기 때문에 해당 지역의 자동차 판매는 감소하고 그 결과 자동차 딜러 일자리가 줄어든다. 이와 대조적으로 집값 하락의 여파가 적었던 지역에서는 소비가 크게 줄지 않았으며 특히 대침체 초기에는 소비가 크게 영향받지 않았다. 그 결과 이들 지역의 경우 자동차 판매 수요가 급격하게 감소하지 않았고, 따라서 자동차 딜러 일자리도 크게 줄지 않았다. 그러나 자동차를 판매하는 곳이 아니라 자동차를 생산하는 공장의 경우 전국적으로 일자리가 크게 감소했다. 자동차 생산 공장이 있는 카운티의 경우 해당 지역 주택 시장의 상황과 전혀 무관하게 자동차 공장 전체 근로자의 20 내지 30퍼센트에 해당하는 근로자들이 정리해고를 당했다.

위에서 살펴본 실증적 증거들을 종합해 보면 우리의 가설이 매우 설득력 있다는 것을 알 수 있다. 순자산 손실이 작았던 지역의 경우 자동차 판매는 거의 영향을 받지 않았고 자동차 딜러 관련 일자리도 큰 타격이 없었다. 그러나 이들 지역에 위치한 자동차 생산 공장은 대규모의 정리해고를 단행해야 했다. 이런 사실들로부터 자동차 공장의 일자리 축소는 주택 시장 붕괴가 있었던 다른 지역의 수요 감소가 직접적 원인이라는 것을 알 수 있다.

물론 자동차 산업뿐 아니라 경제 전체의 일자리 데이터를 이용해서

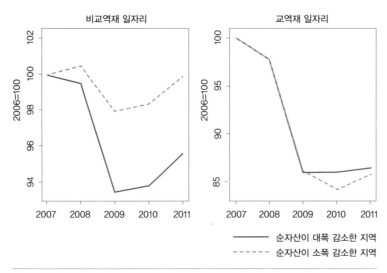

비교역재 일자리   교역재 일자리

━━━━━ 순자산이 대폭 감소한 지역
- - - - - 순자산이 소폭 감소한 지역

그림 5.1   대침체 시기 고용 감소

이런 방식의 검증 방법을 사용해 볼 수 있다. 우리가 실제로 경제 전체의 교역재와 비교역재 일자리 데이터를 이용해서 검증한 결과 역시 같은 결과를 얻을 수 있었다. 레버리지가 커서 순자산의 감소가 컸던 카운티에서는 해당 지역의 수요에 민감한 비교역재 일자리가 크게 감소했다. 반면 전국적 수요에 민감한 교역재 일자리는 전국에 걸쳐 감소했다. 그림 5.1은 이 양상을 잘 보여 준다. 3장에서 한 것과 같이 순자산 대폭 감소 지역은 대침체 시기 순자산 감소 크기가 하위 20퍼센트에 속하는 카운티들이고 순자산 소폭 감소 지역은 상위 20퍼센트에 해당하는 카운티들이다. 그림 5.1의 왼쪽 그림이 보여 주는 바와 같이 순자산이 크게 하락한 지역에서 비교역재 일자리가 크게 감소한 것을 알 수 있다. 그러나 오른쪽 그림은 보면 교역재 일자리의 경우 순자산 손실의 크기에 관계없이 두 지역에서 비슷하게 감소한 것을 볼 수 있다. 즉 주택 시장이 해당 지역에서 붕괴되었든 말든 전국적 수요를 담당하는 산업에 종사하는 사람들의 일자리는 전국적으로 거의 15퍼센트 감소하였다.

그림 5.1에 나타난 양상은 테네시 주의 상황에만 해당하는 것은 아니다. 아이오와 주의 상황도 좋은 예가 될 수 있다. 주택 시장 호황기 동안 아이오와 주의 집값 상승률은 물가 상승률을 간신히 상회하는 수준이었다. 그리고 대침체가 시작될 무렵 아이오와 주 가계 부채의 수준은 전국 평균보다 훨씬 낮은 상황이었다. 또한 2006년부터 2009년 사이 아이오와 주 집값은 거의 변동이 없었다. 아이오와 주는 주택 시장 붕괴와는 전혀 관계가 없었다. 게다가 소비 지출은 대침체기 동안 오히려 5퍼센트나 증가했다. 아이오와 주의 지역 경제는 튼튼했으므로 비교역재 일자리 상실은 없었을 것이라 기대할 수 있고 실제로도 그랬다. 대침체기 동안 이 지역의 소매상이나 식당 종사자들의 일자리는 그대로 보전되었다. 반면, 탄탄한 지역 경제 상황에도 불구하고 교역재 일자리는 10퍼센트나 감소했다. 순자산이 크게 감소한 지역의 지출 감소가 주택 시장 붕괴와 관련이 없던 아이오와 주의 실업률을 증가시킨 것인데 이는 우리가 레버드 로스 프레임워크를 통해서 예견한 것과 정확히 일치한다.

우리는 그림 5.1에 나타난 양상에 착안해서 주택 시장 붕괴로 인한 순자산 손실이 얼마만큼의 일자리를 앗아갔는지 추정할 수 있다. 몇 가지 기술적 가정 아래 추정한 결과 2007년 3월부터 2009년 3월 사이 레버드 로스로 인해 사라진 일자리는 400만 개에 이르는 것으로 나타났다. 우리가 사용한 표본에서 사라진 일자리의 65퍼센트에 이

르는 큰 수치다.[3]

마찰들 ──

4장에서 살펴본 것처럼 펀더멘털을 강조하는 시각에 따르면 높은 수
준의 실업률이 지속되는 것은 있을 수 없는 일이다. 총수요를 감소시
키는 큰 충격이 와도 가격들이 신축적으로 변화함으로써 원래의 완
전 고용 수준을 회복시키기 때문이다. 예를 들어 캘리포니아의 센트
럴밸리 지역처럼 지역 내 소비 지출이 급감한 지역에서는 식당, 소매
점 같이 지역 내 수요와 관련 깊은 곳의 임금은 하락해야 정상이다.
임금이 떨어지면서 해고보다는 고용을 유지하는 것이 더 나을 수도
있다. 그리고 이곳에서 일하던 근로자들 중 일부는 더 높은 임금을 받
고자 교역재 산업으로 옮기려 할 수 있는데 이는 다시 이들 산업의 임
금을 떨어뜨리게 된다.

　이론상으로 임금은 이들 산업이 센트럴밸리 지역에 계속 머물면서
생산하는 것이 이롭다고 판단하는 수준까지 떨어져야 한다. 이는 경
제학자들이 흔히 강조하는 메커니즘이다. 어떤 도시나 나라의 수요가
감소하면 해당 지역의 임금이 떨어지고 이는 산업들의 경쟁력을 높여
주게 된다. 또 다른 조정 메커니즘은 이주를 통해서 작동한다. 낮아진
임금에 불만을 품은 근로자들은 일자리가 많은 곳으로 이주하려 할
것이다. 조지프 슘페터 Joseph Schumpeter를 인용하는 경제학자들은
이런 〈창조적 파괴〉가 자연스러운 현상이며 심지어 경제 전체의 효율
성을 높여 준다고 주장해 왔다. 자원의 산업 간 재배분이 필요할 때마

다 근로자들은 가격 변화를 통해 생긴 새로운 기회를 따라 움직이기 마련이며 결과적으로 산업 간 자원의 재배분이 일어난다는 것이다.

그러나 불행하게도 대침체기 동안 미국 경제는 이런 식으로 작동하지 않았으며 실업도 만연했다. 케인스는 이런 상황을 통찰력 있게 표현했다. 〈가격이 신축적이라 주장하는 고전학파 이론은 경제가 이렇게 움직이고 있다고 설명하기보다는 경제가 이렇게 움직여야 한다는 당위를 주장하고 있는지 모른다. 그리고 이렇게 실제와 당위를 혼돈하기 시작하면 당면한 문제를 해결할 수 없다.〉[4] 우리는 신축적인 가격 메커니즘에 실업 문제를 맡겨 둘 수 없다. 대신 우리는 이러한 메커니즘이 왜 실업 문제를 해결하지 못하는지 진지하게 연구해야 한다. 달리 표현하면, 도대체 무엇이 경제가 원활하게 돌아가지 못하게 만드는지 알아내야만 한다.

우리는 이미 명목 이자율이 0퍼센트보다 더 떨어지지 않는 제로 금리 하한의 문제를 살펴봤다. 데이터를 보면 추가로 두 개의 마찰이 더 보인다. 임금은 하락하지 않았고, 사람들도 다른 지역으로 이주하지 않았다. 2008년부터 2012년 사이 임금 변화를 연구한 샌프란시스코 연방준비은행의 경제학자 세 명은 충격적인 결과를 얻었다.[5] 물가 상승률을 조정한 실질 임금은 2008년부터 2011년 사이 실제로 연간 1.1퍼센트 증가했다. 최근 들어 실업률이 가장 높았던 시기에도 실질 임금이 증가했던 것이다.

흔히 얘기하는 명목 임금의 경직성 때문에 하락하지 않은 것도 아니며, 명목 임금은 그대로이고 물가가 상승하면서 실질 임금이 감소한 것도 아니었다. 이들 경제학자는 매년 임금의 변화를 살펴보았는데 명목 임금 변화가 없었던 근로자의 비중이 놀랍도록 증가했다는 것을 보였다. 대침체 시기 고용주들은 임금을 삭감하지 않았고 오히려 현상 유지를 하거나 약간 올려 주었다는 것이다. 또한 해가 바뀔 때 명목 임금이 그대로 유지된 근로자의 비중도 1980년 이래 대침체 시기가 가장 높았다는 것을 보였다.

순자산 손실에 따른 지역적 차이를 살펴보면서 우리는 순자산 대폭 감소 지역 중 일부에서 임금이 경미하게 낮아진 것을 볼 수 있었다. 그러나 이들 지역이 비교역재 일자리와 교역재 일자리 모두 크게 감소한 지역이라는 것을 감안하면 임금의 상대적 하락 폭은 크지 않다고 볼 수 있다. 이 정도의 미약한 임금 하락으로는 실업의 증가를 막을 수 없었다. 순자산 대폭 감소 지역의 경우 실업률이 5퍼센트보다 낮았지만 대침체 시기에는 13퍼센트까지 솟았다. 또한 대침체가 공식적으로 끝났다고 선언한 지 3년이 지난 시점인 2012년 여름에도 실업률은 10퍼센트가 넘는 상황이었다.

이들 지역의 경제적 상황이 최악이었던 만큼 해당 지역 사람들은 다른 지역으로 이주해서 일자리를 찾을 법도 했다. 하지만 이 또한 일어나지 않았다. 2007년과 2009년 사이 순자산 대폭 감소 지역의 인구 증가율은 다른 지역의 인구 증가율과 같았다. 예를 들어 캘리포니아 센트럴밸리에서 순자산 손실이 가장 컸던 카운티 세 곳은 실업률이 20퍼센트에 이르렀지만 인구는 오히려 약간 증가했다. 심각한 경제적 재앙에 직면해서도 사람들은 계속 살던 곳을 지키고 있었다.

실업이 늘어난 이유? ──

우리가 살펴본 사실들을 종합해 보면 설득력 있는 하나의 결론에 도달할 수 있다. 바로 레버드 로스로 인한 소비 지출의 격감에 대해 경제의 자연 치유력이 제대로 작동하지 않았다는 것이다. 위에서 우리는 임금이 하락하지도 않았고 사람들이 이주를 하지도 않았다는 것을 살펴봤다. 도대체 어떤 이유로 경제가 스스로 조정되지 않았을까? 현재 많은 학자들이 이 주제를 연구하고 있는데 이는 사실상 1935년 케인스가 새로운 이론을 세우려 하게 된 계기였다. 그리고 우리가 보기엔 아직도 이 현상을 만족스럽게 설명하는 이론은 없다.

이에 대한 설명 중 하나는 숙련도 불일치skills mismatch다. 이 설명의 기본적인 출발점은 사람들이 다른 직업에서 일하게 될 때 새로운 훈련이 필요하다는 것이다. 필라델피아 연방준비은행 총재인 찰스 플로서Charles Plosser는 이렇게 요약했다. 〈목수가 한순간에 간호사가 될 수는 없다. 마찬가지로 모기지 브로커가 쉽게 제조업체에서 일하는 컴퓨터 전문가가 될 수 없다.〉[6] 하지만 숙련도 불일치에 기반을 둔 이론은 경제 전체에 광범위하게 퍼진 실업 현상을 설명할 수 없다. 모든 산업, 모든 교육 수준에서 대규모의 실업이 발생했기 때문이다.

또 하나의 설명은 대침체 당시 즉각적인 주택 압류가 이루어지지 않았고 근로 의욕을 저해하는 정부 정책 때문에 높은 실업률이 지속되었다는 것이다. 압류의 경우, 직장을 잃게 되면 모기지 대출을 받아서 산 집에 머문다는 조건 아래 모기지 대출금 상환을 연기받을 수 있었다. 카일 허켄호프Kyle Herkenhoff와 리 오하니안Lee Ohanian은 실업 상태에도 불구하고 현재 집에 머물고 있어야만 대출금 상환 연기가 가능하다는 조건이 일종의 실업 보험처럼 작동했다고 주장한다.[7] 이런 상황에서는 실직자가 다른 지역으로 이주해서 일자리를 찾을 이유가 없다는 것이다. 마찬가지로 정부의 실업 보험과 그 외 유사한 정책들도 일자리를 잃은 근로자들이 더 낮은 임금을 받고서라도 일할 유인을 없앴다는 비판을 받았다. 정리해고된 근로자들은 실업 보험으로부터 실업 급여를 지급받기 때문에 이들을 일자리로 다시 끌어낼 임금은 최소한 노동에 따른 비효용을 보상해 줄 만큼 높아야 한다.

이런 설명들은 이론적으로 그럴듯하지만, 놀랍게도 이들 이론을 지지하는 실증적 증거는 거의 없다. 예를 들어, 제시 로스스타인Jesse Rothstein은 실업 보험이 실업률에 미치는 영향을 조사했다.[8] 연구 결과 대침체 때 실업 보험 혜택을 늘린 것이 실업률을 높였다는 것을 발견하긴 했지만 그 효과는 매우 작았다. 대침체 시기 실업 급여 수혜 기간 연장은 이 시기 5퍼센트에 가까운 실업률 상승분 중 약 0.1에서 0.5퍼센트만 설명할 수 있다는 것이다. 요하네스 슈미더Johannes Schmieder, 틸 폰 바흐터Till von Wachter, 슈테판 벤더Stefan Bender는 독일의 데이터를 이용해서 호황과 불황 때 실업 보험 기간을 늘리는 것이 고용에 어떤 영향을 미치는지 연구했다.[9] 연구 결과에 따르면 실업 보험으로 인한 근로 의욕의 감소 효과는 불황일 때 오히려 작았다.

비록 경제학자들이 실업에 대해 완벽한 설명을 제시하지 못하고 있더라도 경제학자들은 실업이 사람들에게 미치는 부정적 효과가 매우 크다는 것은 잘 알고 있다. 스티븐 데이비스Steven Davis와 틸 폰 바흐터는 국민연금 자료로부터 구한 소득 데이터를 이용해서 불황 때 실업이 미치는 금전적 효과가 얼마인지 추정했다.[10] 이들 연구에 따르면 불황 때 정리해고된 사람은 실직 전 벌던 연간 소득의 세 배에 해당하는 금액이 평생에 걸쳐 감소하는 것으로 나타났다. 이들 연구자들이 강조했듯이 이는 엄청나게 큰 금액이다. 하지만 이는 단순히 화폐적 손실일 뿐이며 실업으로 인한 우울증, 자존감의 상실, 이혼 등 비화폐적 손실까지 감안한다면 실업이 미치는 해악은 매우 크다고 할 수 있다.

실업률이 높게 지속되면 사회는 엄청난 비용을 치르게 된다. 게다가 경제학자들은 왜 실업률이 높게 지속되는지에 대한 분명한 답을 제시하지 못하고 있다. 여기에 대한 우리의 시각은 매우 단순하다. 레버드 로스가 크게 발생하면 소비 지출이 급감하고 높은 실업으로 인한 고통은 불가피하기 때문에 이 같은 충격이 발생하지 못하게 경제 시스템을 바꾸도록 노력해야 한다는 것이다. 문제의 원인과 직접 맞서야지 불황이 오고 나면 경제가 스스로 반응해서 문제가 해결될 것이라 기대해서는 안 된다.

레버드 로스: 요약 ——

우리는 매우 설득력 있는 통계적 패턴을 책의 첫머리에서 제시했다. 역사를 돌이켜 보면 대부분의 심각한 불황에는 가계 부채가 급격하게 쌓이고 자산 가격이 폭락하는 현상이 선행했다. 대공황과 대침체도 이런 역사적 각본을 충실하게 따랐다. 다른 나라의 경우를 보더라도 금융 위기로 촉발된 전 세계적인 불황은 가계 부채가 심각했던 나라에서 더 심각했다. 가계 부채의 증가, 자산 가격의 폭락, 심각한 경기 후퇴, 이 세 가지는 떼려야 뗄 수 없는 관계다.

이 관계를 좀 더 자세히 보기 위해 우리는 레버드 로스 프레임워크를 제시했다. 문제의 근원은 빚이다. 빚은 압류를 통해서, 그리고 손실을 순자산이 가장 적은 채무 가계에 집중시킴으로써 자산 가격의 하락을 더욱 부추긴다. 이것이 빚의 기본적인 특징이다. 빚은 채무자에게 경제에 가해진 충격을 온전히 받아들일 것을 강요한다. 빚을 진 가계의 소비 지출은 순자산에 가해진 충격에 대단히 민감하게 반응하기 때문에 이러한 상황은 특히 더 위험하다. 빚을 진 가계는 순자산이 격감할 때 소비 지출을 급격하게 줄인다. 총수요의 감소는 경제에 심각한 타격을 주며, 그 결과는 대침체와 같은 경제적 재앙이다.

대침체기에 미국에서 일어난 일들은 레버드 로스 프레임워크의 논리와 잘 부합한다. 집값의 폭락은 빚을 지고 있는 가난한 주택 소유자들의 순자산을 허공에 날려 버리면서 부의 불평등을 증폭시켰다. 미국 전역의 지리적 격차를 이용해 우리는 레버드 로스의 충격이 가장 컸던 지역에서 소비 지출이 가장 크게 줄었다는 사실을 보여 주었다. 소비 지출의 급격한 감소가 가져온 결과는 미국 경제 전체로 퍼져 나갔다. 주택 시장 붕괴와 전혀 관계없는 지역에서 일하던 사람들도 일자리를 잃었다.

그러나 아직까지 우리는 가장 중요한 질문은 회피해 왔다. 경제는 어떤 이유로 레버드 로스의 함정에 빠져들게 되는가? 다시 말해 무슨 연유로 빚은 그토록 크게, 그리고 결국에는 지속 불가능할 정도로 쌓이게 되는가? 우리는 다음 장에서 이러한 질문에 답해 보려 할 것이다. 우리가 곧 밝히겠지만, 빚은 단순히 파국의 악영향을 증폭시키는 역할만 하지는 않는다. 빚은 거품을 키우며 이는 불가피하게 파국으로 이어진다. 레버드 로스로 인한 문제를 근본적으로 대처하기 위해서는 빚은 거품이 터질 때뿐만 아니라 경기가 호황일 때도 지극히 위험하다는 것을 이해해야 한다.

House of Debt

2부

거품의 형성

신용 팽창

오랫동안 디트로이트 서쪽 지역에서 모기지 대출을 받기란 하늘의 별따기에 가까웠다. 이곳의 브라이트무어, 파이브포인츠, 로즈데일파크 같은 지역들은 미국 자동차 산업의 탄생과 깊게 관련된 유서 깊은 곳이다.[1] 이들 지역 주택 중 다수는 자동차 회사에서 일하는 생산직, 사무직 근로자들이 정착할 때인 1920년대에 지어졌다. 1950년대와 1960년대에 이 지역은 경기가 좋아 번영을 누렸으나 그 이후 경기는 서서히 침체해 갔다. 사람들은 이주해 나갔으며 1990년대 범죄율 상승은 집값 하락에 기여했다. 하지만 2000년 당시만 해도 이 지역은 그럭저럭 살 만했으며, 아이들을 키우며 가족들이 함께 살기에도 그리 나쁘지 않은 곳이었다. 가계의 중위 소득은 3만 6천 달러로 전국 평균인 4만 달러에 크게 모자라지 않았다. 디트로이트 서쪽의 몇몇 지역은 빈곤율이 아주 높은 편이었지만, 로즈데일파크 같은 일부 지역은 빈곤율이 전국 평균과 크게 다르지 않았다. 특히 로즈데일파크 지역의 경우는 최종 학력이 대졸 이상인 사람의 비중이 50퍼센트를 넘었다.

그러나 이들 지역에서 집을 사기 위해 모기지 대출을 받기는 어려 웠다. 1990년과 1991년에 불어 닥친 불황은 디트로이트를 강타했고, 실업률은 10퍼센트를 상회했다. 1992년 모기지 대출에 대한 채무 불 이행률은 12퍼센트에 달했는데, 이는 전국 평균인 5퍼센트에 비해 훨 씬 높은 것이었다. 2000년에 디트로이트의 경기는 회복되었지만 여 전히 모기지 대출을 받기는 힘들었다. 디트로이트 서쪽 지역 주민들 이 신청한 모기지 대출 중 45퍼센트가 거부당했을 정도였다. 신용 점 수 또한 매우 낮았다. 보통 대출 시장에서 비우량 또는 서브프라임 subprime으로 취급받는 기준이 되는 신용 점수 660점에 미달하는 가 계의 비중이 65퍼센트를 넘었다. 전국적으로 서브프라임 가계의 비 중은 35퍼센트에 불과했는데 말이다.

그러나 2000년대 초반부터 변화의 조짐이 나타났다. 디트로이트 서쪽 지역에서도 갑자기 모기지 대출을 받기가 훨씬 쉬워졌다. 2002 년부터 2005년까지 모기지 대출이 연간 22퍼센트나 증가했다. 이는 2002년 이전 3년 동안의 연간 8퍼센트에 비해 엄청나게 높은 수치다. 한 뉴스에서는 디트로이트 서쪽 지역의 상황을 〈예전에는 은행으로부 터 대출을 받기 위해 온갖 애를 썼는데 지금은 대출 담당자들이 대출 좀 받으라고 집집마다 문을 두들기고 다니는 형국〉이라고 표현했다.[2]

「월스트리트 저널」지 기자 마크 화이트하우스는 로즈데일파크 지 역 웨스트 아우터 드라이브 5100 구역의 모기지 대출 증가에 대한 기 사를 썼다.[3] 2000년 전만 해도 집을 사는 사람들은 연방 정부의 대출 프로그램을 이용하거나 전액 현금을 이용해서 샀다. 그러나 2002년과 2006년 사이 민간 부문에서 나온 모기지 대출로만 5억 달러 이상이 웨스트 아우터 드라이브가 속해 있는 우편번호 단위 지역에 쏟아부어졌다. 디트로이트 부동산중개인연합회 회장이었던 데릭 브라운은 당시 상황을 이렇게 설명했다. 「모든 사람들이 대출을 팔고 있었어요. 길모퉁이마다 대출사무소가 있었고요. 어제까지만 해도 식료품점에서 물건들을 담아 주던 사람이 제 어머니한테 대출을 팔고 있더라고요. 도대체 이게 다 무슨 일입니까?」[4]

하지만 이렇게 극적인 변화는 디트로이트 서쪽 지역에만 국한된 일은 아니었다. 어떤 이유에서인지 한계 대출자marginal borrower라 불리는, 즉 예전에는 대출받기가 쉽지 않았던 사람들마저 쉽게 돈을 빌릴 수 있었다. 한계 대출자들도 모기지 대출을 쉽게 받을 수 있게 되면서 2000년부터 2007년 사이 가계 부채가 크게 늘어났다. 7년 동안 미국의 가계 부채는 두 배로 늘어 14조 달러에 이르렀다. 이렇게 모든 문제가 시작된 것이다.

위와 같은 모기지 대출 붐 전에는 우편번호 단위 지역 내 신용 점수 660점이 안 되는 사람의 비중을 살펴보면 해당 지역에서 모기지 대출 신청이 거절되는 확률이 얼마인지 꽤나 정확하게 예측할 수 있었다. 신용 점수가 가장 높은 지역의 경우 거부율이 16퍼센트였으며, 디트로이트 서쪽 지역과 같이 신용 점수가 가장 낮은 곳의 경우 43퍼센트였다.[5] 그러나 2002년부터 2005년 사이 신용 공급이 늘어나면서 신용 점수가 낮은 지역으로까지 대출 붐이 퍼지게 되었다. 이들 지역에서 모기지 대출이 연간 30퍼센트의 놀라운 속도로 증가한 반면, 신용 점수가 높은 지역의 대출 증가율은 11퍼센트에 불과했다. 이 기간은 1991년부터 2011년까지 전 기간을 통틀어서 신용 점수가 낮은 지역에서 모기지 대출이 급격하게 증가했던 유일한 시기였다. 2007년에 들어서자 채무 불이행률은 오르기 시작했으며 이들 지역의 대출은 급격하게 줄었다. 결국 2011년 이 지역의 신규 모기지 대출 건수는 1999년의 경우보다 줄어들었다.

대출을 받기 힘든 지역들에서까지 모기지 대출이 널리 이루어진 것은 주목할 만한 일이다. 예를 들어 시카고에 위치한 신용 점수가 낮은 지역의 경우 2002년부터 2005년 사이 집을 사기 위한 모기지 대출이 36퍼센트 증가했으나 신용 점수가 높은 지역의 경우 15퍼센트 증가하는 데 그쳤다. 미니애폴리스의 경우도 신용 점수가 낮은 지역과 높은 지역의 증가율이 각각 30퍼센트와 7퍼센트였다. 볼티모어는 29퍼센트와 12퍼센트, 뉴욕은 37퍼센트와 15퍼센트였다. 한계 대출자에 대한 대출 증가는 애리조나와 네바다 주, 또는 디트로이트 서쪽 지역에만 국한된 것이 아니었다. 이러한 현상은 전국적으로 일어났다. 이 같은 주택 시장의 활황기 동안 신용 점수가 낮은 지역의 모기지 대출 신청 거부율은 42퍼센트에서 30퍼센트로 줄어들었다. 모기지 대출 신청 건수 자체가 엄청나게 증가한 사실을 고려하면 신청 거부율의 하락은 대출이 엄청나게 이루어졌다는 것을 의미한다. 한계 대출자의 대출 신청 건수도 증가했으며 대출을 승인받은 비중도 더 늘어난 것이다. 신용 점수가 높은 사람들의 경우 거부율만 약간 감소했다.

이와 같은 신용 팽창은 주택 시장에 어떤 영향을 미쳤을까? 신용 팽창 전에는 모기지 대출을 받을 수 없었던 한계 대출자들은 월세를 내고 살았다. 주택 소유율은 1990년대 후반부터 증가하기 시작해서 신용 팽창이 이루어질 때 더 빠르게 증가했는데 이 기간 4퍼센트포인트가 증가해서 2006년에는 69퍼센트에 이르렀다. 4퍼센트포인트 증가는 크게 느껴지지 않을 수 있으나 역사적 맥락에서 살펴볼 필요가 있다. 1960년대 중반부터 1990년 중반까지 주택 소유율은 63퍼센트에서 65퍼센트 사이에 거의 그대로 머물러 있었다. 이 점을 생각하면 불과 7년 사이에 주택 소유율이 이만큼 증가한 것은 유례가 없는 일이었다. 가구 수로 표현하면 주택 소유율 4퍼센트포인트의 증가는 500만 가구가 새로 집을 소유하게 되었다는 것을 뜻한다. 하지만 주택 소유율의 증가는 모기지 대출의 급격한 증가처럼 오래가지 않았다. 2012년 주택 소유율은 다시 이전 수준인 65퍼센트로 되돌아갔다.

경제의 펀더멘털이 강해서? ──

모기지 대출이 미친 듯이 증가할 때인 2005년 10월 당시 대통령 경제자문회의Council of Economic Advisors 의장이었던 벤 버냉키Ben Bernanke는 의회 증언에서 〈국내 총생산 증가율, 일자리 창출, 생산성 증가 등 실물 경제의 세 가지 주요 지표를 봤을 때 현재 미국 경제는 어떤 선진국 경제도 경험하지 못했을 정도로 견실하게 성장하고 있다〉고 증언했다. 또한 〈최근 2년 동안 주택 가격이 25퍼센트 가까이 올랐다. 투기로 인한 가격 상승이 일부 지역에서 보이긴 하지만, 전국적으로 봤을 때 주택 가격 상승은 경제의 강한 펀더멘털을 반영하고 있는 것으로 보인다〉고 주장하며 당시 주택 시장과 모기지 대출 붐은 대부분 실물 경제의 성장세로 설명될 수 있다고 증언했다.[6]

경제의 펀더멘털이 강해서 모기지 대출 붐이 일어났다고 생각하는 시각부터 살펴보자. 미래에 더 부자가 될 것이라 생각하지 않는데도 자발적으로 돈을 빌리는 사람이 있을까? 미국 경제의 총량 자료에 따르면 노동 생산성이 빠르게 증가하는 시기에 모기지 대출도 빠르게 증가한 것으로 나타난다. 이에 따르면 생산성이 증가해서 소득이 늘어나거나 늘어날 사람들이 대출을 늘린다고 생각할 수도 있다. 과연 이런 추측이 맞을까? 대침체가 일어나기 전에 전례가 없었을 정도로 대출을 늘린 사람들은 본인들의 소득이 향후 증가할 것이라 생각했을까? 주택 시장 붐일 때 7조 달러를 빌렸던 한계 대출자에 초점을 맞춰 살펴보자.

디트로이트 서쪽 지역의 예를 다시 보자. 2002년부터 2005년까지 이 지역의 모기지 대출은 전례가 없을 정도로 빠르게 증가했는데 이 지역에서 모기지 대출을 받은 사람들의 상당수가 한계 대출자였다. 비록 대출은 크게 증가했으나 이들의 소득을 살펴보면 놀라운 양상이 나타난다. 우편번호 단위로 이 지역의 평균 소득을 살펴보면 명목 소득 증가율은 낮아지고 있었으며 실제로 평균 소득은 1퍼센트 가까이 감소했다. 물가 상승률을 고려하면 실질 구매력은 오히려 더 크게 감소한 것이다.

이는 매우 놀라운 결과다. 대출을 받아 본 사람들은 알겠지만 은행이 빌려 주는 대출액은 거의 언제나 대출받으려는 사람의 소득에 달려 있기 때문이다. 소득이 높아야만 더 많은 금액을 대출받을 수 있다. 그러나 디트로이트 서쪽 지역에서는 정반대 현상이 일어나고 있었다. 2002년부터 2005년 사이 돈을 빌리려는 사람들의 소득은 줄어들었지만 대출은 크게 늘어났다. 또 디트로이트의 경우를 보면 새로 모기지 대출을 받은 사람들은 노동 생산성이 증가해서 더 높은 소득을 올린 사람들이 아니었다. 오히려 그 반대였다.

사실상 이런 현상은 미국 전역에 걸쳐 일어났다. 미국 전역의 도시들에서 소득 증가율이 감소하고 있던, 신용 점수가 낮은 우편번호 단위 지역으로 신용이 쏟아져 들어가다시피 했다. 신용은 미국에서 전례없는 수준으로 팽창하고 있었으나, 새로 창출된 신용은 향후 소득이 증가할 것이라 예상되는 가계로 흘러가고 있지 않았다.[7] 특히 모기지 대출 붐이 일던 초기 몇 년간 자금 흐름이 왜곡되어 자금은 흘러가야 할 곳으로 흘러가지 않았다. 2002년부터 2004년 사이 신용 점수가 낮은 지역의 경우 명목 소득 증가율이 정체되어 실질 소득 증가율은 사실상 마이너스였고 신용 점수가 높은 지역의 경우 훨씬 더 높은 소득 증가율을 보이고 있었다. 2004년과 2005년 사이 신용 점수가 낮은 지역의 소득이 살짝 반등하기는 했지만 이는 모기지 대출 붐이 이미 일어난 후였다.

2002년부터 2005년 사이 대출이 일어난 방식은 통계적으로 매우 특이했다. 모기지 대출 증가율과 소득 증가율 사이 상관 계수가 마이너스가 된 것이다. 즉 소득 증가율이 낮았던 지역에서 더 많은 모기지 대출이 이루어졌다. 우리는 1991년부터 2011년까지의 통계를 살펴보았는데 2002~2005년 시기가 유일하게 양자의 관계가 마이너스였던 시기였다. 경제의 펀더멘털이 강할수록 더 많은 대출이 일어난다고 생각하면 이 둘의 상관관계는 플러스여야 하는데 2002~2005년 시기만 둘 사이 관계가 마이너스로 나왔다. 즉 2002~2005년 기간 신용 팽창이 일어나면서 특이하고 심상치 않은 일이 벌어진 것이다.

우리가 총량 자료를 통해 볼 때는 생산성이 증가할 때 대출이 증가하는 것으로 나타났지만 마이크로 데이터에서는 그렇지 않았다. 한계 대출자들이 모기지 대출을 늘릴 때 이들의 소득은 감소하고 있었다. 미국 경제의 생산성은 증가하고 있었으나 빚이 늘어나고 있는 지역은 해당되지 않는 얘기였다.

야수적 충동? ──

소득이나 생산성의 증가가 모기지 대출의 전반적인 증가로 이어지지 않는다면, 대체 가설을 찾아볼 필요가 있다. 가능성 중 하나는 모기지 대출 붐을 〈야수적 충동〉 또는 경제의 펀더멘털과 전혀 관계없는 주택 시장 거품의 결과로 보는 것이다. 어쩌면 설명할 수 없는 어떤 이유로 거품이 생기면서 주택 가격은 올라가고 금융 기관은 집값 상승에 따라 담보 가치가 증가하므로 단순히 비합리적 거품에 기대서 한계 대출자에 대한 모기지 대출을 늘렸을 수도 있다.

앞에서 살펴본 부채 중심적 시각과 야수적 충동에 기반을 둔 시각은 인과관계의 방향에서 큰 차이가 있다. 신용이 먼저 확대되면서 주택 시장 거품이 생겼는가(부채 중심적 시각), 아니면 주택 시장 거품이 대출과 관계없이 생기고 대출 증가가 이어졌는가(야수적 충동에 기반을 둔 시각)? 만약에 야수적 충동에 기반을 둔 시각이 맞다면 거품의 생성과 붕괴는 부채가 전혀 없더라도 발생했을 것이다. 즉 야수적 충동에 기반을 둔 시각에서 부채는 문제의 주요 원인이 아니라 부차적 현상

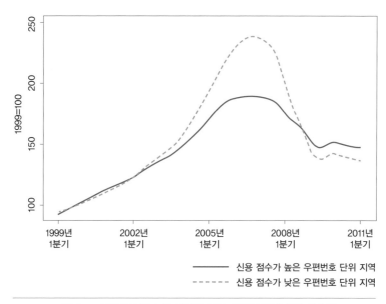

그림 6.1 신용 점수가 높은 지역과 낮은 지역의 주택 가격 상승률

에 불과하다.

우리는 이 두 시각을 분리해서 살펴볼 수 있을까?[8] 먼저 신용 점수가 낮았던 지역의 집값부터 검토해 보자. 잘 알다시피 이들 지역은 모기지 대출이 빠르게 증가했던 지역이다. 2006년 주택 시장 붐이 절정에 오를 때, 신용 점수가 낮았던 우편번호 단위 지역의 집값은 2002년 가격과 비교해 볼 때 80퍼센트가 증가했다. 반면 신용 점수가 높았던 지역의 경우 집값 상승은 40퍼센트에 그쳤다. 그림 6.1은 1996년부터 2006년 사이 두 지역의 집값이 얼마나 다르게 올랐는지 보여 준다. (이 그림은 책의 전반부에서 자세히 살펴본 2006년 이후 주택 시장의 붕괴도 잘 보여 준다.)

2002년과 2006년 사이 대출 증가가 거품을 일으켰는가, 아니면 단순히 대출 증가는 거품이 생기고 나서 벌어진 현상인가? 야수적 충동에 기반을 둔 시각을 지지하는 사람은 그림 6.1을 보고 나서 이렇게 말할 것이다. 〈아! 대부자들이 신용 점수가 낮은 지역에서 거품이 있는 것을 보고 그 지역에 들어가 대출을 늘린 것으로 보이네요. 이들 지역에서 대출이 급격하게 늘어난 이유는 이들 지역의 집값이 계속 오를 것이라는 비합리적 기대 때문입니다.〉 하지만 부채 중심 시각을 지지한다면 인과관계의 방향은 반대일 것이다. 즉 거품으로 인해 대출이 늘어난 것이 아니라 대출이 증가해서 거품이 발생한 것이다. 이 것은 전형적인 닭과 달걀의 문제처럼 풀기가 쉽지 않다. 과연 인과관계가 어느 방향으로 작동하는지 데이터를 이용해서 밝힐 수 있을까? 밝힐 수 있다가 우리의 대답이다. 어떤 방법으로 밝힐지 설명하기 전에 간단하게 지리 공부를 해보도록 하자.

원인과 결과, 그리고 주택 공급의 탄력성 ——

실증 분석을 하는 경제학자들은 위와 같이 원인과 결과를 밝히기 힘든 문제들에 종종 부딪힌다. 우리는 대출 증가가 거품을 낳았는지, 아니면 거품 때문에 대출이 늘어났는지 밝혀야 한다. 우리는 대출 증가가 미치는 효과와 거품이 미치는 효과 두 가지 중 하나가 〈작동하지 않도록〉 하는 데이터상의 어떤 변이를 이용해서 이 문제를 해결하고자 한다. 대출 증가가 먼저인지, 거품이 먼저인지 알기 위해서 주택 시장 거품이 일어나지 않는 상황을 생각해 보자. 만약에 주택 시장 거품이 생길 수 없는 상황에서도 모기지 대출이 급격하게 증가했다면 거품이 대출 증가로 이어지지 않았다는 주장을 신뢰할 수 있다. 그러면 주택 시장 거품의 가능성이 없는 상황을 어떻게 얻을 수 있을까? 여기서 지리적 차이가 중요한 역할을 한다.

미국 전역을 살펴보면 사는 곳마다 지형이 매우 다르다는 것을 알 수 있다. 인디애나폴리스 같은 도시는 완전한 평야에 위치하고 있으며 큰 호수나 바다와 같은 것이 없기 때문에 신규 주택 건설을 통해 도시의 팽창이 용이하다. 이런 지역에서는 주택 가격이 건설 비용보다 높을 경우 신규 주택의 공급이 빨리 일어난다. 우리는 이런 경우처럼 신규 주택을 짓기 용이한 지역을 주택 공급이 탄력적이라 부른다. 반면에 주택 공급이 비탄력적인 도시들은 샌프란시스코처럼 언덕이 많거나 바다에 둘러싸여 도시가 자연스럽게 확장되는 것이 힘든 도시들이다. 샌프란시스코의 경우 집을 더 짓고 싶어도 경사가 심한 언덕과 바다 때문에 쉽지가 않다.

주택 공급의 탄력성은 대출 증가와 거품 사이의 인과관계를 밝히는 데 아주 유용하게 쓰일 수 있다. 인디애나폴리스 같은 도시에서는 주택 공급이 상대적으로 용이하고 빠르게 이루어지므로 주택 가격의 상승이 가파르지 않다. 그 결과 거품이 미치는 효과를 사실상 차단할 수 있다. 만약에 집값이 가파르게 오르지 않아서 거품이 일어나지 않는 도시, 즉 주택 공급이 탄력적인 도시에서 한계 대출자에 대한 모기지 대출이 일어난다면 우리는 주택 시장 거품으로 인해 신용 팽창이 일어나지 않았다고 결론지을 수 있다.[9]

위성을 이용한 정보에 기초해 미국 도시들마다 개발 가능한 땅의 면적을 추정하고 이를 나타내는 지표를 개발한 앨버트 사이즈Albert

Saiz의 데이터를 이용해서 우리는 위에서 설명한 가설이 맞는지 확인할 수 있었다.[10] 우리가 제시한 가설에 걸맞게 주택 공급 탄력성은 2002년부터 2006년 사이 주택 가격 상승에 큰 영향을 미쳤다. 1999년부터 2001년 사이 주택 공급이 비탄력적인 도시의 집값 상승률은 탄력적인 도시보다 다소 높았다. 그러나 주택 시장 붐이 정점에 있던 2001년부터 2006년 사이에는 엄청난 차이가 나타났다. 주택 공급이 비탄력적인 도시에서는 5년 사이에 집값이 거의 100퍼센트 증가한 반면, 탄력적인 도시에서 집값은 고작 40퍼센트 증가했을 뿐이다. 비탄력적인 도시의 집값 상승률이 탄력적인 도시보다 두 배 넘게 높았던 것이다. 또한 주택 시장 붐일 때 집값 상승은 지역마다 매우 다른 양상을 보였다.

만약에 주택 시장 거품이 신용 팽창을 일으켰다면, 한계 대출자에 대한 대출 증가는 오직 주택 시장 거품이 있었던 곳에서만 관찰되어야 한다. 즉 야수적 충동에 따른 설명이 맞는다면, 주택 공급이 탄력적인 도시에서는 심각한 거품이 일어나지 않기 때문에 급격한 대출 증가가 나타나서는 안 된다. 그러나 우리가 데이터를 분석한 결과 야수적 충동에 기반을 둔 시각만으로는 설명이 되지 않았다. 주택 시장 붐이 없었던 탄력적 도시에서도 신용 점수가 낮은 사람들에 대한 모기지 대출이 급격하게 증가한 것을 볼 수 있었던 것이다. 또한 탄력적 도시의 집값 상승률은 신용 점수가 낮은 지역과 높은 지역 간 차이가 거의 없었다. 이는 더 많은 대출이 신용 점수가 낮은 지역으로 흘러들어 갔지만 주택 공급이 그만큼 확대되었기 때문에 집값은 평균 이상으로 오르지 않았기 때문이다.

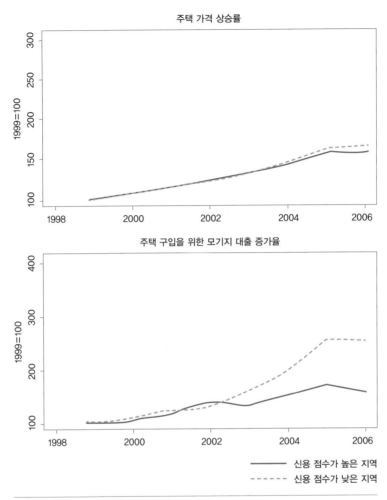

주택 가격 상승률

주택 구입을 위한 모기지 대출 증가율

신용 점수가 높은 지역
신용 점수가 낮은 지역

그림 6.2　주택 공급이 탄력적인 도시의 모기지 대출과 주택 가격

주택 공급이 탄력적인 도시에서 신용 점수가 낮은 지역에까지 대출
이 급격하게 증가했다는 사실은 매우 중요한 역할을 한다. 왜냐하면
주택 시장 거품이 모기지 대출을 증가시킨 원인이 아니라는 것을 보
여 주기 때문이다. 그림 6.2를 보자.[11] 그림 6.2의 첫 번째 그림은 주택

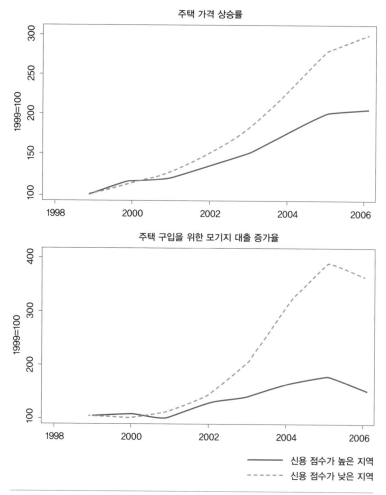

주택 구입을 위한 모기지 대출 증가율

신용 점수가 높은 지역
신용 점수가 낮은 지역

그림 6.3 **주택 공급이 비탄력적인 도시의 모기지 대출과 주택 가격**

공급이 탄력적인 도시의 경우 신용 점수가 높은 지역과 낮은 지역의 집값 상승률이 거의 비슷함을 보여 준다. 반면에 아래 그림은 집값 상승이 비슷함에도 불구하고 모기지 대출은 신용 점수가 낮은 지역에서 더 공격적으로 이루어졌음을 보여 준다. 이들 지역에서는 지형적 특징으로 인해 주택 공급이 상대적으로 용이했기 때문에 모기지 대출 증가로 인해 주택 수요가 증가해도 가격 상승이 크지 않았다. 하지만 주택 공급이 상대적으로 용이하지 않은 비탄력적 도시들의 경우 상황은 달라진다. 주택 공급이 비탄력적인 도시에서 수십억 불의 신규 모기지 대출이 이루어지자 집값은 천정부지로 뛰어올랐다. 그리고 이 현상은 대출을 가장 많이 받았던 신용 점수가 낮은 지역에서 가장 두드러졌다.

주택 공급이 비탄력적인 도시의 경우 신용 점수가 높은 지역의 집값은 2002년부터 2006년 사이 50퍼센트 증가한 반면, 신용 점수가 낮은 지역의 집값은 같은 기간 두 배에 이르는 100퍼센트 증가를 보였다. 주택 공급이 탄력적인 도시, 비탄력적인 도시 모두에서 신용 점수가 낮은 지역에 대대적인 대출 확대가 있었다. 하지만 비탄력적인 도시의 경우만 지형적 제약으로 주택 공급이 원활하지 않아 집값이 크게 올랐다. 그림 6.3은 이 경우를 보여 준다. 그림 6.2와 6.3에서 나타난 양상은 대출 증가가 주택 가격 상승을 가져온 것이지 그 반대가 아니라는 주장을 지지한다.

집을 이미 가지고 있던 사람들은 어떻게 움직였는가? ——

우리가 여태껏 제시한 설명은 아직 완전하지 않다. 한계 대출자에게도 대대적인 대출이 일어났던 원인을 계속 살펴보기 전에 2000년부터 2007년 사이 미국의 가계 부채가 14조 달러로 두 배가 되었다는 사실을 상기해 보자. 14조 달러란 규모를 생각하면 한계 대출자에 대한 대출 확대만으로 가계 부채 총액의 증가를 설명하기 쉽지 않다. 1997년 당시 이미 65퍼센트의 미국 가계는 집을 소유하고 있었다. 그리고 이들 중 다수는 한계 대출자가 아니었으며 또한 대부분은 과거 시점에서 이미 모기지 대출을 받은 사람들이었다.[12]

디트로이트에 사는 중년 여성인 에델 코크란은 모기지 대출 붐이 있기 전에 이미 집을 소유하고 있었다. 1982년에 8,000달러의 모기지 대출을 받아서 집을 샀으며 이후 25년간 같은 집에서 살고 있다. 2001년과 2007년 사이 그녀는 5번의 리파이낸싱을 받았고 그 결과 2007년 대출액은 11만 6,000달러로 불어나 있었다. 이후 대출 이자율 변동이 있게 되자 대출금을 상환하지 못했고 집이 압류될 곤경에 처했다.[13] 이 예는 비단 에델 코크란에게만 해당되는 얘기가 아니었다. 주택 소유자들은 집값이 오르는 것을 그냥 수동적으로 바라만 보고 있지 않았다. 그들은 집을 담보로 적극적으로 대출을 받았다. 앞서 살펴본 바와 같이 집값 상승이 한계 대출자들에 대한 신용 확대를 가져온 것이 아니라 반대로 신용 확대로 인해 집값이 상승한 것이었지만, 상승한 집값은 기존 주택 소유자들에게도 영향을 미쳤다.

집값이 올라가면서 이미 집을 소유하고 있던 사람들은 얼마나 더 대출을 받았을까? 우리는 위에 살펴본 주택 공급의 탄력성을 이용해서 이 질문에 대한 답을 찾았다.[14] 연구 결과 주택 공급이 비탄력적인 도시에 거주하고 있던 주택 소유자들의 홈 에쿼티 대출이 2002년부터 2006년 사이 훨씬 크게 증가했다는 것을 알 수 있었다. 주택 공급이 비탄력적인 도시의 집값 상승은 소득이나 인구의 증가, 또는 일자리의 증가와 관계가 없었다. 따라서 주택 공급이 비탄력적인 도시의 주택 소유자들이 보인 공격적인 대출 성향은 해당 지역 경제의 펀더 멘털에서 일어난 변화에 의한 것이라기보다는 집값 상승의 영향을 받은 것이 분명하다고 할 수 있다.

주택 공급이 탄력적인 도시와 비탄력적인 도시에 사는 주택 소유 자들이 얼마나 대출을 받았는지 비교해 보면 극명한 차이를 알 수 있다. 2002년부터 2007년 사이 비탄력적인 도시에 거주하고 있던 주택 소유자들의 대출은 55퍼센트나 증가한 반면 탄력적인 도시에 거주하고 있던 주택 소유자들의 대출은 25퍼센트 증가하는 데 그쳤다. 우리가 추정한 결과에 따르면 주택 시장 붐 당시 집값이 1달러 오를 때마다 주택 소유자들은 0.25달러씩 추가적인 대출을 받았다. 그림 6.4는 1999년부터 2008년 사이 주택 소유자들이 받은 대출액의 추이를 보

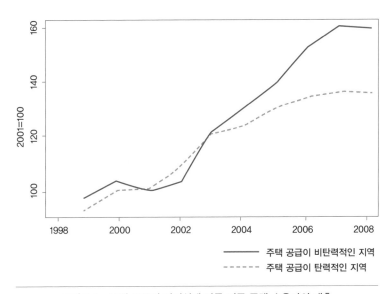

그림 6.4　주택 공급의 탄력성에 따른 기존 주택 소유자의 대출

여 주고 있다. 2003년까지는 탄력적인 도시와 비탄력적인 도시에 사는 주택 소유자들의 대출은 주택 공급의 탄력성과 관계없이 서로 비슷했으나 그 이후부터 크게 달라지기 시작했다. 그림 6.4는 1998년 시점에 이미 집을 소유하고 있던 사람들을 대상으로 한 것이다. 따라서 그림에 나타난 대출 증가액은 기존 주택을 활용해 받은 것을 의미한다.

우리가 추정한 바에 따르면 2002년부터 2006년 사이 주택 소유자들 편에서 증가한 부채의 절반 이상이 홈 에쿼티 증가에 따른 대출에 기인한 것으로 보인다. 따라서 집값이 오름에 따라 주택 소유자들이 홈 에쿼티 대출을 더 받았던 것도 가계 부채 위기의 주요 원인으로 볼 수 있다. 그렇다면 주택 소유자들 중 어떤 유형의 사람들이 더 공격적으로 대출을 받았을까? 우리는 신용 점수에 따라 주택 소유자들을 5분위로 나누고 신용 점수가 가장 높은 군과 가장 낮은 분위의 대출 행태를 주택 공급 탄력성에 따라 살펴봤다.

우리는 뚜렷한 경향을 찾을 수 있었다. 신용 점수가 높은 주택 소유자들은 2002년부터 2006년 사이 집값 상승에 따른 대출 증가가 크지 않았다. 반면, 신용 점수가 낮은 주택 소유자들은 엄청나게 대출을 늘렸다. 주택 공급이 비탄력적이기 때문에 집값이 상대적으로 더 크게 상승한 지역에 살았던 주택 소유자들 중 신용 점수가 낮은 주택 소유자들의 대출은 2002년부터 2007년 사이 70퍼센트가 증가했다. 반면 주택 공급이 탄력적인 도시의 경우 이 수치는 20퍼센트에 불과했다. 집값이 오르고 홈 에쿼티가 증가하자 신용 점수가 낮은 주택 소유자들이 공격적으로 대출을 받은 것이다. 우리가 추정한 바에 따르면 신용 점수가 낮은 주택 소유자들은 홈 에쿼티가 1달러 증가할 때마다

0.4달러씩 대출을 늘렸다.

주택 소유자들은 홈 에퀴티 대출을 받는 데 그치지 않았다. 그들은 그 돈을 소비하는 데 썼다. 우리가 사용한 데이터에서 지출에 대한 통계까지 조사할 수는 없었지만 다른 결과들에 따르면 대출금은 일반적인 소비나 주택 보수 및 개조에 사용되었다. 예를 들어 홈 에퀴티를 담보로 돈을 빌린 주택 소유자들 다수가 상당한 액수의 신용카드 빚을 지고 있었다. 그들은 신용카드 빚의 금리가 아주 높았음에도 불구하고 빌린 돈을 신용카드 빚을 갚는데 쓰지 않고 소비에 사용했다. 더욱이 홈 에퀴티 대출을 받은 주택 소유자들이 그 자금으로 새 집을 샀거나 다른 부동산 투자를 했다는 증거는 찾지 못했다. 연준의 조사에 따르면 홈 에퀴티 대출의 50퍼센트 이상이 주택 보수 및 개조, 그리고 소비 지출로 사용되었다.[15]

거품 위에 올라타기 ──

이미 집을 가지고 있던 사람들마저 믿을 수 없을 만큼 적극적으로 대출을 받은 것이 미국의 가계 부채 위기가 일어나는 데 중요한 역할을 했다. 만약에 주택 소유자들이 오른 집값 때문에 대출을 받지 않고 수동적으로 있었다면 가계 부채 위기가 경제 전체에 미친 효과는 훨씬 약했을 것이다. 많은 사람들이 홈 에퀴티 대출의 증가를 〈주택 자산 효과housing wealth effect〉로 설명한다. 집값의 상승은 주택 소유자의 부가 증가했음을 의미하는데, 주택 소유자들이 이러한 부의 증가에 반응해서 소비를 늘리기 위해 적극적으로 대출을 받았다는 것이다.

그러나 이 논리에는 한 가지 맹점이 있다. 주택 소유자들은 집값이 올랐다고 해서 더 부자가 되었다고 생각해서는 안 된다. 왜냐하면 주식과 같은 다른 투자 자산과 달리 집은 소유주가 직접 〈소비〉하고 있기 때문이다. 누구나 살 곳이 필요하며 집값은 결국 그곳에서 사는 비용을 반영한다. 살고 있는 곳의 집값이 올라가면 주택 소유자가 보유한 집의 가치가 올라가지만 이와 함께 주거 비용도 함께 올라간다. 집의 가치가 올라가면 더 부자로 느껴지듯이 주거 비용이 올라가면 더 가난해졌다고 느끼게 된다. 두 가지 효과는 서로 상쇄된다.

이해를 돕기 위해 집이 아니라 자동차의 경우를 생각해 보자. 어떤 사람이 차를 가지고 있는데 모든 차값이 10퍼센트 올랐다고 해보자. 기술적으로 따지면 이 사람의 순자산은 증가했다. 차는 이 사람이 가지고 있는 자산의 일부이기 때문이다. 하지만 그렇다고 해서 이 사람은 자신이 더 부자가 되었다고 생각해야 할까? 만약에 차를 계속 써야 한다면 이 사람은 본인이 더 부자가 되었다고 생각해서는 안 된다. 비록 소유하고 있는 차의 가격은 10퍼센트 증가했지만 차를 계속 쓰는 한 〈자동차 자산〉의 증가를 이용하지 못한다. 만약에 이 사람이 차를 10퍼센트 오른 가격에 판다면 수중의 돈은 늘어날 것이다. 그러나 차가 계속 필요하다면 어찌되었든 이 사람은 10퍼센트 높아진 차값을 지불하고 차를 사야 한다. 즉 차가 계속 필요하다면 차값의 상승은 자산의 증가를 의미하지 않는다. 이 사람은 차를 계속 〈소비〉해야만 하며 이 소비의 가격은 더 비싸진 셈이다. 집의 경우도 정확하게 이 논리가 적용된다.

하지만 우리는 이미 2002~2006년 기간에 주택 소유자들이 공격적으로 대출을 받은 사실을 알고 있다.[16] 왜 이런 일이 벌어졌을까? 경제학자들이 제시하는 〈합리적〉 설명에 따르면 이는 차입 제약borrowing constraint 때문일 수 있다. 향후 높은 소득을 기대하는 젊은 전문직 부부를 생각해 보자. 어린 아이가 두 명 있어서 엄마가 일시적으로 직장을 그만두고 아이들을 키우기로 했다고 하자. 엄마는 몇 년 뒤 복직을 하면 높은 소득을 올릴 수 있는 상황이다. 이 가계를 보면 현재는 소득이 낮을 수 있으나 향후 훨씬 높은 소득을 올릴 수 있다. 그렇기 때문에 엄마가 잠시 일을 그만두고 쉬는 상황이지만 이 가족은 소비 지출을 급격하게 줄이는 상황을 원하지 않는다. 이 상황에서 소비를 줄이지 않는 자연스러운 방법은 대출을 받는 것이다. 대출금을 이용해서 소비를 줄이지도 않고 엄마가 아이들도 키울 수 있다. 그리고 엄마가 복직하면서 대출을 안전하게 갚아 나갈 수 있다.

차입 제약은 이 부부가 사실상 대출을 받을 수 없다는 것을 뜻한다. 은행에서 대출을 거절할 수도 있기 때문이다. 비록 향후 높은 소득을 올릴 것이라고 기대한다 해도 현재 소비는 원하는 대로 하지 못하게 제약되어 있는 것이다. 차입 제약은 어떻게 완화될 수 있을까? 한 가지 방법은 은행에 담보를 제공하고 대출을 받는 것이다. 집을 예로 들 수 있다. 만약에 이 부부가 충분한 담보 가치를 가진 집을 가지고 있다면 홈 에쿼티 대출을 통해 돈을 빌릴 수 있다. 만약에 집값이 올라간다면 돈을 더 빌릴 수도 있다. 만약에 이 부부가 차입 제약 아래 있었다면 집값 상승은 대출을 더 받게 하고 소비를 늘리는 방편이 될 수 있다. 맥락을 잘 살펴보면 이 부부는 합리적으로 행동하고 있다. 집값 상승은 차입 제약을 완화시켜 주고 이는 다시 홈 에쿼티 대출을 받아서 소비를 늘리게 해준다.

하지만 여기에는 답해야 할 중대한 질문이 놓여 있다. 차입 제약의 완화만으로 2000년부터 2007년 사이 7조 달러나 늘어난 미국의 가계 부채를 설명할 수 있을까? 늘어난 대출이 모두 차입 제약에 걸려 있으면서 미래 소득의 증가를 예상한 가계들에 의한 것일까? 차입 제약에 의한 설명은 현실을 잘 설명하는 것일까? 우리가 보기에는 차입 제약만으로 부채의 급격한 증가를 설명하기는 쉽지 않다. 우리는 앞에서 2000년대 들어 새로 대출을 받은 사람들의 소득이 실제로는 감소하고 있다는 것을 살펴봤고 앞으로 상황이 나아질 것이라는 증거를 찾지 못했다. 만약에 어떤 가계의 미래 소득이 증가하리라는 보장이 없는데도 현재 대출을 급격하게 늘리고 있다면 차입 제약에 기반을 둔 이론으로는 이를 설명하기가 쉽지 않다.

대출의 급격한 증가는 오히려 비합리적인 행동 때문에 일어난 일이라고 보는 것이 더 그럴듯해 보인다. 예를 들어 일부 소비자들은 먼 미래의 소비보다 현재의 소비를 훨씬 더 좋아할 수 있다. 경제학에서는 이런 소비자들을 〈근시안적myopic〉 또는 〈하이퍼볼릭〉 하다고 한다.[17] 당장 오늘 소비를 늘리면 미래에 후회를 할 것이기 때문에 이런 방식의 소비는 비합리적이다. 행동 경제학의 용어를 사용해서 표현하면 근시안적인 개인의 미래 자아는 자신의 현재 자아가 왜 그때 분별 없이 소비를 많이 했을까 후회하게 된다.

근시안적인 소비자는 돈을 지나치게 빌리는 경향이 있다. 만약에

• hyperbolic, 먼 미래의 편익보다 당장의 편익을 더 선호하지만 그 강도가 미래로 갈수록 약해지는 현상.

돈을 싼 이자율로 빌릴 수 있거나 갑자기 수중에 현금이 생길 경우 필요 이상으로 소비를 하게 된다. 이들은 본인들이 과도하게 소비하는 것을 알고 스스로를 절제시키기 위해 어떤 방법을 쓸 수도 있다. 그러나 2002년부터 2006년 사이에는 대출을 받기가 너무나 쉬워서 이를 무시하고 그냥 지나치기가 어려울 지경이었다.[18]

　이유야 어쨌든 간에 대출을 해주려는 사람들도 많아지고 대출을 받기 쉬워지자 소비자들은 대출을 받았다. 그렇다면 대부자들은 왜 갑자기 돈을 잘 갚을 것 같지도 않아 보이는 사람들에게까지 돈을 빌려 주려 했을까? 우리는 이미 한계 대출자에 대한 대출 증가가 소득이나 생산성의 증가, 심지어 집값 상승 때문이 아니라는 것을 살펴보았다. 여기에 대한 대답은 미국과 멀리 떨어져 있는 곳에서 수십 년 전부터 발생한 일과 깊은 관계를 맺고 있다.

House of Debt **7**

재앙으로 이어지는 길

    1990년대 초 태국에는 대출 광풍이 불어닥쳤다. 경제가 안정적이고 지속적으로 성장하며 이자율이 높은 곳을 찾는 외국인 투자자들에게 태국은 투자하기에 좋은 나라였고, 자본 유입의 급격한 증가는 대출 붐을 일으켰다. 태국의 국내 총생산 대비 대출 총액은 1990년에서 1996년 사이 34퍼센트에서 51퍼센트로 증가했다.[1] 거액의 해외 자금이 태국의 금융 시스템으로 흘러들어 왔으며 이 자금은 다시 국내 금융 시장의 공격적인 대출로 연결되었다. 공격적인 대출은 바로 부동산 구입 자금으로 쓰였다. 1993년부터 1996년 사이 부동산 대출액은 세 배가 되었으며 엄청난 규모로 신규 주택 건설 붐이 일었다. 2000년대 미국의 경우처럼 대출이 늘면서 부동산 가격은 천정부지로 치솟았다. 레스터 서로Lester Thurow는 이 현상을 거품으로 진단했다. 〈1인당 생산성이 샌프란시스코의 12분의 1밖에 되지 않는 방콕의 땅값이 샌프란시스코의 땅값보다 더 높다는 것은 있을 수 없는 일이다. 하지만 현실은 그렇다. ……이렇게 크게 부풀려진 부동산

가격은 언젠가 내려올 수밖에 없다.)[2]

대다수의 투자자들은 태국의 은행과 금융 기관이 손실을 입을 경우 정부가 나서서 손해를 보전해 줄 것이라 믿었다.[3] 그들은 태국 정부가 은행을 망하게 내버려 둘 것으로 생각하지 않았다. 더욱이 투자자들은 다수의 금융 기관들이 정부에서 일하는 사람들과 정치적으로 연줄이 있거나 가족 관계로 얽혀 있다는 사실도 알고 있었다. 1998년에 폴 크루그먼Paul Krugman은 당시 상황을 이렇게 요약했다.

> 문제는 금융 중개 기관들로부터 시작되었다. 이들 기관의 부채는 암묵적으로 정부 보증을 받고 있는 것으로 받아들여졌고 사실상 규제를 받지 않고 있어서 도덕적 해이 문제가 심각한 상황이었다. 이들 기관이 극도로 위험한 대출을 하면서 자산 가격 인플레이션이 발생했다. 터무니없이 올라간 자산 가격은 일종의 순환 과정을 통해서 지탱되었다. 즉 고위험을 추구하는 대출의 증가는 자산 가격의 상승을 가져오고 이는 다시 중개 기관의 재무 상태를 좋게 보이게끔 만들어서 다시금 대출을 하게 하는 식의 순환 과정을 보였다. 그리고 결국에는 거품이 터져 버렸다.[4]

이 글이 1998년 태국 사정에 대해 쓴 글이라는 것을 알려주지 않았다면 독자들은 아마도 크루그먼이 2000년대 초반의 미국에 관해 말하고 있는 것이라고 생각했을 것이다. 태국의 예는 우리가 앞서 강조한 부채의 역할이 얼마나 보편적으로 적용될 수 있는지 보여 준다. 하지만 우리는 미국의 대출 붐과 유사하다고 해서 태국의 예를 소개한 것은 아니다. 사실 태국의 상황에서부터 시작된 일들이 미국의 대출 붐을 일으킨 원인이 되었다. 태국은 디트로이트 서쪽 지역으로부터 9,000마일이나 떨어져 있지만 이 두 지역은 부채와 그로 인한 파국이란 악순환 과정에 함께 얽혀 있었다.

저축 과잉 현상 ──

1997년 태국의 거품 붕괴는 말레이시아, 인도네시아, 필리핀, 한국, 러시아 등 아시아 지역과 그 외 지역에서 금융 위기를 촉발시켰으며 중국 경제에도 위협을 가했다. 거품이 터졌을 때 해외 투자자들은 채권과 주식 등의 증권을 서둘러 팔고 대출 연장을 거부하면서 이들 신흥 경제를 떠났다.

　신흥 경제의 은행들은 미국 달러화로 대출을 받았기 때문에 이런 상황은 매우 위험했다. 통상적으로는 중앙은행이 〈최종 대부자lender of last resort〉 역할을 수행해서 해당 국가 은행들의 유동성 문제를 도울 수 있다. 은행들은 통상 예금, 기업 어음 등을 통해 단기로 자금을 조달하고 대출, 투자 등을 통해 상대적으로 장기로 자금을 운용한다. 만약에 예금 같은 은행의 단기 부채가 동시에 인출된다면 장기로 운용하고 있던 자금을 빠른 시간 내에 융통해서 인출 요구에 응하기는 쉽지 않다. 즉 은행의 자산과 부채 사이의 만기 불일치 문제가 예금 인출 사태를 발생시킬 수 있다. 심지어 은행이 충분한 지불 능력이 있더라도 만기 불일치 문제 때문에 예금 인출 사태가 자기실현적으로 일어날 수 있다.

　중앙은행은 예금 인출 사태가 발생하면 은행에 유동성(즉 현금)을 공급함으로써 자기실현적인 은행 위기를 방지할 수 있다. 단순히 중앙은행이 예금주들의 인출 요구에 응할 만한 자금을 가지고 있고 공급할 의사가 있다는 것만으로도 예금주들은 자신들의 돈이 보호된다는 것을 알고 예금 인출 사태는 일어나지 않는다.

하지만 동아시아 위기 때는 대출이 미국 달러화로 이루어졌기 때문에 중앙은행의 최종 대부자 역할을 기대할 수 없었다. 달러화를 찍어낼 수가 없었으므로 이들 국가의 중앙은행은 외국 투자자들이 썰물처럼 빠져나가면서 국내 은행과 기업들이 연쇄 도산하는 것을 무력하게 지켜볼 수밖에 없었다. 결국 이들은 미국 달러화 형태로 유동성을 공급해 줄 수 있는 기관을 찾을 수밖에 없었다. 바로 국제통화기금이었다.

물론 국제통화기금의 지원은 여러 조건들이 딸린 지원이었다. 위기 기간 동안 국제통화기금으로부터 지원을 받은 나라들은 국제통화기금의 정책 처방을 따라야만 했는데 이런 정책들은 동아시아 국가들에 깊은 흉터를 남겼다. 아시아 국가들은 국제통화기금 운용 측면에서 대표성이 상대적으로 부족했다. 예를 들어 일본, 중국, 한국의 경우 이들 국가의 경제 규모에 비해 투표권 비중이 낮았다. 이런 상황을 염두에 두고 프랭클린 앨런Franklin Allen과 홍주윤은 〈20세기 후반 가장 성공적으로 성장한 나라들 중 하나임에도 불구하고 한국은 높은 이자율과 정부 지출의 축소라는 가혹한 정책 처방을 받아들여야만 했다. 이는 심각한 경제적 고통을 수반했다〉고 지적한다. 1998년 한국의 실질 국내 총생산은 6퍼센트 떨어졌으며 실업률은 2퍼센트에서 9퍼센트로 치솟았다. 이들은 국제통화기금의 고금리 정책이 〈필요 이상 너무 오래 지속되었기 때문에 한국 경제에 불필요한 고통을 안겼다)고 주장한다.[5] 동아시아 국가들의 중앙은행은 값비싼 대가를 치르고 중요한 교훈을 얻었다. 중앙은행이 외부의 영향 없이 독자적으로 효과적인 정책을 집행하기 위해서는 국내 은행들의 달러 표시 대출을 막을 필요가 있다는 것이다. 또한 외환 시장의 급격한 자본 유출과 은행 부문의 예금 인출 사태 가능성과 전투를 벌이기 위해서는 일종의 〈군자금〉 역할을 할 대규모의 달러화를 중앙은행이 보유하고 있어야 한다는 것이다.

실제로 신흥국의 중앙은행들은 안전 자산인 미국 달러화 표시 자산을 대규모로 사들여 외환 보유고를 늘려 왔다. 1990년부터 2001년 사이 중앙은행들은 매년 1천억 불어치의 자산을 사들였으며 2002년부터 2006년 사이에는 외환 보유고 증가 속도가 일곱 배에 이르렀다. 이런 움직임은 안전 자산에 대한 수요를 크게 증가시켰으며, 외국 중앙은행들은 미국 재무부 발행 채권을 엄청나게 사들였다. 외국의 중앙은행들이 일종의 군자금을 마련하기 위해 미국 국채를 사들인 결과 미국 경제 내로 엄청난 자금이 흘러들어 왔다. 이론상으로 보면 해외 자금의 유입 자체가 경제적 재앙으로 이어질 이유는 없다. 그것은 경제의 다른 부분에 아무런 영향도 미치지 않은 채 단지 미국 국채 수익률을 낮추는 역할을 할 뿐이기 때문이다. 하지만 초기에 시장이 생각했던 것보다 미국과 동아시아 국가들 사이의 공통점은 더 컸다. 아시아 지역에서 빠르게 유입된 자본은 불태화˙ 되지 않았다. 이 자금이 위

• 해외 자금의 유입으로 늘어난 국내 통화량을 줄이는 조치.

기의 시작이 된다.

증권화 ──

영화 「멋진 인생 It's a Wonderful Life」에서 지미 스튜어트가 연기한 주인공 조지 배일리는 베드퍼드폴스에 위치한 저축대부조합의 조합장으로서 주택 구입을 위한 대출을 열렬히 홍보하고 다닌다. 그가 대출을 해준 사람들은 어릴 때부터 같이 자라면서 알고 지낸 사람들이다. 1946년에 개봉한 이 영화는 은행가들이 영업 지역 부근과 지역 사람들에 대해 잘 알고 영업을 하던 시대를 배경으로 하고 있다. 당시 은행은 지역 사회에 밀착되어 있었다. 사람들은 은행에 예금을 맡겼고 은행은 원래부터 알고 지내던 사람들에게 대출을 해줬다. 그리고 이 대출은 이자와 원금 상환을 통해 꾸준한 소득을 안겨 주던 은행의 자산이었다.

조지 배일리가 일하던 저축대부조합은 지역 사회에 큰 도움이 되었으나 지역 사회에 국한된 충격에 노출되어 있었다. 만약에 많은 사람들을 고용하던 기업이 지역 사회를 떠난다면 지역 경제는 큰 타격을 받을 수 있었다. 일자리를 잃은 사람들은 집을 사기 위해 받은 대출을 상환하지 못하게 되고, 은행 수입은 악화되며, 다른 사람들에게 대출을 해주기는커녕 예금주의 예금마저 돌려주지 못할 수도 있다. 즉 조지 배일리가 했던 것처럼 지역 사회와 밀착된 은행업은 대출받는 사람에 대해 정보가 풍부하다는 장점이 있으나 지역 단위 충격에 특별히 약한 단점이 있었다.

좁은 지역을 기반으로 한 모기지 대출의 문제점을 인식한 미국 주택 도시개발부는 정부 지원 기관GSEs: government-sponsored enterprises 을 통한 증권화를 권장했다.[6] 증권화를 통해서 지역 은행들은 해당 지역의 모기지 대출을 정부 지원 기관에 팔아치움으로써 지역 단위 충격에 노출되는 위험을 막을 수 있었다. 정부 지원 기관들은 은행들이 상환 능력이 의심되는 등 질이 낮은 모기지 대출을 팔 가능성을 최소화하기 위해 대출 규모와 담보 비율 제한과 같이 최소한의 〈준수〉 요건을 지정했다. 정부 지원 기관들은 미국 전역에 걸쳐 모기지 대출을 사들였다. 이 기관들은 재원을 어떻게 마련했을까? 바로 주택 저당 증권MBS: mortgage-backed securities 판매를 통해 충당했다. 주택 저당 증권은 여러 모기지 대출을 모아서 하나의 풀pool을 만들고 여기에서 나오는 현금 흐름들을 판매하는 것이다. 모기지 대출을 받은 사람들이 내는 대출 이자는 모기지 대출의 풀을 통해 주택 저당 증권 소유자들에게로 흘러가는 것이다. 여러 지역과 다양한 종류의 모기지 대출을 기초 자산으로 했기 때문에 일부 대출자들이 채무를 이행하지 않더라도 안정적인 현금 흐름을 기대할 수 있다. 즉 정부 지원 기관이 발행한 주택 저당 증권을 통해 투자자들은 채무 불이행의 위험으로부터 보호되었다.

주택 저당 증권은 하나의 모기지 대출에 대한 청구권을 가지는 것이 아니라 여러 모기지 대출의 풀에 대한 청구권이라는 점이 매우 중요하다. 전체적으로 보면, 모기지 대출 풀은 분산 투자가 아주 잘 되어 있는 자산이기 때문에 지역적 또는 일부 대출에 대한 개별적 위험을 최소화시킬 수 있었다. 또한 정부 지원 기관이 주택 저당 증권에 대한 채무 보증을 했기 때문에 투자자들은 이들 기관이 발행한 주택 저당 증권에 대해서는 더 비싼 값을 치르고서라도 사려고 했다. 대대적인 규모의 모기지 대출 채무 불이행만 없었다면 정부 지원 기관은 증권화를 통해 높은 수익을 올렸을 것이다.

앞서 말한 바와 같이 정부 지원 기관이 주택 저당 증권을 발행할 때는 대출액이나 신용도에서 미리 정한 요건을 충족하는 〈적격 conforming〉 모기지 대출만을 사용했다. 하지만 1990년대 후반 들어 안전한 미국 채권에 대한 수요가 전 지구적으로 폭발하자, 이러한 요건은 채권 발행을 늘리는 데 족쇄가 되었다. 정부 지원 기관이 발행하는 주택 저당 증권만으로는 수요를 감당하지 못했고 민간 부문이 수요를 충족시켰어야 했는데 민간 부문은 미리 정한 요건을 충족시키지 못하는 〈부적격nonconforming〉 모기지 풀에서 안전 자산을 만들어 내야만 했다. 이 목적을 위해 트랜칭tranching이란 방법이 사용되었다. 트랜칭은 지급 우선순위에 따라 모기지 대출 풀을 여러 개로 분할해서 증권을 발행하는 방식이다. 발행하는 현금 흐름을 먼저 받아가는 선순위 트랜치senior tranche는 상대적으로 안전하며, 선순위 트랜치들이 모두 약속된 금액을 받아간 뒤 지불받는 후순위 트랜치junior tranche는 상대적으로 위험하다고 할 수 있다. 즉 채무 불이행이 있을 때 먼저 손실을 감당하는 후순위 트랜치가 있기 때문에 선순위 트랜치는 채무 불이행 위험으로부터 보호받는 것과 같다. 정부 지원 기관이 아닌 민간 부문에서 발행한 주택 저당 증권의 선순위 트랜치는 투자자로부터 초우량 등급으로 여겨졌으며 신용평가 기관도 마찬가지로 평가했다. 이와 같이 〈민간 부문private-label〉 증권화 시장이 시작되었다.

증권화 자체는 새로운 개념이 아니었으나 민간 부문에서 발행하는 주택 저당 증권의 급증은 매우 특이한 일이었으며 이는 신용도가 높은 미국 달러화 표시 채권에 대한 전 지구적 수요 때문이었다.[7] 민간 부문 증권화는 기존의 방식인 정부 지원 기관을 통한 증권화와 근본적으로 달랐는데 특히 위험 측면에서 크게 달랐다. 애덤 레비틴Adam Levitin과 수전 바흐터Susan Wachter는 이 차이에 대해 다음과 같이 명쾌하게 설명하고 있다.

> 정부 지원 기관을 통한 증권화가 대출 시장의 대부분을 차지하는 동안은, 기초 자산이 되는 모기지 대출들이 미리 정해 놓은 기준을 만족해야 하기 때문에 신용 위험이 적절히 통제될 수 있었다. 그런 상황에서는 비우량, 부적격, 무보증 대출들이 설 곳이 별로 없었다. 하지만 1990년대 들어서 규제를 받지 않는 새로운 방식의 증권화가 기존의 증권화 방식을 대체하기 시작했다. 이런 방식의 민간 부문 증권화PLS: Private Label Securitization는 기존의 증권화 방식에 만족하지 못했던 일군의 모기지 대출 대부자와 증권화 종사자들에 의해 널리 이용되었다. ……민간 부문 증권화가 비우량, 부적격 대출을 위한 새로운 시장을 연 것이다.[8]

2002년부터 2005년 사이 민간 부문 증권화는 급증했다. 전체 주택 저당 증권 발행액에서 민간 부문 증권화가 차지하는 비중은 2002년에 20퍼센트 미만이었으나 2006년에는 50퍼센트가 넘었다. 그러나 2007년 이 시장은 완전히 무너졌다. 앞 장에서 우리는 정확히

2002~2005년 기간이 신용 점수가 낮은 우편번호 단위 지역에도 모기지 대출이 급증했던 시기라는 것을 살펴봤다. 이 두 사건이 비슷한 시기에 일어났다는 것은 양자가 관련되어 있다는 것을 암시한다. 우리가 연구한 바에 따르면 신용 점수가 낮은 우편번호 단위 지역에서 상대적으로 더 많은 증권화가 이루어졌음을 확인할 수 있었는데 이는 양자가 직접적으로 관련되어 있다는 것을 뜻한다. 즉 전 세계에서 유입된 자본이 증권화 과정을 거쳐서 한계 대출자들에게 모기지 대출로 공급된 것이었다. 하지만 이런 과정은 대부자들이 자신들의 투자가 안전하다고 느낄 때만 가능했던 일이다.

안전해 보이는 채권 만들기 ──

금융 혁신을 삐딱한 눈으로 바라보는 사람들은 매우 위험한 증권을 안전하다고 꼬드겨서 투자자가 사게끔 하는 것이 은행의 역할이라고 생각한다. 안타깝게도 이것이 주택 시장 붐 시기에 민간 부문 증권화가 실제로 행했던 것이라고 많은 연구들이 보이고 있다. 조시 코벌 Josh Coval, 자쿱 주렉 Jakub Jurek, 에릭 스태퍼드 Erik Stafford의 연구에 따르면 주택 저당 증권을 사들이는 투자자들이 해당 자산의 위험을 정확하게 평가하지 못한다면, 이러한 평가상 실수는 증권화 과정을 거치면서 더 위험해질 수 있다. 이 연구 결과에 비쳐 보면 당시 가장 중요한 실수 두 가지가 연결되어 있었다. 첫 번째 실수는 투자자들이 모기지 대출에 대한 채무 불이행이 일어날 확률을 낮게 평가한 것이고, 두 번째 실수는 여러 모기지 대출의 채무 불이행이 같은 시기에 일

어날 확률, 즉 채무 불이행 사이의 상관관계를 낮게 평가한 것이다.[9]

어떤 일이 일어났는지 이해하기 위해 간단한 예를 통해 살펴보자. 한 은행이 신용 등급이 서브프라임인 사람에게 10만 달러의 모기지 대출을 해줬고 채무 불이행 가능성은 10퍼센트라고 하자. 만약에 채무 불이행이 발생하면 은행은 이 사람의 집을 압류하고 유동성을 확보하기 위해 싸게 팔아야 하기 때문에 5만 달러만을 회수할 수 있다고 하자. 은행은 투자자를 확보하기 위해 이 모기지 대출이 손실이 날 염려가 없는 매우 안전한 자산이라는 인식을 심어 줘야 한다.

은행이 트랜칭 기법을 이용해서 이 대출을 5만 달러짜리 트랜치 두 개로 나누었다고 가정해 보자. 또한 선순위를 가진 트랜치는 채무 불이행 시 발행하는 현금 흐름을 먼저 확보할 권리를 가지고 있다. 이 경우 선순위 트랜치는 위험이 전혀 없게 된다. 왜냐하면 채무 불이행 시 10만 달러의 모기지 대출 가치가 5만 달러가 되는데 선순위 트랜치는 이 5만 달러에 대한 권리를 가지고 있기 때문이다. 반면 후순위 트랜치는 매우 위험하다. 10퍼센트의 확률이긴 하지만 가치를 전부 잃을 가능성이 있기 때문이다. 차입자가 채무를 이행하지 못하면 집은 5만 달러의 가치를 지니게 되지만 그 5만 달러는 전적으로 선순위 트렌치를 보유한 자의 몫이 된다. 은행은 트랜칭을 이용해서 대출을 두 개로 분할함으로써 초안전 자산super-safe assets을 원하는 국제적 수요를 이용해서 5만 달러의 자금을 쉽게 조달할 수 있다.

이보다 더 좋은 방법이 있을까? 있다. 트랜칭과 풀링pooling을 결합하는 것이다. 은행이 두 명의 다른 비우량 고객에서 10만 달러씩 모기지 대출을 해준다고 하자. 은행은 두 개의 모기지 대출을 합쳐서, 즉 풀링해서 주택 저당 증권을 만들고 이를 다시 10만 달러짜리 선순위와 후순위 트랜치로 나누는 트랜칭을 할 수 있다. 두 개의 모기지 대출에 모두 채무 불이행이 일어나도 두 채의 집은 각각 5만 달러이므로 주택 저당 증권은 최소 10만 달러의 가치는 된다. 즉 최악의 상황이 와도 선순위 트랜치는 10만 달러를 확보할 수 있으므로 초안전 자산을 원하는 투자자의 수요를 만족시킬 수 있다.

더 흥미로운 것은 후순위 트랜치에 일어나는 일이다. 풀링이 없다면 후순위 트랜치는 10퍼센트의 확률로 100퍼센트의 손실을 입게 된다. 하지만 풀링을 통해서 후순위 트랜치가 가지는 위험의 성격이 바뀐다. 풀링을 통해서 후순위 트랜치는 이제 두 개의 대출로 이루어져 있다. 두 개 모두 동시에 채무 불이행이 일어나면 큰 손실을 입게 되지만 채무 불이행이 서로 독립적으로 일어난다면 후순위 트랜치의 가치는 꽤나 높을 수 있다. 우리가 아래에서 다시 설명하겠지만, 서로 다른 주택 담보 대출의 채무 불이행에 대한 상관 계수가 모기지 대출 풀로부터 안전 자산을 만들어 낼 수 있는지를 결정하는 주요 변수가 된다.

두 대출의 채무 불이행이 서로 통계적으로 독립적이라고, 즉 한 대출의 채무 불이행이 다른 대출에서 채무 불이행이 일어날 확률에 전혀 영향을 주지 않는다고 가정해 보자. 이 경우 후순위 트랜치는 훨씬 더 안전해진다. 두 대출에서 모두 채무 불이행이 발생하고 빈털터리가 될 확률은 1퍼센트(10퍼센트×10퍼센트)로 현저하게 낮아진다. 두 개 중 하나의 대출에서만 채무 불이행이 일어날 확률은 18퍼센트가 된다. 이 경우 후순위 트랜치를 보유한 사람은 50퍼센트의 투자 손실을 입게 된다. 은행이 추가적으로 후순위 트랜치를 절반으로 나누어

선순위 〈메자닌mezzanine〉 트랜치와 후순위 〈에쿼티equity〉 트랜치를 만든다고 해보자. 메자닌 트랜치는 원래의 후순위 트랜치보다 덜 위험해진다. 왜냐하면 원래의 후순위 트랜치는 10퍼센트의 확률로 손실이 발생할 가능성이 있었으나 메자닌 트랜치는 1퍼센트의 확률, 즉 두 대출에서 모두 채무 불이행이 일어날 확률로 손실을 입게 된다. 하나의 대출에서만 채무 불이행이 발생할 경우 메자닌 트랜치는 손실을 입지 않는다. 왜냐하면 원래의 후순위 트랜치 안에서 우선순위를 가지기 때문이다.

짐작할 수 있겠지만, 이런 트랜칭과 풀링 과정은 영원히 반복될 수 있다. 기초 자산이 되는 대출들의 채무 불이행 확률이 서로 간에 독립적이라면 은행은 메자닌 트랜치의 위험도를 투자자나 신용평가 회사가 원하는 수준으로 낮출 수 있다. 실제로 은행들은 많은 수의 모기지 대출을 풀링해서 신용평가 회사들이 〈안전〉이라든가 AAA 등급을 줄 수 있는 메자닌 트랜치를 만들어 내곤 했다. 은행은 이렇게 증권화를 통해 점점 더 많은 안전 자산을 만들어 낼 수 있었다. 극단적으로 기초 자산인 모기지 대출은 매우 위험하더라도 증권화 풀에 들어 있는 주택 저당 증권의 90퍼센트는 초안전 자산이라고 주장할 수 있을 정도로 풀링과 트랜칭을 반복해서 밀어붙일 수 있었다. 모기지 대출의 90퍼센트를 초안전 자산으로 외부 투자자에게 판매하고, 남아 있는 10퍼센트만 신경 쓰면 되는 상황이었다.

그러나 이런 방식은 모기지 대출의 채무 불이행 확률이 서로 간에 독립적이어야만 가능하다. 즉 하나의 모기지 대출 채무 불이행과 나머지 대출의 채무 불이행 확률 사이에 아무런 관계가 없어야만 가능하다. 채무 불이행 사이의 상관관계가 모기지 대출 풀 자체가 얼마나 안전한지를 결정하는 것이다. 예를 들어 모든 채무 불이행이 독립적이지 않고 서로 완벽하게 연결되어 있다고 가정해 보자. 이는 하나의 모기지 대출에 채무 불이행이 발생하면 나머지 대출에서도 모두 채무 불이행이 일어난다는 것을 뜻한다. 만약에 채무 불이행이 발생해서 해당 대출의 50퍼센트만 회수하게 되고, 남아 있는 모든 모기지 대출에서 채무 불이행이 일어날 수도 있다는 것을 투자자들이 안다면, 그들은 투자액의 50퍼센트를 잃어버릴 가능성이 있다는 것을 알게 된다. 이런 상황에서는 모기지 대출 풀로부터 끌어낼 수 있는 초안전 자산의 비중은 절대 50퍼센트를 넘을 수가 없다.

현실에서는 채무 불이행 사이에 완벽한 상관관계도 없으며 그렇다고 상관관계가 전혀 없는 것도 아니다. 사람들은 채무 불이행 확률과 서로 간의 상관관계에 대해 서로 다른 기대를 가진다. 어떤 투자자들은 다른 사람들보다 더 낙관적이어서 채무 불이행 확률도 낮고, 상관관계도 낮다고 볼 수 있다. 이런 사람들은 자신들의 투자가 극도로 안전한 투자라 생각할 것이다. 은행은 증권화를 통해 이렇게 투자자들마다 다른 기대를 이용해서 발행하는 상품이 얼마나 위험에 취약한지를 숨겼다. 은행은 결국 안전해 보이는, 그러나 실제로는 위험한 상품을 점점 더 많이 만들어 판매했으며, 이는 신용도가 낮은 차입자들에게로 자금이 흘러들어 가게 만들었다. 코벌과 공저자들은 상황을 아래와 같이 표현했다.

그 자체로 위험한 담보들을 이용해서 위험들을 재포장한 뒤 〈안전한〉 자산을 만들어 내는 구조화 금융structured finance으로 인해 구조화 증권 발행이 급격하게 늘었다. 문제는 이런 상품들이 투자자에게는 사실상 위험이 없는 상품으로 받아들여지며 신용평가 회사들도 실제 무위험으로 평가한다는 것이다. 최근 금융 위기를 통해 우리가 배운 것은 이런 상품들이 알려진 것보다 훨씬 더 위험하다는 것이다.[10]

바보들의 행진[11]

모기지 대출을 이용한 민간 부문의 증권화는 단순히 투자자들이 위험도를 정확하게 인식하지 못하는 것을 이용해서 상품을 판매하는 것보다 더 큰 문제를 안고 있다. 모기지 대출의 최초 대출 기관이 신용도가 낮은 사람들에게 모기지 대출을 해주더라도 증권화를 통해서 이들 부실 대출을 털어 버리고 투자자들에게 더 비싸게 팔 수 있다는 것을 알게 되면 어떤 일이 벌어질까? 아마도 대출 기준을 완화하고 재무 상태가 안 좋은 사람들에게 더 대출을 해주고 싶은 욕심이 생길 것이다. 이런 맥락에서 민간 부문 증권화는 무책임한 모기지 대출과 이와 관련된 사기들의 원인이라 할 수 있다. 이 주장이 맞는지 검증할 방법이 있을까?

여기에 대한 답을 아밋 세루Amit Seru가 수행한 흥미로운 연구들에서 찾을 수 있다. 벤저민 키스Benjamin Keys, 탄모이 무커지Tanmoy Mukherjee, 비크란트 비그Vikrant Vig와 함께 진행한 아밋 세루의 첫 번째 연구는 증권화 시장의 독특한 특징에서 착안했다. 주택 저당 증권 풀에 들어가는 모기지 대출을 심사할 때 컷오프 규정이 사용되었는데, 신용 점수가 620점을 넘는 대출자에 대한 모기지 대출의 경우 주택 저당 증권 풀에 들어갈 확률이 훨씬 높았으며 620점 미만인 경우에는 그 확률이 현저히 떨어졌다. 그 결과 신용 점수가 615점인 사람은 신용 점수 625점인 사람과 크게 다르지 않은 사람이나 모기지 대출이 증권화되느냐의 측면에서는 현저하게 다른 사람들이 되었다. 경제학적 용어로 말하자면 신용 점수 620점을 기준으로 증권화되는 확률에 불연속적인 점프discontinuous jump가 일어나는 것이다.[12]

620점에서 증권화에 포함되는 확률이 크게 변하는 것을 이용해서 실제로 대출 기관에서 질이 안 좋은 모기지 대출을 증권화를 통해 팔았는지 검증할 수 있다. 만약에 대출 기관에서 증권화에 포함될 모기지 대출(신용 점수가 620점을 넘는 사람에 대한 대출)과 증권화에 포함되지 않는 모기지 대출(신용 점수가 620점 미만인 사람에 대한 대출)을 똑같은 기준으로 심사했다면, 신용 점수가 620점 근처에 있는 사람들에 대한 모기지 대출의 채무 불이행률은 거의 비슷할 것이다. 만약에 차이가 난다 하더라도 620점 이상에 대한 대출의 채무 불이행률이 620점 미만의 경우에 비해 아주 약간 낮은 정도여야 정상이다.

하지만 연구 결과는 정반대로 나왔다. 620점 약간 아래의 신용 점수를 가진 사람들에 대한 모기지 대출이 620점보다 약간 높은 경우의 모기지 대출보다 채무 불이행률이 훨씬 낮게 나타났다. 이는 증권화가 될 수 없는 모기지 대출보다 증권화 과정에 포함될 수 있는 모기지 대출이 더 위험하다는 증거로 해석할 수 있다. 즉 증권화는 무분별한 대출을 직접적으로 부추긴 셈이다.

왜 신용 점수가 비슷한 사람들에게 승인된 모기지 대출들의 위험도가 서로 다를까? 달리 표현하면, 최초 대출 기관이 어떤 종류의 모기지 대출을 증권화 과정에 포함시켜 실제보다 위험이 과소평가되게 하려고 할까? 저자들은 대출받는 사람들이 급여 명세서나 세금 자료를 통해 소득에 대한 증명을 하지 않는 서류 간소화low-documentation 모기지 대출이 집중적으로 사용되었다는 것을 알게 되었다. 서류 간소화 모기지 대출의 채무 불이행률은 은행이 그대로 해당 모기지를 가지고 있을 때보다 증권화되었을 때 훨씬 더 높아지는 것으로 나타났다. 은행은 증권화 풀에 팔릴 서류 간소화 모기지 대출에 대해서는 대출 심사를 훨씬 덜 까다롭게 했던 것이다. 여기서 내릴 수 있는 결론은 명백하다. 증권화 때문에 은행들이 대출 심사를 하고 감독하려는 동기가 감소했다는 것이다.[13]

토마시 피스코르스키Tomasz Piskorski와 제임스 윗킨James Witkin과 함께한 세루의 두 번째 연구는 민간 부문 증권화가 실제 모기지 대출의 위험도를 얼마나 노골적으로 투자자들에게 낮춰 전달했는지를 보여 주고 있다. 연구에 따르면 민간 부문 증권화 풀에 들어 있는 모기지 대출 10개당 1개꼴로 투자자 소유 주택을 소유자 거주 주택으로 잘못 분류했다. 모기지 대출은 소유자가 직접 거주하고 있을 때 훨씬 안전하다고 여겨진다. 자기 소유의 집에 직접 거주하고 있는 사람들은 집값이 크게 떨어지더라도 해당 주택에 살기 위해 대출금을 계속 갚으려 하기 때문이다. 반면 투자자 소유 주택은 손실이 나면 투자자가 상대적으로 쉽게 파는 경향이 있다. 따라서 소유자 거주 주택이 아닌데도 소유자 거주 주택이라고 광고하고 모기지 대출을 판매하는 것은 사기에 해당한다.[14] 이들 연구에 따르면 증권화 주선 기관은 증권화 풀을 실제보다 안전하게 보이게 만들기 위해 투자자 소유 주택의 비중을 낮춰 허위로 보고했다. 주택 저당 증권을 구입한 투자자들에 대한 체계적인 사기는 여기에 그치지 않는다. 허위 보고의 정도가 가장 컸던 증권화 풀에 부과된 높은 이자율이 투자자들이 감당하는 위험에 대한 적절한 보상이 되지 않았기 때문이다. 위험도가 실제보다 낮게 보고된 모기지 대출 풀의 채무 불이행률은 비슷한 특징의 모기지 대출에 비해 60퍼센트나 높았다. 투자자들은 초안전 자산을 산다고 생각했으나 실제로는 사기를 당한 것이다. 이 연구에서 밝힌 또한 가지 충격적인 결과는 이런 유의 사기가 산업 전체에 광범위하게 퍼져 있었다는 것이다. 저자들의 연구에 따르면 예외가 없을 정도로 거의 모든 증권화 주선 기관이 이런 방식의 사기에 가담한 것으로 나타났다. 이런 일들은 민간 부문 증권화에서 고질적으로 나타나는 문제였다.

이와 같이 증권화와 관련된 심각한 문제들은 모기지 대출이 지속 가능하지 못할 정도의 속도로 증가하는 데 일조했다. 증권화 연결고리에서 발행 기관의 반대쪽에 있는 참여자들, 즉 주택 저당 증권을 보유한 투자자들은 그들이 감당하는 위험에 대해 잘못 고지받거나 잘못 보상받는 식으로 사기를 당한 셈이다. 일련의 책임은 신용평가 회사에도 있다. 뉴욕 연방준비은행의 연구에 따르면 피코 점수˙나 레버리지 비율처럼 단순하면서 관찰 가능한 위험 지표를 이용해서 채무 불이행률에 대한 예측력을 높일 수 있었다. 이는 달리 얘기하면, 신용

• FICO score. 미국에서 가장 널리 쓰이는 신용 점수.

평가 회사들이 민간 부문에서 발행한 주택 저당 증권에 신용 등급을 부여할 때 손쉽게 얻을 수 있는 정보조차 사용하지 않았다는 것이다.[15]

피할 수 없는 파국 —

채무를 이행하지 않을 가능성이 높은 사람들에 대한 대출의 증가는 결국 재앙으로 끝났다. 대출 기관들은 미래 소득이 증가할 가능성이 없어 보이는데도 신용 점수가 낮은 사람들이 사는 지역으로 찾아가 대출을 늘렸고, 투자자들은 주택 저당 증권에 투자함으로써 이런 대출 확장에 일조했으나 정작 본인들이 하고 있는 투자의 위험성을 정확하게 알지 못했다. 또한 증권화 주선 기관들은 이런 사실을 이용해 수익을 올렸다. 사기에 해당하는 관행이 민간 부문 증권화 전반에 널리 퍼졌으며 신용평가 회사는 이 상황을 제대로 인식하지 못하거나 또는 상황을 너무 낙관적으로 보고 있었다. 2012년까지 증권화 주선 기관에 대한 투자자 소송이 쌓이고 있었다.[16]

증권 판매를 통한 수익 올리기에 혈안이 된 나머지, 대출 기관들은 한계 대출자에 대한 대출을 늘리다 보니 대출을 해주자마자 채무 불이행 사태가 날 정도로 신용 상태가 안 좋은 사람들에게까지 대출을 해주었다. 채무 불이행이 늘어나자 연결고리가 드러났고 레버드 로스의 효과가 나타나기 시작했다. 율리야 뎀야닉Yuliya Demyanyk과 오토 반 헤메르트Otto Van Hemert의 연구는 이 순환 과정에 대해 설명하고 있다. 이들에 따르면 〈2007년에 시작된 모기지 대출 위기의 특징 중 하나는 2006년과 2007년에 대출된 비우량 모기지 대출 중 대다수가 불과 몇 달 뒤에 대출 상환을 못하거나 압류되었다는 점에 있다〉. 또한 〈평균 담보 대출 비율이 증가하고, 서류 간소화 대출이 늘어나며, 비우량과 우량 대출 금리 차이가 감소〉했던 것에서 볼 수 있듯이 〈대출 건전성의 악화〉가 두드러졌다. 2006년과 2007년 사이 모기지 대출의 채무 불이행률을 면밀하게 검토한 뒤, 이들은 〈비우량 모기지 대출이 빠르게 증가했다가 사라진 현상은 전형적인 대출 붐-버스트 시나리오를 연상시킨다〉고 결론지었다.[17]

대침체기 동안 채무 불이행률이 올라가면서 미국 경제는 일찍이 경험하지 못했던 상황을 경험했다. 1979년 이래 모기지 대출에 대한 채무 불이행률은 6.5퍼센트를 넘어선 적이 없었다. 그러나 2009년에 이르자 이 수치는 급등해 10퍼센트를 상회했다. 1979년 이전 채무 불이행에 관한 데이터를 구하지는 못했지만, 우리가 알기로 1940년부터 1979년 사이에 심각한 가계 부채 위기는 없었다. 우리는 대침체 시기에 대공황 이래 가장 높은 가계 부채 불이행률을 경험했음을 거의 확신을 가지고 말할 수 있다. 우리가 앞 장에서 논의한 디트로이트 서쪽 지역의 경우 2009년에 주택 담보 대출의 채무 불이행률은 거의 30퍼센트에 이르렀다. 또한 다섯 채당 한 채꼴로 압류를 당했다. 2006년부터 2009년 사이 집값은 50퍼센트가 떨어졌으며 2012년 저점 수준에서 더 오를 기미가 보이지 않고 있다. 이 지역은 부실 가계 대출로 인한 위기로 파탄 지경에 이른 것이다.

그렇다면 대출 시장이 호황일 때 초안전 자산이라 여겨졌던 주택 저당 증권의 수익은 어떠했을까? 2007년에 발행된 액면 가치 100달러짜리 AAA등급 주택 저당 증권은 2012년 현재 겨우 50불의 가격

에 거래되고 있다. 투자자들도 안전하다고 믿고 투자한 자산에서 엄청난 손실을 입었다.[18]

* * *

증권화를 통해 위험도가 잘못 알려지고 투자자들이 속아서 투자한 것에 대해 보다 근본적인 질문이 있다. 증권화와 관련된 채권과 대출들이 초안전 자산이 아니라는 것을 알았더라도 이런 일들이 발생했을까? 만약에 투자 손실이 발생할 가능성을 인식했다면 투자자들은 좀 더 분별있게 투자를 했을까? 답하기 쉽지 않은 질문이다. 물론 2000년대 초 엔론의 경우처럼 주식 시장에서도 사기가 발생한다. 하지만 채권, 대출 등과 같이 빚으로 인한 거품이 거의 언제나 더 규모가 크며 경제 전체에 더 큰 위협을 가한다. 역사를 살펴봐도 빚에 의한 자산 거품이 꺼질 때 경제 전체가 주저앉은 사례는 많았다. 다음 장에서 우리는 빚의 본질이 도대체 무엇이고, 빚에 과도하게 의존하는 경우 왜 언제 어디서나 해로운 결과가 나타나게 되는지 그 이유를 깊이 살펴볼 것이다.

House of Debt 8

빚과 거품

찰스 킨들버거Charles P. Kindleberger는 경제학계의 거인이었다. 1948년에 MIT 경제학과 교수가 되었을 때는 갓 경제학 박사 학위를 취득한 직후가 아니라 이미 여러 주요 경제 정책들을 입안하고 실행하는 데 깊이 관여하는 등 정책 관련 실무 경험을 충분히 쌓은 뒤였다. 미 육군 소령이었으며 연방준비제도 경제학자로 일하기도 했던 그는 제2차 세계 대전 직후 국무부에서 일하며 마셜 플랜˙ 입안에 주도적인 역할을 하기도 했다. MIT에 부임했을 때 그는 이미 서유럽 경제에 심대한 영향을 미친 인물이었다.[1] 상아탑 밖에서 실무 경험을 쌓았던 탓인지 킨들버거의 연구 방식은 동시대를 살았던 다른 경제학자들과 비교해 봤을 때 조금 특이한 측면이 있었다. 그는 이론을 먼저 세우기보다는 자연과학자들처럼 경제 현상을 들여다보았다. 킨들버거의 동료 교수이자 노벨 경제학상 수상자인 로버트 솔로

˙ 종전 후 유럽 경제 부흥을 위해 시행된 대규모 원조 계획.

Robert Solow는 킨들버거를 비글호에 승선한 다윈에 비교했다. 〈다윈이 흥미로운 종들을 모으고, 검토하고, 분류한 것처럼 경제사학자로서 킨들버거의 접근 방식은 체계적인 연구 의제를 가지고 연구하는 것이 아니라 흥미로운 현상들을 찾아내고 그로부터 어떤 체계나 교훈을 발견하는 것이었다.〉 킨들버거는 거품 현상에 대해서도 광범위하게 자료를 수집해서 연구했는데 그 정점이 바로 경제학사 분야에서 영향력이 가장 큰 책이라 할 수 있는 『광기, 패닉, 붕괴: 금융 위기의 역사Manias, Panics, and Crashes: A History of Financial Crises』다. 17세기 네덜란드의 튤립 광풍에서 시작해서 일본의 〈잃어버린 10년〉 전에 있었던 상업 부동산 광풍, 롱텀캐피탈매니지먼트 사의 붕괴로 촉발된 1998년의 금융 위기까지 광범위한 거품의 역사를 담고 있는 이 책은 이제껏 쓰인 책 중 거품과 금융 위기에 대해 가장 광범위하고 체계적으로 저술한 역작이라 할 수 있다.

거품이 일어나는 이유 ──

하나의 이론을 정립해 세운 것은 아니었지만, 킨들버거는 역사적 데이터를 철저히 검토한 끝에 강력한 결론들을 몇 가지 도출해 냈다. 먼저 킨들버거는 자산 가격의 거품은 거의 언제나 신용 공급의 확장으로부터 시작된다는 사실을 알아냈다. 즉 대출 기관이 소득이 증가할 이유가 별로 없는 사람들에게까지 대출을 해주면서 자산 가격에 거품이 생긴다는 것이다. 신용 공급의 증가는 모기지 대출의 맥락에서 어떤 의미를 가지는 것일까? 어느 무주택자가 집을 사기 위해 모기지 대출을 받으러 은행에 간 상황을 생각해 보자. 은행에서 대출 심사를 하는 사람이라면 이 사람의 소득부터 묻는 것이 가장 일반적이다. 이 무주택자의 소득으로는 대출액을 감당하기가 버겁다는 판단이 들면, 은행은 대출 규모를 줄이려 할 것이다. 많은 경우 은행이 제시한 대출액으로는 마음에 둔 집을 사기에 턱없이 부족한 경우가 많다. 이 상황에서 은행이 대출받으려는 사람의 소득 수준과 전혀 관계없이 갑자기 대출 규모도 늘려 주고 대출 이자율도 낮춰 준다고 해보자. 즉 동일한 소득 수준에서 신용 공급을 확대하는 것이다. 갑작스런 신용 공급의 확대는 잠재적 주택 구매자의 주택 수요에 영향을 미칠 것이다. 어떤 경우는 원래 사려던 집보다 더 큰 집을 사려고 할 수도 있다. 만약에 좀 더 많은 사람들에게 이런 식으로 신용 공급이 이루어진다면 주택 수요가 확대되고 집값은 올라가게 된다. 대출받는 사람들의 신용도는 그대로이지만 은행들이 신용 공급을 늘리게 되면, 이는 집값 상승으로 이어진다.

킨들버거는 이렇게 신용이 확대되면서 자산 가격이 올라가는 많은 사례들을 살펴본 뒤 〈자산 가격의 거품은 신용의 증가에 달려 있다〉는 일종의 공리를 주장하기까지 한다. 이 주장을 뒷받침하기 위해 킨들버거는 무수한 사례를 제시했다. 17세기 네덜란드의 튤립 광풍은 오늘날 판매자 금융vendor financing과 비슷한 형태의 판매자와 구매자 사이 채무 계약의 형태에서 촉발되었다. 18세기 영국의 운하 관련 주식의 광풍도 새로 설립된 지방 은행들이 운하 개발자에게 대출을 늘렸기 때문에 일어났다. 디트로이트 서쪽 지역에서 일어났던 일도 마찬가지다. 집을 살 능력이 없는 사람들에게 모기지 대출의 형태로 신용 공급이 확대되면서 해당 지역의 집값들이 크게 뛴 것이다. 디트로이트 서쪽 지역의 경우 거품이 꺼지기 전 10년 동안 집값이 80퍼센트나 올랐다. 그리고 거품이 꺼지자 집값은 60퍼센트나 하락했다.

거품이란 무엇인가? ──

주식이나 집 같은 자산의 가격은 어떻게 정해질까? 표준적인 자산 가격 결정 이론에 따르면 자산 가격은 그 자산을 보유함으로써 기대할 수 있는 보수의 합으로 결정되어야 한다. 예를 들어 주식의 가격은 주식을 계속 보유하고 있을 때 받을 배당금 합계의 기댓값과 같아야 한다. 물론 여기서 기댓값은 시간과 위험에 따라 조정된 값이다. 집의 경우라면 월세를 가지고 계산해 볼 수 있다. 즉 집값은 다달이 받을 월세를 시간과 위험을 고려해서 할인한 뒤 합한 것과 같아야 한다.

거품은 과연 존재할까? 2002~2006년 주택 시장 붐, 1997~2000년 인터넷 주식 붐처럼 자산 가격이 매우 빠르게 올랐던 사례들이 있었다. 이들 사례들은 모두 엄청난 파국으로 끝났기 때문에 거품이라 부를 수도 있을 듯하다. 하지만 당시 높은 가격들이 경제의 펀더멘털에 의해 설명이 되며 미래에 대해 낙관적인 전망에 근거하고 있었다면 어떨까? 어떻게 하면 거품이 존재한다는 것을 한 점 의구심도 남기지 않고 증명할 수 있을까?

2002년 노벨경제학상 수상자인 버논 스미스Vernon Smith는 1988년에 게리 슈하넥Gerry Suchanek, 알링턴 윌리엄스Arlington Williams와 공동 연구를 통해 거품의 존재에 대해 독창적이며 향후 연구에 큰 영향을 미친 논문을 발표했다.[3] 이들의 연구는 실험 참가자들에게 현금과 가상의 주식을 나눠 주고 서로 교환할 수 있는 실험을 통해 거품이 발생할 수 있는지 살펴보았다. 15번의 거래 기간이 주어져 있고 거래 기간이 끝날 때마다 보유 주식 1개당 동일한 확률로 0, 8, 28, 60센트의 배당금을 받을 수 있는 상황이다. 즉 주식을 하나 가지고 있다면 거래 기간이 끝날 때 기대 수익은 24센트이다. 표준적인 자산 가격 결정 이론에 따르면 이러한 사례에서 주식 가격의 정확한 가치는 쉽게 계산할 수 있다. 주식 가격은 보유하고 있는 시점에서 기대할 수 있는 배당금 흐름의 기댓값과 같아야 한다. 따라서 첫 번째 거래 기간일 때 주식의 가격은 24센트×15, 즉 3.60달러가 되어야 하고 거래 기간이 한 번씩 경과할 때마다 24센트씩 가격이 떨어져야 한다. 스미스와 공동 연구자들은 실험 참가자들로 하여금 거래하는 주식의 성격이 어떤지, 기대 수익의 계산을 어떻게 하는지 모두 주지시킨 다음 실험을 수행했다.

이 실험은 현실 세계를 흉내 내되 훨씬 단순화시킨 것이었다. 거래가 복잡한 것도 아니었고 어떤 불확실성이 개입된 상황도 아니었다. 배당금 지급이 중단될 위험이 있는 것도 아니었으며 주식 보유로 얻을 수 있는 최고 수익은 얼마인지, 기댓값은 얼마인지 쉽게 계산할 수 있었다. 또한 보유 주식을 잘못 관리할 가능성도 거의 없었고, 정치적 불확실성도 없었다. 어떤 자산의 가격과 해당 자산의 보유에 따른 현금 흐름의 기댓값이 일치하는 시장이 바로 이 실험이 묘사하는 시장인 것이다. 그러나 연구자들은 놀랄 만한 결과를 얻어 냈다. 그리고 이 결과는 이후 다른 연구자들의 다양한 연구에서도 똑같이 나타났다. 스미스의 실험 결과 주식 가격의 변동성이 엄청나게 크게 나타났는데 심지어 이론에서 예측하는 가격의 두 배에서 세 배까지 벗어나는 경우도 있었다. 22번의 실험 중에서 〈배당금 흐름으로 설명할 수 없는 주식 시장의 거품〉이 14번이나 발생했다.

이 결과는 2013년 노벨경제학상 수상자인 로버트 실러Robert Shiller가 1981년 미국 주식 시장을 설명하면서 〈과다 변동성excess volatility〉이라는 현상을 그 특징으로 든 것과 공교롭게도 유사하다.[4] 실러는 행동 경제학 분야의 장을 연 본인의 논문에서 주식 가격이 배당금의 변화만으로는 설명할 수 없을 정도로 변동성이 크다는 것을 보였다. 이 현상은 1997년 제프리 폰티프Jeffrey Pontiff가 〈폐쇄형〉 뮤추얼 펀드 연구를 통해 명료하게 다시 보였다.[5] 폐쇄형 펀드는 〈개방형〉 펀드와 마찬가지로 주식과 채권을 보유하고 있는데 양자의 가장 큰 차이는 폐쇄형 펀드의 경우 기초 자산과 독립적으로 따로 거래되기 때문에 가격이 다를 수 있다는 것이다. 이론적으로 폐쇄형 펀드의 가격은 이 펀드가 보유하고 있는 증권, 즉 기초 자산의 총가치에 의해 결정되어야 한다. 하지만 폰티프의 연구에 따르면 폐쇄형 펀드의 가격은 기초 자산의 총가치에서 자주 벗어났으며 기초 자산보다 변동성이 훨씬 크게 나타났다.

위에서 살펴본 연구 결과들에 따르면, 거품은 분명히 존재하며, 자산 가격은 거품으로 인해 펀더멘털에 기반을 둔 장기적인 실제 가치로부터 크게 벗어날 수 있다. 여기서 우리는 보다 구체적인 질문을 던질 수 있다. 빚과 거품 사이에는 어떤 연결고리가 있는가? 킨들버거가 광범위한 자료를 이용한 연구를 통해 보였듯이 왜 현실에서 일어나는 많은 거품들은 부채의 증가에 의해 일어났는가? 한 자산의 가격은 그 자산으로부터 얻을 수 있는 기대 수익의 합과 같다는 생각은 매우 직관적이며 명료하다. 이 관계에 빚의 개념이 들어 있지는 않다. 하지만 킨들버거가 보였던 사례에서 볼 수 있듯이 사람들이 돈을 빌려서 주식이나 집 같은 자산을 사는 경우 이들 자산의 가격이 더 오를 이유가 있는가? 자산의 가격은 보유하는 자산으로부터 얻을 수 있는 수익에만 의존하고, 자산을 사기 위해 자금을 어떻게 조달했는지는 문제되지 않는다. 거품이 있기 전 빚이 증가했다는 킨들버거의 통찰은 표준적인 자산 가격 결정 이론과 양립하기 쉬워 보이지 않는다.

자산 가격의 결정에 빚이 어떤 역할을 하는지 살펴보기 위해서는 표준적인 자산 가격 결정 이론과는 다른 이론을 써야 한다. 우리는 자산의 가격이 해당 자산의 가치로부터 종종 벗어나는 상황, 즉 거품이 존재하는 환경을 고려해야 한다. 아마도 이런 환경에서는 빚이 어떤 역할을 할지 모른다. 결국 우리는 다시 버논 스미스가 수행한 연구의 도움을 받기로 했다. 스미스는 참여자들이 돈을 빌려서 주식을 살 수 있도록 실험의 규칙을 바꿔 보았다. 표준적인 이론에 따르면 자기 돈으로 사든 남의 돈을 빌려서 사든 자산의 가격은 동일해야 한다. 그러나 스미스와 공동 연구자인 데이비드 포터David Porter의 연구에 따르면, 빚을 내서 자산을 살 수 있게 하자 거품이 더 크게 나타났다.[6]

왜 빚이 거품을 더 크게 키우는가? ──

사람들은 돈을 벌기 위해 자산을 사고판다. 만약에 거품이 곧 터질 것이라는 것을 안다면 잠재적 구매자는 자산을 사지 않을 것이다. 또한 그 자산을 사는 사람이 없다면 거품도 존재하지 않을 것이다. 논리적으로 생각하면 거품은 사람들이 〈낙관적〉(〈비이성적 과열irrational exuberance〉을 순화한 표현)이거나 또는 자산 가격이 향후 더 올라도 이 자산을 사줄 〈더 멍청한 바보greater fool〉가 있을 것이라고 믿는 경우에 존재한다.[7]

이제 우리는 어떻게 빚이 거품을 더 크게 키우는지에 대한 이론을 정립해 볼 수 있다. 존 지나코플로스는 빚이 자산 가격이 계속 오를 것이라 확신하는 사람들 또는 낙관주의자들의 자산 구입 능력을 어떻게 향상시키는지 연구했다. 빚을 통해 낙관주의자들의 구매력이 증가한다는 것은 자산 가격이 더 오른 뒤에도 이 자산을 사줄 더 멍청한 바보들이 있을 확률이 증가한다는 것을 의미한다.[8]

판매를 위한 동일한 집이 100채 있는 세계가 있다고 해보자. 이곳에는 낙관주의자, 비관주의자 두 종류의 사람들이 있다. 비관주의자들은 이 집의 가치가 10만 달러라 믿는다. 반면 낙관주의자들은 이 집의 가치를 25퍼센트 높이 쳐 줘서 12만 5천 달러라 믿는다. 낙관주의자들은 집값이 12만 5천 달러이거나 그 미만이면 집을 살 의향이 있을 것이다. 친구 또는 가족들과 집값에 대해 얘기를 나눠 본 사람들이라면 이와 같이 단순한 모형에서 자산 가격에 대해 〈상이한 기대〉를 가정하는 것이 꽤나 현실적인 가정이라는 데 이의가 없을 것이다.

그렇다면 이 가상의 세계에서 집값은 얼마로 결정될까? 집값은 낙관주의자와 비관주의자의 수에 달려 있다. 만약에 100채의 집을 모두 살 수 있을 만큼 낙관주의자들이 많다면 집값은 12만 5천 달러가 될 것이다. 반면 낙관주의자의 수가 충분히 많지 않아서 비관주의자들도 집을 사게 된다면 집값은 모두 10만 달러가 될 것이다. 10만 달러가 되는 이유는 경쟁 때문에 동일한 집은 모두 같은 가격으로 팔려야 하기 때문이다. 결과적으로 집값은 시장이 청산되는 최저 가격, 즉 최소한 100명의 구매자가 있게 만드는 가격과 동일하다.

이 세계에 빚이 없다고 먼저 가정해 보자. 즉 집을 사기 위해서는 수중의 현금만 써야 한다. 여기에 더해 낙관주의자들이 가지고 있는 부의 총액이 250만 달러라고 가정하자. 이는 낙관주의자들이 12만 5천 달러에 집을 산다면 20채의 집을 살 수 있는 돈이다. 낙관주의자들이 100채의 집을 모두 살 수 없으므로 집값은 비관주의자들도 집을 살 수 있는 10만 달러로 떨어질 것이다. 즉 빚이 허용되지 않는다면 집값은 10만 달러이며 낙관주의자들이 25채, 비관주의자들이 나머지 75채를 구입하게 된다.

빚을 내서 집을 살 수 있게 된다면 집값은 어떻게 될까? 이제 낙관주의자들은 집값의 80퍼센트까지 돈을 빌려서 집을 살 수 있다고 가정해 보자. 즉 집값의 20퍼센트에 해당하는 현금을 가지고 있으면 대출을 받아 집을 살 수 있다. 돈을 빌릴 수 있게 되면 낙관주의자들의 구매력은 크게 증가한다. 낙관주의자들은 자신들이 보유하고 있는 1달러당 4달러를 빌릴 수 있으므로 250만 달러의 부로 1,250만 달러어치의 집을 살 수 있게 된다. 사실상 빚을 통해 집 100채 모두를 살 수 있는 것이다. 빚지는 것을 허용하면 집값은 낙관주의자들이 지불하고자 하는 액수에 의해 결정된다. 빚을 허용하면 집값은 바로 12만 5천 달러로 뛰게 된다.[9]

빚이 허용되는 세계에서는 낙관주의자들이 모든 집을 구입한다. 집값의 20퍼센트에 해당하는 2만 5천 달러의 현금과 10만 달러의 빚을 가지고 집을 사는 것이다. 그렇다면 누가 이들에게 돈을 빌려 줄 의향이 있을까? 만약에 돈을 빌려 줬다가 손실이 난다면 어느 누구도 땀 흘려 번 돈을 빌려 줄 의향이 없을 것이다. 이 세계에는 낙관주의자, 비관주의자 두 종류의 사람들만 있으므로 비관주의자들이 낙관주의자들에게 돈을 빌려 줄 용의가 있어야만 한다.

과연 비관주의자들에게 돈을 빌려 줄 의향이 있을까? 비관주의자들은 집의 가치가 10만 달러라 생각하기 때문에 낙관주의자들은 집의 가치에 비해 높은 집값을 지불한다고 생각할 것이다. 그러나 비관주의자들은 12만 5천 달러의 집값을 지불할 낙관주의자들에게 10만 달러의 돈을 빌려 줄 의사가 충분하다. 왜 그럴까? 비관주의자들은 집을 담보로 가지고 있기 때문이다. 비관주의자들의 판단에 따르면, 만약 거품이 꺼진다면 지나치게 낙관적이었던 낙관주의자들은 원금 손실을 입을 것이고 집값은 비관주의자들이 생각하는 10만 달러로 돌아올 것이다. 낙관주의자들은 손실을 입더라도 비관주의자들은 손실을 입지 않는다. 10만 달러의 돈을 빌려 줬지만 집의 가치도 10만 달러이기 때문이다.

간단한 예를 통해 봤듯이, 빚은 낙관주의자들이 시장 가격에 미치는 영향을 증대시킴으로써 자산 가격의 상승을 용이하게 해준다. 비관주의자들은 낙관주의자들의 가치 판단을 믿지 않았지만, 역설적이게도 이런 상황이 일어나는 것은 비관주의자들이 돈을 빌려 주기 때문이다. 비관주의자들의 도움이 없었다면 낙관주의자들에 의해 집값이 25퍼센트 올라가는 일은 가능하지 않았을 것이다. 여기서 거품이 꺼진 다음 책임을 누구에게 묻느냐에 대한 중요한 교훈을 얻을 수 있다. 우리는 무리한 대출을 받아서 집을 산 〈무책임한 주택 소유자들〉이 비난받는 것이 마땅하다고 생각한다. 하지만 은행의 공격적인 대출 없이는 사람들이 무리하게 빚을 내서 집을 살 수 없었다.

위의 예에서 빚을 허용하자 집값이 오르는 것을 볼 수 있었다. 이 현상을 거품이라 부를 수 있을까? 이는 낙관주의자와 비관주의자 중 누구의 판단이 맞는지에 달려 있다. 낙관주의자들의 판단이 맞다면 집값은 높은 수준에서 계속 유지될 것이고 거품이 꺼지는 일도 없고 위기도 없을 것이다. 반면 비관주의자들의 판단이 맞다면 집값 상승은 일시적인 현상이고 언젠가 거품이 터질 것이다.

빚은 거품을 일으키는 역할을 할 뿐만 아니라 사람들의 기대에 영향을 주기 때문에 일시적이나마 거품을 유지시키는 역할도 한다. 돈을 빌리기 쉬워지면 더 많은 낙관주의자들이 오늘뿐 아니라 미래에도 시장에 진입하게 된다. 이럴 경우 향후 더 올라간 가격에도 불구하고 자산을 사줄 더 멍청한 바보가 있을 것이라는 믿음은 더 강해진다. 이렇게 빚의 파티는 점점 커진다. 거품이 점점 더 커질 것이라는 기대는 낙관주의자들뿐만 아니라 투기자들까지 시장으로 끌어들인다. 우리가 주택 시장 붐을 설명할 때 대출의 중요성을 강조하긴 했지만 야수적 충동 같은 요소도 들어가 있었다. 위의 예에서 나온 낙관주의자들은 집값이 계속 오를 것이라 믿기 때문에 더 높은 가격을 지불할 의사가 있는 비합리적인 주택 구매자로 볼 수 있다. 이런 점에서 볼 때 부채 중심 시각과 야수적 충동에 기반을 둔 시각이 상호 배타적인 것만은 아니다.

하지만 큰 차이는 빚이 하는 역할에 있다. 부채 중심 시각에 따르면 비합리적인 낙관주의자들이 계속해서 빚을 낼 수 없게 된다면 거품은 통제 불능의 상태로 빠지지 않는다. 반면 거품이 커지는 상황에서 비합리적인 낙관주의자들이 계속 돈을 빌릴 수 있다고 믿는다면 합리적인 투기자들까지 시장에 들어오게 된다. 즉 빚은 거품의 생성뿐만 아니라 팽창에도 중요한 역할을 한다. 이렇게 빚이 하는 역할을 잘 이해하는 것이 중요하다. 왜냐하면 일부에서는 대침체 시기 전 미국의 주택 시장 거품은 대출과 관련이 거의 없었다고 주장하기 때문이다.[10]

빚이 점점 커지는 이유? ──

위의 예에서 알 수 있듯이 돈을 빌려 주는 사람은 대출 상환이 안전하게 이루어질 것이라고 확신할 때만 돈을 빌려 줄 의향이 있다. 만약에 집값이 떨어지는 상황이 오더라도 집을 담보로 확보하고 있으면 손실이 없을 것이라 확신하고 있는 것이다. 담보는 돈을 빌려 주는 사람에게 거품이 터져도 손실은 없을 것이라는 일종의 안도감을 주기 때문에 돈을 빌려 주게 되고 이 자금이 부분적으로나마 거품을 이끄는 측면도 있다.

하지만 이런 생각이 틀렸다면 어떻게 될까? 실제로 담보를 확보하고 있어도 손실을 입을 위험이 있다면 어떨까? 여기에 대한 답은 니콜라 제나이올리Nicola Gennaioli, 안드레이 슐라이퍼, 로버트 비시니가 〈간과된 위험neglected risk〉이라 부른 현상과 관련이 깊다.[11] 이들에 따르면 일어날 가능성이 매우 낮은 사건이 갑작스럽게 발생할 수 있는데, 이는 투자자들이 이러한 사건이 일어날 수도 있다는 위험성을 간과하기 때문이라는 것이다. 주택 시장 파국의 맥락에서 간과된 위험을 설명하자면, 많은 투자자들은 집값이 10퍼센트 이상 떨어질 위험을 간과했다. 금융 위기 동안 머니 마켓 펀드money market funds에 투자한 사람들도 손실이 나서 원금을 회수하지 못하는 펀드가 있을 것이라고는 생각도 못했다.

이렇게 위험을 과소평가하면 투자자들은 오판하게 되고 적절한 경제적 의사결정을 하지 못하게 된다. 제나이올리, 슐라이퍼, 비시니 세 학자는 금융 부문이 어떻게 이런 간과된 위험을 증폭시키고 대규모의 금융 위기를 낳는지 보였는데 이들이 제시한 중요한 통찰은 은행들이 간과된 위험에만 취약한 증권들을 만들어 낸다는 것이다. 즉 간과된 위험이 발생할 때만 손실이 커지는 증권을 투자자에게 판매한다는 것이다. 예를 들어, 투자자들이 전국의 집값이 10퍼센트 하락할 가능성이 전혀 없다고 생각하고 있다면 은행들은 집값이 10퍼센트 미만으로 하락할 때는 손실이 나지 않는 증권을 만든다. 투자자에게 이런 증권은 안전 자산으로 간주되므로 많은 인기를 끌며 시장에 많이 공급될 것이다. 이렇게 일견 안전해 보이는 증권을 통해 유동성이 공급되면 낙관주의자들은 점점 비싸지는 집을 구매하게 되고 자산 가격 거품이 점점 커진다. 이런 상황에서 집값이 10퍼센트 이상 하락하는 일이 발생한다면 수반되는 금융 손실은 재앙에 가깝게 된다.

그렇다면 어떤 종류의 증권이 위험을 간과하거나 과소평가하는 투자자들에게 판매하기 좋을까? 바로 빚이다. 부채의 형태를 가지는 증권은 독특한 특징이 있는데 투자자로 하여금 미래에 손실을 입을 가능성이 매우 적다고 생각하게 만든다. 돈을 빌려 주거나 채권을 사는 투자자는 자신이 투자하는 자산의 기초 자산이 어떻게 구성되고 움직이는지에 관계없이 투자 자산이 안전하다고 믿는다. 금융 시장도 자산 가격의 거품이 일어나고 있는 와중에도 투자자에게 〈초안전〉 채권을 가지고 있다고 믿게 만든다. 이런 점은 킨들버거가 찾은 또 하나의 역사적 패턴을 이해하게 한다. 그것은 바로 자산 가격의 거품은 매우 안전해 보이는 빚에 의해 종종 발생한다는 것이다. 킨들버거가 말했듯이, 〈많은 경우 전통적으로 화폐의 역할을 해온 자산에 대한 대체재가 나타나면서 신용의 팽창이 발생한다〉.[12] 즉 채권자들은 새로운 채무성 상품debt instruments이 귀금속과 바꿀 수 있는 태환 화폐나 정부가 보증하는 화폐와 똑같이 안전하다고 믿는 것이다.

간과된 위험의 프레임워크를 통해서 배울 교훈이 또 있다. 채무성 상품은 투자자로 하여금 발생할 수 있는 결과들 중에 아주 작은 부분에만 초점을 맞추게 만든다. 그 결과 투자자들은 관련 정보들을 무시하고 지나갈 수 있는데 심지어 사기가 일어나는 것을 알면서도 아무런 조치를 취하지 않을 수 있다. 예를 들어 한 투자자가 어떤 기업에 대출을 해줬다고 가정해 보자. 만약에 관리자가 공금을 횡령한다 해도 본인의 투자에 손실이 나지 않을 것이라고 믿는다면 아무런 조치를 취하지 않을 수 있다. 반면 대출이 아니라 주식을 통해 투자했다고 해보자. 이 경우 투자자는 회사의 주주가 되면 기업의 이윤을 공유하는 사람이 된다. 따라서 이 경우는 공금 횡령 같은 사건을 미연에 방지하거나 처벌할 강한 동기를 갖는다. 그러나 대출의 경우 회사 자산에 대한 우선 청구권을 가져서 손실이 나지 않을 수 있기 때문에 이런 일에 별로 관심을 두지 않게 된다.

간과된 위험을 고려한다면, 어느 정도의 의구심을 가지고 금융 혁신을 바라볼 필요가 있다. 투자자들이 발생 가능한 어떤 사건들을 체계적으로 무시하고 있다면, 금융 혁신은 은행들로 하여금 실제로는 위험에 민감하지만 안전해 보이는 증권을 투자자들에게 쉽게 팔아넘기는 수단이 될 수도 있다.

* * *

참으로 비극적이고 아이러니한 사실은 킨들버거는 주택 담보 대출 붐이 막 일어나던 2003년에 92세의 나이로 타계했다는 것이다. 킨들버거는 타계 1년 전 「월스트리트 저널」과 인터뷰를 했다. 킨들버거가 가장 걱정하고 있었던 것은 무엇이었을까? 바로 주택 시장이었다. 기사는 이렇게 전한다. 〈최근 킨들버거가 큰 관심을 가지고 유심히 들여다보고 있는 것은 부동산 시장이다. 지난 몇 주 동안 킨들버거는 주택 시장, 특히 태평양 연안 지역의 주택 시장에서 거품의 조짐이 있다는 신문 기사들을 스크랩해 오고 있었다.〉 킨들버거는 확신하지는 못했지만 주택 시장 거품이 일어나고 있을지 모른다고 짐작했다. 하지만 킨들버거는 명백한 거품의 조짐을 보고 있었다. 「은행들이 모기지 대출을 너무 너무, 정말로 너무 너무 많이 하려고 하는 것 같습니다.」 그리고 덧붙여 이렇게 말했다. 「제 생각에 이러한 현상은 위험해 보입니다.」[13]

House of Debt

3부

악순환의 고리 끊기

은행을 구할 것인가,
경제를 구할 것인가?

　　2000년대 스페인 주택 시장은 미국 주택 시장 경험의 결
정판이라 할 수 있었다. 스페인의 경우 2000년대 초반 가계 소득 대
비 부채가 2배가 되면서 집값은 150퍼센트로 껑충 뛰었다. 뒤이어 집
값이 폭락하자 많은 가계의 순자산이 허공으로 날아갔으며 미국보
다 더 심각한 레버드 로스의 악순환이 작동했다. 스페인 경제는 무너
졌으며 2012년 현재 실업률은 25퍼센트에 이른다. 스페인 가계는 미
국 가계보다 더 심각한 상황에 있었다. 미국의 경우처럼 집값 폭락으
로 깡통 주택이 된 경우 많은 가계들의 집이 압류를 당했다. 그러나
1909년에 제정된 스페인 법에 따라 대다수 스페인 주택 소유자들에
게는 집을 압류당해 포기하게 되더라도 여전히 모기지 대출을 갚아야
할 의무가 남아 있었다. 즉 모기지 대출 상환을 못해서 집에서 쫓겨나
는 상황에서도 파산 신청을 통해 대출 상환 의무에서 벗어나지 못하
고 원금 전액을 갚아야 했다.[1] 게다가 이로 인해 누적된 벌금과 부채
는 평생 동안 유효하다. 이에 더해 파산에 대한 기록이 남아서 아파트

에 세 들어 살거나 심지어 휴대전화 계약도 하기 힘들게 된다.[2]

이런 내용의 관련법들로 인해 모기지 상환 부담을 진 가계들은 살고 있던 집에서 쫓겨난 후에도 더 힘든 생활을 할 수밖에 없다. 「뉴욕 타임스」지 기자 수전 데일리는 2010년 모기지 상환을 체납하고 퇴거 집행을 기다리고 있는 마놀로 마반에 대한 기사를 실었다. 마놀로 마반은 집에서 쫓겨나면서도 어떤 법적, 경제적 구제 조치도 받지 못했다. 「나는 평생 은행 돈을 갚기 위해 일할 것 같습니다.」 마반은 눈물을 글썽이며 덧붙였다. 「돈을 버는 족족 은행이 가져가기 때문에 살면서 어떤 것도 소유하지 못할 것 같습니다. 자동차는 말할 것도 없고요.」[3] 채무자의 사정을 고려하지 않고 막무가내로 무자비하게 집행되는 스페인의 모기지 관련법은 사회적 불안을 낳았고 많은 사람들이 이에 대해 비판을 했다. 심지어 열쇠공과 경찰관 들이 은행의 요청으로 입주자를 퇴거시키는 일을 거부하기 시작했다.[4] 2013년 카탈루냐 지역의 소방관들도 〈우리는 인명을 구조하지 은행을 구조하지 않는다〉는 팻말을 들면서 더 이상 퇴거 집행을 돕지 않겠다고 선언했다.

비단 스페인 사람들뿐만 아니라 스페인 국외에서도 스페인의 모기지법이 가지고 있는 문제점들을 인식했다. 2013년 유럽연합 사법재판소는 스페인 모기지법이 판사들의 법 조항 해석에 대한 재량권을 심각하게 제한하고 있다고 지적하며 모기지법 조항의 공정성을 법원에서 다루게 함으로써 모기지 채무자들이 압류를 당하는 일을 줄이도록 하라는 판결을 내렸다.[5] 빚을 진 주택 소유자들을 옹호할 것이라고 생각되는 좌 편향 언론과는 거리가 먼 「월 스트리트 저널」 편집진도 퇴거 조치된 채무자들이 영원히 빚의 구렁텅이에서 고통받는 것을 막기 위해 모기지법을 개정할 것을 촉구했다.[6] 스페인 의회 내 다수의 야당들도 모기지 계약 관련 법안들의 개혁을 시도했다. 하지만 아무런 개선도 없었다. 우리가 이 글을 쓰고 있는 현재까지 스페인의 잔인한 모기지법 조항은 그대로이며, 스페인은 미국의 대침체와 비견될 만큼 심각한 불황을 겪고 있다.

그렇다면 어떤 이유로 모기지 채무를 진 주택 소유자를 돕기 위한 조치들이 취해지지 않았을까? 스페인 입법자들이 내린 결정은 명백했다. 모기지 채무를 탕감해 주는 어떤 조치도 스페인 은행들에 도움이 되지 않으며, 은행 부문은 최대한 보호되어야 한다는 것이다. 예를 들어, 집을 포기함으로써 모기지 채무로부터 벗어나는 것이 법적으로 용이했다면, 다수의 스페인 사람들은 대출금 상환을 멈추고 집을 포기했을 것이다. 이렇게 되면 은행 입장에서는 이자 수입과 대출 상환금이 들어오는 대신 가치가 떨어진 집들을 소유하게 되며, 경제 전체로 볼 때 더 큰 손실로 이어질 수 있다. 스페인 최대 부동산 사이트의 모기지 부문 책임자는 상황을 담담하게 설명했다. 「만약에 정부가 모기지법에 대해 과도한 수정을 가한다면 은행에도 영향을 미칠 것입니다. 이렇게 되면 여태껏 스페인 은행들의 건전성을 회복시키기 위해 해왔던 모든 노력들이 물거품이 될지 모릅니다.」[7] 「뉴욕 타임스」지 기자 수전 데일리는 같은 기사에서 〈자파테로 총리가 이끌고 있는 스페인 정부는…… 모기지 채무자들이 집을 은행에 양도하고 상환 의무에서 벗어나는 것을 반대했으며…… 정부 관료의 말에 따르면 개인에게 상환 의무를 철저하게 지게 함으로써 미국과는 달리 위기로부터 은행들을 구할 수 있었다〉고 말했다. 이 기사는 다음과 같은 건설교

통부 차관의 말을 인용하기도 했다.「현재 우리 경제가 과도한 부동산 붐으로 인한 후유증을 겪고 있는 것은 사실입니다. 또한 많은 국민들이 과도한 빚으로 고통받고 있는 것도 사실이고요. 하지만 채무자의 책임을 철저하게 묻는 모기지법 덕택에 미국과 같은 은행 부문의 위기는 겪지 않았습니다.」[8]

그러나 특혜에 가까울 정도로 지나치게 은행 위주인 스페인 파산법으로 인해 은행 부문이 큰 손실을 입지 않았다는 것은 사실이 아니다. 경제가 침체하면서 스페인 은행들의 채산성도 악화되었다. 2012년 7월 현재 스페인 은행 부문은 1,250억 달러의 유로존 구제 금융을 받는데 이는 사실상 스페인 납세자들이 부담하는 것이었다.[9]

그렇다면, 어떤 대가를 치르더라도 은행을 보호하는 것이 좋은 정책일까? 전혀 아니다. 금융 위기가 일어난 지 5년이 지난 지금, 스페인이 겪고 있는 불황은 전 세계를 통틀어 최악에 가깝다. 은행을 보호하는 것이 경제를 구하는 최선의 정책이었다면 스페인 경제는 현재 모범 사례로 꼽혀야만 하지만 현실은 그렇지 않다.

은행 구하기 ──

시장과 정책 입안자들은 은행 부문이 심각한 손실을 겪을 때 그 부담을 누가 질 것인가에 대한 답을 내야만 한다. 자연스런 해법은 은행의 이해 당사자인 주주와 채권자가 손실을 감수하는 것이다. 왜냐하면 이들이 은행에 자금을 대고 은행 자금의 운용에 책임을 지는 사람들이기 때문이다. 그렇지만, 은행에 관해서 논의할 때는, 다른 주장이 쉽게 앞자리를 차지하곤 한다. 경제학자들, 규제 기관, 정책 입안자들이 주장하기를 은행은 특별하다. 정부는 종종 일반 대중의 희생으로 은행 시스템을 구하려는 극단적 조치를 취하기도 한다.

스페인만 그런 것이 결코 아니다. 스페인에서 있었던 일은 대침체 시기 미국과 다른 유럽 지역에서 놀라울 정도로 유사한 형태로 반복되었다. 2008년 코미디언 존 스튜어트는 미국에서 있었던 은행권 구제 금융에 반발해 다음과 같은 질문을 던졌는데 그것은 이미 많은 사람들이 궁금해하던 질문이었다. 「7천억 달러에 달하는 돈을 그냥 사람들에게 직접 주면 안 되나요? 왜 문제를 만든 당사자인 은행한테 줘야 하죠?」[10] 그렇다면 은행은 왜 특별할까? 왜 어떤 대가를 치르더라도 은행을 보호해야 할까? 첫 번째 생각할 수 있는 이유는 정치적인 것이다. 은행들은 자신들의 이해를 지키는 데 더 잘 조직되어 있다는 것이다. 하지만 정치적인 이유를 고려하기 전에 경제학적 설명을 먼저 살펴보자. 경제학적인 설명을 이해하기 위해서는 다른 일반 기업들과는 매우 다르게 사업을 수행하는 은행만의 작동 방식을 살펴볼 필요가 있다.

일반적인 사업은 매우 단순한 대차대조표를 가지고 있다. 가구 사업을 예로 들어 보자. 가구 사업의 자산은 가구를 만드는 데 필요한 공장, 장비 및 기계들로 이루어져 있다. 가구 회사는 투자자들로부터 받은 자금을 이용해서 이 자산들을 구입해야 한다. 자금의 일부는 채권자들로부터 채무(예를 들어 채권 같은)의 형태로 받은 것이고, 나머지는 주주로부터 나온 자금인데 이를 자기 자본equity이라 한다. 즉 가구 회사의 부채liabilities는 채권자로부터 빌려 온 자금과 주주로부터 나온 자기 자본으로 이루어진다. 가구 회사는 가구를 만들고 판매함으로써 나온 수익을 얻고 이 돈을 이용해서 빚을 갚는다. 채무를 갚고 나서 남은 자금은 주주에게로 가는 이윤이 된다.

만약에 가구 회사의 성과가 좋지 않다면, 자산의 가치는 하락한다. 이때 손실을 처음 감수하는 주체는 가구 회사의 주주들이다. 만약에 가구 회사의 성과가 아주 좋지 않다면, 심지어 채권자들도 원금을 회수하지 못하고 손실을 입을 수 있다. 이 경우 가구 회사는 파산하게 된다. 파산 법원이 기업의 파산 여부를 결정하는 것을 돕는다. 파산하는 경우, 주주들의 투자금은 완전히 없어지며 채권자들은 남아 있는 자기 자본을 회수하게 되는데 이 금액은 일반적으로 파산 전 기업에 대출해 준 자금보다 적다. 즉 채권자는 손실을 입게 되는데 채권자는 애초부터 이런 위험을 염두에 두고 돈을 빌려 준 것이다. 따라서 정부가 추가로 개입하거나 납세자의 돈을 이용한 구제 금융의 여지가 없다. 미국의 파산 절차는 비금융 기업의 경우 원활하게 잘 작동한다.

반면 은행의 경우, 자산이 기계나 설비가 아니라 대출loans로 이루어져 있다. 은행이 주택 자금을 대출해 주면, 이는 대차대조표의 자산으로 잡힌다. 따라서 은행의 자산 가치는 채무자가 대출금 상환을 얼마나 잘 하느냐에 따라 달라진다. 은행에서 대출을 받은 사람들이 모두 대출금을 상환하지 못한다면 은행의 자산은 곤두박질치게 된다. 가구 회사가 자산을 마련하기 위해 자금을 조달하는 것처럼 은행도 자신의 자산, 즉 대출 자금을 마련하기 위해 자금을 조달해야 한다.

은행이 일반 기업들과 구별되는 독특한 점은 대차대조표의 부채 측면에서 자금을 조달하는 방식에 있다. 대부분 은행의 주요 부채 항목은 예금이다. 대다수 예금주들은 은행에 투자한다는 생각으로 예금을 하지는 않지만, 예금은 사실상 은행에 대한 투자라는 개념에 정확하게 부합한다. 예금은 은행에게 돈을 빌려 주고 필요할 때 다시 찾아갈 수 있는 일종의 〈대출〉이다. 은행은 예금주로부터 받은 예금을 은행 금고에 고이 두지 않고 대출을 해주는데 대출은 대차대조표의 자산 항목으로 잡힌다. 대출은 만기에 따라 다르지만 수 년 동안에 걸쳐 상환되는 경우도 있다. 이는 예금주가 원할 경우 예금을 바로 돌려줘야 하는 것과 매우 대조된다. 즉 대출과 예금의 만기가 일치하지 않기 때문에 모든 예금주들이 동시에 예금을 인출할 경우 은행의 입장은 매우 곤란해질 수 있다. 이런 상황은 영화 「멋진 인생」에서 잘 표현되었다. 예금 이외 은행의 부채 항목으로는 비예금성 부채와 주주들의 자기 자본이 있다. 예금주들은 원하는 시점에 언제든지 예금을 인출할 수 있고 예금 보험도 있기 때문에 비예금성 부채는 예금에 비해 청구권이 후순위이며 통상 후순위채subordinated debt라 불린다. 주주들의 자기 자본은 청구권이 가장 후순위이며 은행권 용어로 은행 자기 자본capital이라 불린다.

많은 사람들이 동시에 모기지 채무를 상환하지 못하고 은행 대출(즉 은행 자산)의 가치가 급락했다고 가정해 보자. 자산 가치의 급락은 먼저 주주들의 자기 자본 손실을 초래할 것이다. 만약에 손실이 매우 커서 주주들의 자기 자본보다 크다면 자기 자본은 완전히 없어지고 후순위채도 손실을 입게 된다. 손실이 매우 커서 예금주마저 위험해진다면 정부가 개입해서 예금주의 예금을 보증하고 은행을 폐쇄하게 된다. 이 경우 예금주는 구제될 수 있으나, 주주들의 투자금과 후순위채의 가치는 완전히 없어진다.

최종 대부자 ─

은행 시스템을 보호해야 한다는 사람들의 논리는 주로 지급 결제 제도에서 예금이 수행하는 특수한 역할을 강조한다. 예금은 단순히 은행의 부채에 그치지 않고 경제 내 결제가 이루어지게 하는 역할을 하고 있다는 것이다. 더욱이, 예금주들은 원할 때 언제나 자신들의 예금을 인출할 수 있다. 만약에 은행의 자산 가치가 하락하면, 예금주들은 예금을 맡긴 은행의 상황이 좋지 않다고 판단하고 예금을 모두 인출할 수 있다. 이것이 바로 뱅크런bank run이다. 뱅크런은 심지어 자산 건전성이 좋은 은행에서도 일어날 수 있다. 예를 들어, 어떤 예금주가 다른 예금주들이 놀란 나머지 예금을 인출해 갈 것이라 믿는다면 본인도 은행으로 〈달려갈run〉 것이다. 뱅크런이 일어나는 방식은 경제 전체에 위협이 될 수 있다. 은행은 예금 인출 요구에 응하기 위해 가지고 있던 자산을 시장 가치보다 낮은 가격으로 팔아야 한다. 또한 은행의 예금에 의존하고 있는 경제의 지급 결제 제도가 제대로 작동하지 않을 수 있다. 어떤 사람이 수표를 쓴다는 것은 결국 그 돈이 한 은행에서 다른 은행으로 이동하는 것이기 때문이다. 또한 다수의 기업들도 근로자들의 은행 계좌에 예금 계좌를 통해 임금을 지급한다. 만약에 은행 예금의 가치가 그대로 유지될지 의심이 된다면, 경제 전체의 지급 결제 제도가 무너질 수도 있다.

중앙은행이 〈최종 대부자lender of last resort〉 역할을 해야 한다는 주장은 은행 규제 및 감독 분야에서는 널리 받아들여지는 말이다. 최종 대부자 역할은 연방예금보험공사FDIC: Federal Deposit Insurance Corporation가 하는 것처럼 명시적으로 은행 예금에 대한 보험을 제공하는 방식으로 수행되거나, 유동성이 부족한 은행에게 중앙은행이 자금을 공급하는 방식으로 수행될 수 있다. 영국의 유명한 언론인인 월터 배젓Walter Bagehot의 이름을 딴 소위 배젓 룰에 따르면 최종 대부자 역할을 하는 중앙은행은 자산이 부채보다 많은, 즉 지급 능력이 있는 은행이 적절한 담보를 제공하고 돈을 빌리려 할 경우 징벌 금리 penalty rate로 무한정 빌려 주어야 한다. 지급 능력이 있는 은행이 뱅크런을 당한다면, 이 은행은 보유 자산을 시장 가치보다 급하게 낮은 가격으로 팔 필요 없이 인출되는 예금만큼 중앙은행으로부터 자금을 빌려 올 수 있다. 만약에 은행의 보유 자산이 인출되는 예금액보다 작다면, 즉 지급 능력이 충분하지 않다면, 감독 당국이 개입해서 은행을 인수하게 되는데 미국의 경우 바로 연방예금보험공사가 이 역할을 수행한다. 물론 중앙은행이 최종 대부자 역할을 한다는 선언만으로도 뱅크런은 처음부터 발생하지 않을 수 있다.

미국 연방준비제도는 대침체 시기 최종 대부자로서 할 수 있는 모든 정책을 집행했다. 연준은 은행들이 연준으로부터 자금을 빌릴 때 적용되는 이자율을 5.25퍼센트에서 사실상 0퍼센트로 크게 하향 조정했다. 이 조치로 인해 은행들은 적절한 담보가 있는 한 빌리고 싶은 만큼 무제한으로 자금을 빌릴 수 있었다. 연준은 또한 연준으로부터 자금을 빌릴 자격이 있는 기관의 범위를 늘리고, 담보로 인정해 주는 자산의 범위를 확대했다. 그리고 모든 알파벳 문자들을 쓸 만큼 다양한 약자로 이루어진 신규 지원 프로그램들이 시행되었다. 1,500억 달러의 기간 입찰 대출[*], 500억 달러의 외국 중앙은행 간 스왑 계약, 2,000억 달러의 증권 담보부 기간 대출[**], 200억 달러의 프라이머리 딜러 대출[***], 7,000억 달러의 기업 어음 매입 기금[****], 1조 달러의 자산 담보부 증권 대출 창구[*****] 등이 그것이다.[11] 또한 미 연준이 가장 장기에 걸쳐, 가장 큰 규모로 집행한 정책으로는 대규모 자산 매입 프로그램LSAP: Large-Scale Asset Purchase이 있다. 〈양적 완화quantitative easing〉라고도 알려진 이 정책은 은행들이 가지고 있는 주택 저당 증권, 정부 지원 기관이 발행한 채권, 미국 장기 국채 등 장기 자산을 미 연준이 매입하는 프로그램이다. 이 정책은 기존의 어떤 정책과도 비교가 안 될 만큼 큰 규모로 집행되었다. 미 연준이 정부 지원 기관과 민간 부문이 보유한 증권들을 대규모로 매입한 결과 2007년 8,000억 달러 규모였던 연준의 자산은 2013년 중반에 이르러 무려 3.3조 달러

- TAF: Term Auction Facility. 단기 자금 시장을 활성화시키기 위해 미 연준이 유동성이 부족한 금융사에 경매 방식으로 직접 자금을 공급하는 제도.

-- TSLF: Term Securities Lending Facility. 적절한 담보를 제공할 경우 미 연준이 보유한 국채를 빌려 주는 제도.

--- PDCF: Primary Dealer Credit Facility. 예금 은행만 이용할 수 있었던 재할인 창구를 미 연준 사상 최초로 투자 은행과 증권사도 이용할 수 있게 한 제도.

---- CPFF: Commercial Paper Funding Facility. 미 연준이 기업들의 기업 어음을 매입함으로써 단기 유동성을 지원하는 제도.

----- TALF: Term Asset-Backed Securities Loan Facilities. 가계 및 소기업에 대한 대출 확대를 위해 연준이 주택, 자동차, 학자금 대출 등을 담보로 하는 증권을 매입하는 제도.

에 달하게 되었다.

　2008년 가을 금융 위기는 은행들이 단순히 예금만으로 자금 조달을 하지 않고 또 다른 단기 자금 조달 수단을 사용했기 때문에 상황이 더 복잡해졌다. 이런 단기 자금 조달 수단의 대부분은 머니 마켓 펀드였는데 이 자금은 연방예금보험공사로부터 지급 보증을 받지 않는 수단이었다. 2008년 9월 투자자들이 머니 마켓 펀드로부터 자금을 빼나가기 시작하며 뱅크런 같은 일종의 인출 사태인 〈펀드런〉이 일어나자 미국 재무부가 즉시 개입하며 머니 마켓 펀드에 투자한 자금에 대한 지급 보증을 약속했다. 재무부의 머니 마켓 펀드에 대한 전반적인 지급 보증은 즉시 관련 시장의 불안을 잠재웠다. 이러한 정책 효과는 정부가 금융 시장에서 일어나는 자금 인출 사태를 막을 수 있으며, 미리 예방할 수도 있다는 것을 보여 준다. 위와 같이 자금 지원과 지급 보증을 포괄하는 정책들은 경제에 심각한 손상을 주는 뱅크런과 같은 자금 인출 사태를 방지하는 과정에서 정부와 중앙은행이 적절한 역할을 할 수 있다는 것을 보여 주는 좋은 예이다.

　인출 사태를 방지하기 위해서는 미 연준의 대출 지원이 필요하다. 2008년 가을에 있었던 머니 마켓 펀드 인출 사태 당시에는 미 재무부의 대출 지원까지 동원되었다. 하지만 이런 방식의 지원을 구제 금융과는 구별해서 봐야 한다. 지급 능력이 있는 은행에게 자금 지원을 해 준다면 이 자금은 이자 수입까지 더해져서 상환될 것이다. 지급 능력이 없는 은행의 경우 정부가 이들 은행을 위해 무리한 정책을 쓰지 않는다면 은행의 장기 채권자와 주주 들의 투자금은 사라질 것이다. 이상의 논의에서 은행을 구제할 때 염두에 두어야 할 중요한 정책적 교훈을 얻을 수 있다. 그것은 바로 인출 사태를 방지하고 지급 결제 제도를 보호할 목적으로 정부가 은행의 장기 채권자와 주주 들을 보호할 어떤 이유도 없다는 것이다.

신용 경색의 완화 ─

대침체기 동안 미국의 은행 구제책은 지급 결제 제도를 보호한다는 원래의 목적보다 훨씬 더 나아갔다. 사실상 정부 정책은 납세자의 돈을 모아 채권자와 주주 들에게 나눠 준 것이나 마찬가지였다. 피에트로 베로네시Pietro Veronesi와 루이지 징갈레스Luigi Zingales의 추정에 따르면, 2008년 가을 미국 재무부의 대형 금융 기관에 대한 자본 투입equity injection으로 인해 이들 은행 채무와 주식은 1,300억 달러나 증가했다.[12] 브라이언 켈리Bryan Kelly, 하노 러스티그Hanno Lustig, 스테인 반 니우어르뷔르흐Stijn Van Nieuwerburgh는 은행 주식에 대한 옵션과 관련 지표들을 이용해서 정부의 금융 부문에 대한 포괄적인 지급 보증이 은행 주가를 실제 가치보다 훨씬 크게 평가되게 만들었다는 것을 보였다.[13] 정부는 주택 소유자들을 도울 수 있는 정책들은 사용하지 않고 보류한 반면 납세자의 희생으로 은행 채권자들과 주주들을 구제했다. 왜 그랬을까?

그 이유는 조지 W. 부시 미 대통령의 2008년 9월 24일 대국민 연설에 분명하게 나타나 있다.[14] 대국민 연설을 통해 부시 대통령은 〈은행들에 대한 구제 금융이 신용 경색을 완화시켜서 가계와 기업 들의 자금 조달을 돕고 경제를 회생시키는 데 도움이 될 것〉이라며 의회가 은행 구제 금융 법안을 조속히 통과시킬 것을 촉구했다. 이런 견해는 예금주와 지급 결제 제도를 보호하는 데서 한 발 더 나아간 형태의 은행 중심적 시각이며 은행이 대출을 계속 하게끔 하도록 은행 채권자와 주주 들을 반드시 보호해야만 한다는 주장과 통한다.

이런 주장은 당연히 의구심을 자아낸다. 가구 회사의 목적이 가구 판매이듯이, 은행 영업의 핵심은 대출이다. 영업 실적이 좋지 않은 가구 회사의 채권자와 주주 들을 위해 정부가 개입해서 질 낮은 가구의 판매를 도와야 한다고 믿는 경제학자는 아마도 없을 것이다. 마찬가지로 부실 대출을 한 은행이 곤경에 빠졌다고 해서 정부가 개입해서 무능한 경영진과 채권자, 주주들을 보호해야만 할까?

정부가 나서서 은행을 보호해야만 한다는 주장에 대한 경제학적 논리는 은행의 역할은 매우 특수해서 다른 기관들이 이러한 역할을 대신할 수 없다고 보는 생각과 맞닿아 있다. 벤 버냉키는 미 연준의장이 되기 훨씬 전부터 대공황에 대한 연구를 하면서 이런 주장을 설득력 있게 제시했다. 벤 버냉키의 견해에 따르면 〈일부 차입자와 대부자 사이에서 이루어지는 금융 중개는 거래를 체결하기 위한 시장 조성과 정보 수집 활동을 필요로 한다〉. 그런데 〈1930~1933년에 일어난 혼란은 시장 조성과 정보 수집 활동을 저해하여 금융권 전체의 효율성을 떨어뜨렸다〉. 버냉키에 따르면 이 시기 은행들의 도산은 신용경색으로 이어졌고 대공황을 초래했다.[15]

은행 시스템을 보호해야 할 두 가지 독립적인 이유의 차이를 이해할 필요가 있다. 첫 번째로, 예금주와 지급 결제 제도는 보호되어야 한다는 것이다. 그러나 이 목적을 달성하기 위해 은행의 장기 채권자와 주주 들을 지원할 이유는 전혀 없다. 실제로 주주와 장기 채권자들의 투자금은 완전히 없어지게 하면서도 지급 결제 제도를 온전하게 유지하는 것이 가능하다. 실제로 연방예금보험공사가 이런 일을 수차례 수행했다. 그러나 두 번째 주장은 은행이 대출 활동을 통해 특별한 역할을 하고 있기 때문에 은행의 채권자와 주주 들은 반드시 보호되어야 한다는 것이다.

은행 대출 경로가 대침체의 원인인가? ──

은행 대출을 강조하는 시각은 은행이 회복되어 대출이 정상화되면 경제 전체는 자연스럽게 회복될 것이라고 주장한다. 심각한 불황은 가계 지출의 급격한 감소에서 오는 것이 아니며, 오히려 불황을 해소하기 위해서는 기업과 가계에 대한 추가 대출이 필요하다는 것이다. 이것은 마치 숙취를 해소하기 위해 해장술을 마시려는 것과 같다. 추가 대출은 이미 과도한 부채로 인해 발생한 불황을 탈출케 하는 방법이 아니다. 실제로 금융 위기 당시 경제 전체가 무너져 갈 때 가계와 기업들이 추가로 대출을 받으려 했을까?

이 질문에 대한 대답의 일부는 전미중소기업연합NFIB: National Federation of Independent Businesses에서 행한 연구 조사 결과에서 찾을 수 있다.[16] 은행 대출을 강조하는 시각을 지지하는 사람들은 중소기업 대출에 대해 특히 더 관심을 가지고 있다. 왜냐하면 대기업의 경우 상대적으로 채권이나 기업 어음을 통해 자금 조달을 하는 것이 용이하지만, 소규모 기업들은 은행 대출에 더 의존적이기 때문에 은행이 대출을 줄일 경우 더 크게 영향을 받기 때문이다. 전미중소기업연합의 설문 조사는 은행 대출에 민감한 소규모 기업을 대상으로 했다는 점에서 특히 더 유용한 정보를 제공한다. 설문 조사는 현재 소규모 기업들이 당면한 가장 큰 문제는 무엇인지를 물었는데 예시로는 〈판매 부진〉, 〈규제와 세금〉, 〈자금 조달과 이자 비용〉 등이 있었다. 설문 조사 결과 금융 위기 시기 자금 조달과 이자 비용을 당면한 가장 큰 고충으로 뽑은 비율은 5퍼센트를 넘은 적이 없었다. 또한 이 비율은 2007년부터 2009년 사이 오히려 떨어졌다. 소규모 기업들이 추가적인 자금 조달에 필사적으로 매달렸다는 주장과 이 결과를 함께 설명하기는 쉽지 않다. 반면 판매 부진을 가장 큰 문제로 꼽은 비율은 2007년 10퍼센트였으나 2009년에는 35퍼센트 가까이 되었다. 부채를 진 가계들이 지출을 급격하게 줄이자, 기업들의 매출도 급격히 감소한 것이다. 더욱이 판매 부진이 두드러졌던 지역들은 바로 가계의 순자산이 가장 크게 감소했던 지역과 일치했다.[17]

우리는 은행 중심 시각이 실업 현상을 어떻게 설명하는지도 살펴보았다. 5장에서 살펴본 바와 같이 지역 경제의 소비자 수요를 상대하는 산업의 일자리 감소가 가계 순자산이 크게 감소한 지역에서 더 컸다. 만약에 은행 대출을 받기 힘든 것이 문제였다면, 상대적으로 은행에 더 의존하고 있는 소규모 기업의 타격이 더 큰 것으로 나타나야 한다. 하지만 연구 결과는 정반대로 나타났다. 일자리 감소가 컸던 지역에서 근로자를 해고했던 기업들은 대기업들이었다. 이 결과는 기업들이 대출을 받지 못해서라기보다는 소비자 수요의 감소에 대응하기 위해 근로자들을 해고했다는 견해와 더 부합한다.[18]

대침체기에 발생한 실업은 구멍가게에서 일하는 사람들이 일자리를 잃어서가 아니다. 그보다는 빚을 진 가계들이 소비를 줄이자 타깃 Target 같은 대형 소매업체에서 정리해고를 했기 때문에 발생한 것이다. 캐슬린 칼리Kathleen Kahle와 르네 스털츠Rene Stulz는 공기업 자료를 이용해서 은행 중심 시각에 대한 광범위한 연구를 수행했는데 이들의 연구는 은행 중심 시각에 반하는 증거들을 추가로 제시한다. 이들의 연구에 따르면 규모에 관계없이 기업들은 내부 보유 현금을 늘려 왔으며 대침체기에도 이러한 흐름은 지속되었다. 만약에 많은 기업들이 훌륭한 투자 기회가 있음에도 은행 대출을 통해 자금 조달을 할 수 없었다면 내부 보유 현금을 대신 썼을 것이라는 추론이 가능하다. 하지만 칼리와 스털츠의 연구는 정반대의 결과를 찾았으며 은행 중심적 시각으로는 〈기업들의 재무 및 투자 정책에 나타난 중요한 특징들을 설명할 수 없다〉고 결론지었다.[19]

총량 자료를 통해 얻은 결과도 역시 은행 중심적 시각을 반박하고 있다. 은행 시스템 내 신용 경색의 정도를 측정하는 지표 중 하나는 단기 기업 어음 수익률과 미 재무부 발행 단기 국채 수익률의 차이다. 단기 기업 어음의 수익률은 은행이 단기 자금을 빌려 올 때 적용되는 이자율을 반영한다. 단기 국채의 수익률은 미국 정부가 단기로 자금을 빌려 오는 대가로 지불하는 이자율을 반영한다. 채무 불이행 가능성의 측면에서 정부보다 기업이 상대적으로 더 위험하다고 여겨지기 때문에 은행 시스템 내 불안 요인이 증가할수록 기업 어음과 국채 수익률의 차이는 더 벌어지게 된다.

이 수익률의 차이는 2008년 가을 유례가 없을 정도로 치솟았다. 은행들의 자금 조달 비용 증가는 결국 기업의 자금 조달 비용 상승으로 이어질 것이다. 하지만 앞서 언급한 연준과 재무부의 적극적인 개입으로 자금 조달 비용 상승의 불을 급하게 끌 수 있었다. 2008년 12월이 되자 비정상적으로 높았던 두 금리의 차이는 모두 해소되었다. 연준과 정부는 원래 부여받은 책무에 걸맞게 은행 시장의 불안 요인을 성공적으로 잠재웠다. 2008년이 지나서는 은행 시스템에 심각한 불안 요인이 있다는 증거는 없었다.

하지만 은행 시스템 내 불안 요인은 낮은 수준에 머물러 있었음에도 불구하고, 2009년과 2010년에 걸쳐 은행 대출은 급감했다. 이런 사실은 기업들이 추가적인 자금을 원하지 않았기 때문에 은행 대출이 감소했음을 시사한다. 이는 가계 지출이 줄어서 기업이 판매 부진에 시달리고 그 결과 새로운 투자 수요가 없어서 추가로 대출을 받을 필

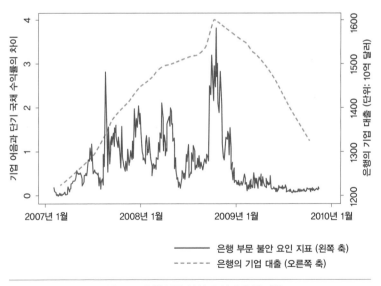

그림 9.1 은행 부문 불안 요인과 은행 대출

요가 없을 때 일어날 수 있는 일이다. 그림 9.1은 은행 부문 불안 요인의 수준과 은행 대출의 관계를 보여 준다. 그림은 오히려 금융 위기가 한창이던 시기에 은행 대출이 증가했음을 보여 주고 있는데 이는 기업들이 미리 약정을 맺어 둔 신용 한도로부터 자금을 인출했기 때문이다. 은행 부문의 불안 요인들이 진정된 다음에도 은행 대출은 증가했는가? 아니다. 2009년과 2010년 은행 대출은 오히려 급감했음을 볼 수 있다.

이 증거에 덧붙여, 우리가 책의 앞부분에서 살펴보았듯이, 2009년 고용은 크게 줄었으며 소매 지출은 2011년이 되어서도 계속 침체되어 있었다. 은행들이 구제 금융을 받고 은행 부문 불안 요인들이 가라앉은 다음에도 경기 침체는 계속되었는데 이는 은행 대출을 강조하는 시각과 앞뒤가 맞지 않는다. 2008년 이후 은행 부문이 제약되어 있었다는 증거는 전혀 없었지만, 경제는 시름시름 앓고 있었다.

은행 대출 시각의 영향력 ──

은행 대출 시각은 이에 반하는 실증적 증거가 많이 있음에도 불구하고 어떤 이유로 이토록 큰 영향력을 가지고 있을까? 가장 냉소적인 주장으로는 채권자들이 엄청난 정치적 영향력을 가지고 있다는 것을 들 수 있는데 실제로 이 견해를 지지하는 확실한 증거들이 있다. 우리가 프란체스코 트레비와 공동으로 연구한 결과에 따르면 금융 회사로부터 선거 자금을 지원받은 의원들이 은행 구제 금융 법안에 찬성하는 비율이 높았다. 이 결과는 단순히 상관관계가 아니라 인과관계로 해석할 수 있다. 예를 들어 우리는 정계 은퇴를 앞둔 의원들이 재선을 노리고 있는 의원들에 비해 금융 회사의 선거 자금 기부에 덜 민감한 것을 알 수 있었다. 또한 선거 자금에 목말라 있는 일부 의원들의 경우 명백하게 금융 회사의 지원에 투표 결과가 영향을 받았다.[20]

그러나 우리는 경제학자들이 이러한 시각에 대해 논박하고 거부하지 않은 책임도 있다고 생각하며 이것이 바로 이 책을 쓰게 된 주요 동기 중 하나이다. 은행 대출 시각은 일부 경제학자들 사이에서 강력한 지지를 받고 있으며 이런 지지가 경제 위기 탈출에 필요한 해법을 논의할 때마다 이 시각이 단골손님으로 나타나게 만든다. 이 때문에 위기 탈출에 대한 논의는 온통 은행 위기에 초점이 맞춰지며 가계 부채 위기를 해결하기 위한 논의들은 전부 무시된다.

미국 공영 라디오 방송NPR의 〈플래닛 머니Planet Money〉 코너의 애덤 데이비드슨Adam Davidson은 금융 위기에 대해 탁월한 기사들을 작성한 유능한 언론인이다. 그는 2009년 5월 당시 부실 자산 구제 프로그램TARP: Troubled Assets Relief Program 감독위원회 위원이기도 했던 엘리자베스 워런Elizabeth Warren 상원의원과의 인터뷰에서 경제학자들 사이에서 지배적인 견해에 대한 자신의 의견을 이렇게 피력했다.

자금의 중개 기능이 필수 불가결하다는 시각은 금융 위기에 대해 조금이라도 진지하게 생각해 본 사람이라면 당연히 받아들여야 하는 것처럼 보입니다. 하지만 의원님께서 아주 설득력 있게 주장하시는 것처럼, 미국의 가정들이 큰 곤경에 처해 있다는 사실은 잘 받아들여지지 않는 것 같습니다. 저는 지난 1년 동안 금융 위기를 취재하면서 정말로 많은, 좌파와 우파, 중도, 중립적인 경제학자들과 대화를 나눠 봤지만 우리가 금융 위기와 가계 부채 위기라는 똑같이 심각한 두 개의 위기를 가지고 있다는 견해를 가진 사람을 본 것은 의원님이 처음입니다. 저는 정말로 이 두 개의 위기가 똑같은 무게로 위험하다는 견해를 지지하기 위해 누구와 얘기를 나눠야 할지 모르겠습니다. 저는 정말로 의원님 말고 두 가지 위기가 모두 위험하다는 시각을 가진 사람을 보지 못했습니다.[21]

경제 분야 최고의 언론인 중 한 명인 데이비드슨은 많은 경제학자들과 심도 있는 대화를 나눴음에도 불구하고, 통계만 조금 들여다보아도 알 수 있는 사실을 지지하는 경제학자를 단 한 명도 만나보지 못했다. 그것은 바로 증가한 가계 부채 부담이 소비자 지출이 급락한 주요 원인이라는 것이다. 데이비드슨의 사례는 경제학계의 무능을 드러내는 실례다.

현재 시점에서 돌이켜 봐도 은행 중심 시각에 대한 학계의 지지는 여전히 믿을 수 없을 정도로 강하다. 예를 들어, 우리가 이 책에서 강조해 온 주요 주장들 중 하나는 2000년 기술주 급락과 2007년 주택 시장 붕괴의 차이를 명백하게 인식해야 한다는 것이다. 3장에서 논의한 바와 같이 주택 시장 붕괴의 여파가 기술주 급락의 경우보다 훨씬 컸던 주요 이유는 상대적으로 순자산이 적은 가계들이 빚을 져 가며 집을 샀고, 이들 가계의 집값 변화에 따른 한계 소비 성향이 훨씬 컸기 때문이다. 기술주를 가지고 있던 사람들은 부자들이었고 순자산이 많았던 이들은 기술주 가격 하락에 크게 반응하지 않았다. 주택 시장 붕괴가 기술주 급락보다 경제에 훨씬 더 큰 영향을 미친 이유를 이해하기 위해서는 빚을 진 가계의 한계 소비 성향이 더 컸다는 것을 반드시 알아야만 한다.

2013년 4월 한 학회에서 벤 버냉키는 대침체의 교훈을 생각해 볼 때 거시 경제학이 어떻게 바뀌어야 하는지에 대해 질문을 받았다.[22] 질문에 답하면서 버냉키는 마찬가지로 주택 시장 붕괴가 기술주 급락보다 더 큰 악영향을 미쳤다고 지적했다. 그러나 버냉키는 이로부터 어떤 교훈을 끌어냈을까? 「이제 우리 모두가 당연한 사실로 잘 알고 있듯이, 주택 시장 붕괴가 기술주 급락보다 더 큰 피해를 줬던 이유는 신용 중개 시스템, 금융 시스템, 금융 기관, 금융 시장이 주가 하락보다는 집값 하락과 모기지 대출과 관련된 충격들에 생각보다 훨씬 더 취약했기 때문입니다.」 버냉키는 덧붙여 얘기했다. 「주택 시장 붕괴가 훨씬 더 큰 영향을 줬던 이유는 바로 금융 시스템의 자금 중개 기능이 망가졌기 때문입니다.」 버냉키의 대답 어디에도 주택 시장 붕괴가 더 큰 영향을 미쳤던 이유로 집값 하락으로 인해 순자산이 적으며 한계 소비 성향이 컸던 가계에 직접적인 타격이 가해졌다는 설명은 없다. 우리는 미국 역사상 가장 힘들었던 시기 중 하나라 할 수 있는 금융 위기 시기에 미 연준을 잘 이끌었던 버냉키에 대해 큰 존경심을 가지고 있으나 그마저도 은행의 중개 기능 악화가 대침체의 주요 원인이라 믿고 있다. 우리가 이 책에서 보이듯이, 통계와 각종 자료들은 다르게 얘기하고 있다.

금융 위기가 일어나면 입법 기관과 감독 당국은 은행 시스템 안에서 발생한 문제들에 대처해야만 한다. 인출 사태를 막아야 하고 자금 순환이 잘 되도록 해야 한다. 하지만 정책 입안자들은 은행 채권자와 주주 들을 보호하는 것이 유일한 정책 목표인 양 지나친 정책들을 사용한다. 은행 대출 시각의 영향력은 매우 강하게 남아 있어서 빚진 주택 소유자들에 대한 구제 정책들은 종종 관심 밖으로 사라진다. 이는 용납할 수 없는 일이다. 왜냐하면 빚진 가계들의 순자산 감소가 심각한 불황의 주된 원인이기 때문이다. 은행을 구제한다고 해서 경제가 살아나지는 않는다. 오히려 레버드 로스 문제를 직접적으로 해결함으로써 경제를 살리는 것이 은행을 살리는 것이다.

우리는 은행이 중요하지 않다고 주장하는 것이 아니다. 사실 대침체 이전에 행한 연구를 통해 우리는 은행이 금융 중개의 측면에서 매우 중요한 역할을 한다는 것을 알 수 있었다. 금융 위기 당시 경기가 하락한 이유 중 일부는 은행 부문의 문제에서 찾을 수 있다. 하지만 은행 대출 시각의 영향력이 너무 강한 나머지 대침체를 낳은 주요 원인인 채무 부담에 시달리는 가계를 구제할 수 있는 많은 노력들이 사장되어 버렸다. 정책 입안자들은 변함없이 채무 가계에 대한 지원 정책들을 제로섬 게임으로 여겼다. 이들을 돕는 것은 은행의 건전성을 해치고, 이는 다시 경제에 해가 된다고 생각하기 때문이다.

오바마 행정부 시기 주택 정책은 은행 중심 시각에 의해 크게 좌우되었다. 블룸버그 통신의 클리 벤슨Clea Benson은 오바마 행정부의 주택 정책에 대해 취재한 뒤 다음과 같이 결론지었다. 〈오마바 행정부의 주택 정책은 느린 경제 회복 때문에 그 효과가 약하게 나타난 측면도 있지만 광범위하고 적극적인 수단이 부족했던 탓도 있다. 부채 탕감 정책은 계속 변죽만 울렸는데 그 이유는 오바마의 조언자들이 은행들로 하여금 모기지 대출 부채를 탕감하도록 하는 데 필요한 정치적 자산을

쓰지 않으려 했기 때문이다.$)^{23}$

비슷한 진술은 크리스틴 로버츠Kristin Roberts와 스테이시 케이퍼 Stacy Kaper가 대침체 시기 주택 정책에 대해 광범위하게 검토한『내셔널 저널*National Journal*』기사에서도 찾아볼 수 있다. 기사에 따르면, 오바마 행정부 주택 정책의 주요 기조는 처음부터 〈정부는 은행이 대출 조건을 변경하도록 강제해서는 안 되며, 어떤 대출 조건의 변경도 주택 소유자뿐만 아니라 투자자의 이익에 반하지 않아야 한다〉는 것이었다. 행정부의 관계자들은 〈금융 위기의 여파를 헤쳐 나오려는 은행들을 지원해야 하며 채권자와 채권 투자자의 손실을 최소화시킬 필요가 있다는 것을 진심으로 믿고 움직였다.$)^{24}$

레버드 로스 시각에 따르면 가계 부채 문제를 무시한 채 납세자의 돈을 은행 채권자와 주주 들을 구제하기 위해 사용하는 것은 오히려 비생산적이다. 은행 채권자와 주주 들은 경제 내 가장 부유한 계층인 반면 소비 지출의 감소는 순자산이 적은 채무 가계로부터 발생되었다는 사실을 상기하자. 은행 채권자와 주주에 대한 구제 금융은 한계 소비 성향이 매우 낮은 계층에 납세자의 돈을 가져다주는 것이다. 즉 은행 대출 시각을 따르면 도움을 제일 적게 필요로 하는 계층에 납세자의 돈을 가져다주는 셈이다.

은행들이 곤란에 빠진 진짜 이유는 가계 지출의 급락이 불황을 야기했기 때문이다. 만약에 우리가 은행을 구하길 원한다면, 은행을 구제하는 것보다 가계 부채 문제를 직접적으로 다루는 것이 문제 해결을 위한 더 나은 접근법이 될 것이다.

부채 탕감

경제 전문 방송 CNBC 리포터인 릭 산텔리Rick Santelli는 빚진 주택 소유자들을 도와야 한다는 입장을 반대하는 데 주저함이 없었다. 오바마 대통령이 막 취임했던 2009년 2월 릭 산텔리는 시카고 상품거래소 거래 현장에서 큰소리로 방송을 진행하며 이렇게 물었다. 「오바마 대통령과 새 행정부에게 묻습니다. 이렇게 하면 어떨까요? 웹사이트를 개설해서 우리가 정말로 가계 부채에 시달리는 사람들을 도울 것인지를 두고 국민투표에 붙이면 어떨까요?」 릭 산텔리는 주변의 트레이더들에게도 물었다. 「여기서 자금 여유도 없으면서 화장실 하나가 더 딸린 집을 산 이웃의 모기지 대출을 대신 갚아 줄 용의가 있는 사람 있나요? 있으면 손 좀 들어 보세요.」 트레이더들은 크게 야유를 퍼부었고, 그중 한 명은 〈그렇게 하는 것은 도덕적 해이입니다〉라고 말했다. 산텔리의 열변은 아픈 구석을 찌르며 어느 정도 설득력이 있었다. 실제로 산텔리가 큰소리로 전한 논리는 2010년 중간 선거에 큰 영향을 미쳤던 티파티Tea Party 운동이 일어나는 데 중요한 역할을 했다고 여겨지고 있다. 미국인들은 자신의 능력으로 감당할 수 없는 집을 산 무책임한 주택 소유자들을 납세자의 돈으로 구제해야 한다는 사실에 분노했다.[1]

안타까운 사실은 산텔리가 열변을 토할 당시, 부채 탕감을 받은 주택 소유자들은 극소수에 불과했다는 것이다. 또한 그 이후에도 부채 탕감을 받은 가계는 없었다. 대공황 이후 가장 큰 규모로 주택 시장이 붕괴되었지만, 채무 가계들은 시늉에 그친 정부 정책에 의존한 채 깡통 주택 안에 갇혀 있어야 했다.

2008년 여름 전미 주택 구제 및 압류 방지 법안American Housing Rescue and Foreclosure Prevention Act이 통과되면서 주택 소유자들의 채무 부담을 경감시키기 위한 노력이 처음 시작되었다. 법안의 주요 내용은 연방주택관리청FHA: Federal Housing Administration으로 하여금 3,000억 달러의 자금을 이용해서 민간 부문의 대출 원금을 경감시키는 것을 돕는다는 것이었다. 법안의 취지는 40만 개에 이르는 가구의 압류를 막는 것이었으나 2008년 12월까지 고작 312개의 신청서를 접수받는 데 그쳤다. 또한 3,000억 달러의 자금 중 한 푼도 사용하지 못했다. 주택도시개발부 장관 스티브 프레스턴Steve Preston은 당면한 문제를 해결하기에 턱없이 부족한 법안이라며 의회를 직접적으로 공박했고 이 법안을 실패로 간주했다.[2]

2008년 9월 긴급 경제 안정법Emergency Economic Stabilization Act에 대해 논의할 때, 많은 의원들이 부실 자산 구제 프로그램TARP의 자금을 이용해서 은행뿐만 아니라 채무 가계들도 지원해야 한다고 주장했다. 의회는 모기지 융자 재조정 프로그램HAMP: Home

Affordable Modification Program을 포함한 많은 지원책들을 내놓았다. 이 중 모기지 융자 재조정 프로그램은 대출 조건을 완화함으로써 300만에서 400만에 이르는 가계를 압류 위험으로부터 구제하는 것이 목적이었다. 그러나 그로부터 5년이 지난 시점에서, 융자 조건이 영구적으로 완화된 가계는 고작 86만 가구에 불과했다.[3]

가계의 채무 부담을 완화시키기 위해 사용된 부실 자산 구제 프로그램의 자금은 은행 구제 금융에 사용된 자금과 비교하면 매우 적었다. 이 프로그램에 대한 2013년 1분기 특별감찰관Special Inspector General의 보고서를 보면 재무부가 채무 가계의 부채 부담 완화를 위해서 사용한 자금의 비중은 전체 자금의 2퍼센트 미만이었다. 반면 금융 기관을 구제하기 위한 자금은 전체 비중의 75퍼센트를 차지했다. 보고서에서도 지적하는 것처럼 대형 금융 기관인 PNC 금융 서비스 그룹 하나에 대한 지원 금액이 미국의 모든 주택 소유자에게 지원된 금액과 맞먹었다. 이 보고서는 재무부가 은행과 빚진 주택 소유자들을 동등하게 취급하지 않았다고 지적했다. 〈재무부는 대형 금융 기관들을 구제하기 위해서는 할 수 있는 모든 조치들을 취했던 것처럼 주택 소유자들의 구제를 위해서도 적극적으로 나서야 한다.〉[4]

오바마 행정부의 일원도 주택 문제와 가계 부채 문제를 해결하기 위해 적극적으로 나서지 못한 것에 대해 아쉬움을 토로했다. 오바마 대통령의 주요 경제 참모 중 한 명이었던 로런스 서머스Lawrence Summers는 2012년에 〈우리가 심각한 정책적 실수를 한 것이 있다면 아마도 주택 관련 정책일 것이다〉라며 적절하지 못했던 정책 대처를 인정했다. 백악관 예산국장이었던 피터 오재그Peter Orszag도 주택 관련 문제를 적절하게 대처하지 못한 것이 〈중요한 정책적 실수〉였다고 말했다. 대통령 경제자문위원회 의장을 지내기도 했던 크리스티나 로머Christina Romer는 깡통 주택을 가진 주택 소유자들을 지원하기 위해 더 노력했어야 했다고 술회했다.[5] 『내셔널 저널』에 기고한 글에서 크리스틴 로버츠와 스테이시 케이퍼는 오바바 행정부의 주택 정책에 대해 가차없는 비판을 가했다. 이들에 따르면, 오바마 행정부의 주택 정책은 〈마지못해 시행한, 미적지근하고 앞뒤가 맞지 않는 정책〉이었으며, 〈끝을 모르고 떨어지는 주택 시장이나 압류를 눈앞에 두고 있는 수백만 가계에 대한 정책이 거의 없다는 것은 재앙이나 마찬가지였다〉. 나아가 〈금융 부문, 자동차 산업, 주정부와 지방 정부가 입은 손실을 막기 위해서는 막대한 자금을 투입하면서도 고통받는 주택 소유자들에게는 눈길조차 주지 않았다. ……이들에 대한 구제 금융은 없었다〉.[6]

정부의 시장 개입에 대한 경제학적 논리 —

경제학자들은 시장 실패market failures를 들어 정부가 시장에 개입할 수 있는 이유를 찾곤 한다. 대침체 당시 모기지 채무 재조정을 필수 불가결하게 만들었던 시장 실패에 대한 명백한 사례들이 있었다. 여기에는 미시 경제학적 측면과 거시 경제학적 측면들이 있다. 먼저 미시 경제학적 측면부터 살펴보기로 하자.

압류는 관련자 모두에게 악영향을 미친다. 압류로 인해 사람들은 살던 집에서 쫓겨나고, 집값은 하락하며, 통상 극단적 상황이 아니고서는 압류가 일어나길 바라지 않는 채권자들도 큰 손실을 입는다. 집 값이 크게 떨어지면, 주택 소유자와 채권자는 대출 조건에 대해 협상 하려는 강한 동기를 가지게 된다. 그러나 불행하게도 주택 시장이 활 황일 때 많이 이루어진 모기지 증권화는 양자 모두에게 이득이 될 수 있는 재협상의 여지를 크게 없앴다. 7장에서 살펴본 바와 같이 주택 시장 붐일 때 모기지는 주택 저당 증권 안에서 합쳐지고 여러 트랜치 로 나뉘었기 때문에 어떤 집의 모기지 대출에 대한 당사자를 찾기가 쉽지 않았다.

원리금 추징을 담당하는 주택 저당 증권의 관리 기관servicers이 해 당 증권을 보유한 투자자들을 대표했으며 모기지 계약에 대한 관리 와 재협상에 대한 권한을 가지고 있었다. 즉 은행들이 모기지를 가지 고 있지 않았기 때문에 집값이 폭락할 때 주택 소유자들이 은행을 찾 아가 재협상을 벌일 여지가 없었다. 주택 소유자들은 주택 저당 증권 을 관리하는 관리 기관을 찾아갈 수밖에 없었는데 많은 경우 이들 기 관은 무반응으로 일관했다.

이와 같은 이유 말고도 증권화는 또 다른 이유로 모기지 대출에 대 한 효율적인 재협상을 방해하는 요인이었다.[7] 가장 직접적인 이유로 는 일부 증권화 계약의 경우 관리 기관의 재협상을 명시적으로 금지 한 것을 들 수 있다. 또한 다른 계약들도 관리 기관의 재협상에 관한 재량권을 상당히 제약해 놓았다. 관련 연구에 따르면 민간 부문 주 택 저당 증권 중 40퍼센트 정도가 증권화 풀에 들어 있는 모기지의 대출 조건을 수정하는 데 제약을 두고 있었다.[8] 또한 모기지 계약 조 건에 대해 임의대로 수정을 못한다는 명시적인 규정이 없더라도, 증권화 풀 안의 복잡한 구조가 당사자들이 모두 이득이 되는 상황에서도 대출 원금을 깎아 주는 안에 동의하게 하는 것을 힘들게 만들었다. 1939년의 신탁증서법Trust Indenture Act은 〈주택 저당 증권의 계약 조건에 대한 수정은 해당 증권의 보유자 모두가 동의할 때만 가능하다〉고 규정하고 있다.[9] 보유자 중 한 명이라도 대출 조건의 재협상보다 압류를 하는 것이 낫다고 한다면 관리 기관으로서는 재협상을 시도할 수 없게 된다. 즉 증권화 계약 자체가 관리 기관의 재협상 관련 재량에 큰 제약을 가한다고 볼 수 있다. 존 지나코플로스가 표현한 바와 같이 〈대출 조건을 수정하는 것은 모든 관련자들에게 서로 다른 영향을 미친다. 과거의 경험으로 볼 때 모두를 만족시키는 방향으로 대출 조건을 수정하는 것은 매우 어렵다는 것을 알 수 있다. ……증권화 계약은 너무 복잡하고 많은 이해 당사자들이 있기 때문에 적절한 재협상은 일어나기 힘들며 정부가 공공선을 위해 개입함으로써 돌파구를 마련해 줘야 한다〉.[10]

더욱이 증권화 관련 계약 조항들은 대출 조건의 수정을 위해 관리 기관이 적극적으로 움직일 수 있게끔 하는 적절한 동기 부여를 제공하지 못했으며, 심지어 주택 저당 증권 보유자에게 이득이 될 경우도 마찬가지였다. 예를 들어 대다수의 계약이 관리 기관이 압류에 대해서는 관련 비용을 보상해 주었지만, 대출 조건 수정과 관련된 비용에 대해서는 보상 규정이 없었다.[11] 모기지 관련 채무 불이행의 규모가 엄청났던 것을 고려하면 관리 기관으로서도 모기지 대출 재협상을 위해 들여야 할 비용이 매우 컸을 것이라 짐작할 수 있다. 이런 요인들로 인해 관리 기관이 먼저 재협상에 적극적으로 나설 이유가 없었다.

일군의 유능한 학계 인사와 감독 기관 경제학자들이 채무 가계를 돕기 위한 정책 중 하나인 모기지 융자 재조정 프로그램을 대상으로 한 연구에서도 이와 같은 문제점을 분명하게 찾을 수 있었다. 모기지 융자 재조정 프로그램은 모기지 계약 수정을 돕기 위한 법안이었으나, 저자들에 따르면, 이 프로그램의 실패 이유는 관리 기관이 대량의 계약을 수정하는 데 적절한 역량을 가지고 있지 않았다는 것이다. 이들은 〈프로그램 이전에도 활발하지 않았던 융자 재조정 활동은 프로그램 시작 이후에도 계속 저조했는데 융자 재조정에 대해 적절한 보상 체계가 없고 대규모로 재조정할 수 있는 능력이 없는 등 관리 기관의 조직 구조 자체가 이런 활동에 적합하지 않았기 때문으로 보인다〉고 결론지었다.[12]

증권화 때문에 효율적인 재협상이 일어나기 힘들었다는 주장을 강하게 지지하는 보다 엄밀한 연구 결과도 있다. 토마시 피스코르스키, 아밋 세루, 비크란트 비그 세 학자의 연구에 따르면 채무 불이행이 발생한 모기지 계약이 개별 은행에 소유되어 있을 때에 비해 증권화 풀에 들어가 있는 경우 압류로 이어지는 경우가 더 많았다.[13] 이 결과는 모기지 계약의 다른 특성들을 통제해서 비교 대상이 되는 모기지 계약들이 모기지 풀에 들어가 있는지 여부에만 차이가 있도록 만든 뒤 비교한 결과였다. 수밋 아가왈Sumit Agarwal, 진 암로민Gene Amromin, 이츠하크 벤데이비드Itzhak Ben-David, 수팔라 촘시센펫 Souphala Chomsisengphet, 더글러스 에바노프Douglas Evanoff는 다른 통계 자료를 사용해서 증권화 때문에 주택 소유자들이 재협상할 수 있는 여지가 줄어든다는 비슷한 결과를 보였다. 더욱이 재협상을 거친 은행 소유의 모기지가 증권화 풀에 속해 있는 모기지에 비해 대출 상환율이 훨씬 높다는 것을 보였다. 즉 모기지가 증권화 풀에 속해 있지 않다면, 재협상이 이루어질 가능성도 높고 재협상을 거친 대출은 다시 채무 불이행에 빠질 위험이 적어서 채권자에게도 더 이득이 된다는 것이다.[14]

증권화 이외에 재협상을 가로막는 요인은 또 있었다. 관리 기관은 채무 불이행 이후 재협상에 나선다면 더 많은 채무 불이행들이 이어질 것을 우려해서 〈터프가이〉같다는 인상을 주고자 했다. 즉 이후 다른 채무자들도 전략적으로 채무 불이행을 선언하고 부채 탕감을 요구할까 봐 어떤 모기지에 대해 원금을 탕감해 주는 것이 경제적으로 더 나은 결정이더라도 재협상에 나서지 않았다.[15] 이런 식의 전략적 채무 불이행에 대한 우려 때문에 경제 전체적으로는 이로울 수 있는 채무 재조정이 일어나기 쉽지 않았다. 이런 이유로 효율적인 재협상이 없었기 때문에 2007년 모기지 시장은 대침체 시기 집값 폭락에 호되게 당할 수밖에 없었다.

거시적 차원의 실패 ——

아마도 모기지 부채 탕감을 위한 정책적 노력에 찬물을 끼얹은 사람을 딱 한 사람만 꼽으라면, 프레디맥Freddie Mac과 패니메이Fannie Mac 같은 정부 지원 기관을 관할하는 연방주택금융청 총재서리인 에드워드 디마르코Edward DeMarco를 들 수 있다. 그는 원금 탕감이 정부 지원 기관과 납세자 모두에게 큰 이득이 된다는 연방주택금융청 자체 연구 결과에도 불구하고 원금 탕감에 대한 본인의 입장을 바꾸는 것을 한사코 거부했다.[16] 갖은 핑계를 대며 원금 탕감을 위한 정책을 외면했기 때문에 재무부 장관 티모시 가이트너Timothy Geithner도 디마르코를 비난하는 공개편지를 발표하기까지 했다.[17] 또한 2013년에는 명망 있는 주 법무장관들이 이례적으로 오바마 대통령에게 모기지 채무로 인해 고통받는 가계들을 돕는 것을 거부하고 있는 디마르코를 해임하라고 공개적으로 요청하기도 했다.[18] 이는 당파적인 문제가 아니었다. 2012년 공화당 대통령 후보 밋 롬니의 수석 경제자문관인 글렌 허버드Glenn Hubbard조차도 원금 탕감과 리파이낸싱 관련 정책들을 적절하게 수행하지 못한다고 연방주택금융청을 비판했다.[19]

디마르코는 프레디맥이나 패니메이의 경우 정부 지원 기관이므로 납세자의 돈을 지키기 위해 대출금을 제대로 회수해야 한다고 주장했는데 이는 정부 지원 기관의 존립 이유를 좁게 해석한 것이다. 하지만 이렇게 존립 이유를 좁게 해석하는 것도 원금 탕감이 납세자에게 이득이 된다는 연방주택금융청 자체 연구와 대립되었다. 게다가 이런 방식의 해석은 더 큰 맹점을 가지고 있었다. 연방주택금융청 수장의 자리에 있는 사람이라면 정책이 해당 기관에 미치는 효과뿐만 아니라 거시 경제 전체에 미치는 효과도 당연히 고려했어야 하는데 그렇게 하지 않음으로써 거시 경제적 실패macroeconomic failure를 무시했다는 것이다. 적극적인 모기지 원금 탕감이 정부 지원 기관의 대출금 회수에는 해가 될지 몰라도 채무 가계의 부담을 덜어 줌으로써 국가 전체의 이익이 될 수도 있기 때문이다. 부의 변화에 따른 한계 소비 성향은 소득이 낮고 부채 비율이 높은 가계에서 가장 높게 나타난다는 3장의 논의를 상기해 보라. 우리가 3장에서 논의했듯이, 2006~2009년 사이 가계 지출이 급감했던 이유는 상당 부분 바로 이들 가계의 자산 손실이 컸기 때문이었다.

원금 탕감은 주택 시장 붕괴에 따른 손실을 고르게 부담하는 데 도움이 될 수 있다. 채무자가 모든 손실을 감당하는 것이 아니라 채무자와 채권자 모두 손실을 고르게 나누어 져야만 한다. 채권자에 비해 채무자가 소득 수준이 낮고 레버리지가 높다는 사실을 고려하면, 손실을 보다 공평하게 나누는 것은 한계 소비 성향이 낮은 계층으로부터 높은 계층으로 부를 이전하는 역할을 할 수 있으며, 이는 경제 전체의 수요를 증가시키는 역할을 할 수 있다. 채권자는 지갑 속의 1달러가 없어질 때 소비를 거의 줄이지 않지만, 채무자는 지갑 속에 1달러를 채워 주면 이를 적극적으로 소비한다. 우리가 3장에서 강조했듯이 채무 가계는 부의 변화에 따른 한계 소비 성향이 다른 계층에 비해 세 배 내지 다섯 배 크기 때문이다.

모든 경제 정책이 한계 소비 성향이 가장 큰 계층에게 자금을 몰아줘야 하는 것은 아니다. 그러나 심각한 불황인 경우 이야기는 달라진다. 왜냐하면 총수요 감소가 경제 전체에 미치는 효과를 고려해서 거시적 실패를 방지해야 하기 때문이다. 우리는 4장에서 제로 금리 하한과 가격 경직성 등 거시 경제가 적절하게 경제 상황에 반응하지 못하는 경우들을 살펴보았다. 이런 이유들로 인해 경제가 소비 감소에 적절하게 반응하지 않는다면 정부가 나서서 가계 수요를 진작시켜야 한다. 부채 탕감은 정확하게 이런 목적에 부합하며 압류를 줄이는 역할을 한다는 점과 채무자와 채권자 간 한계 소비 성향의 차이가 매우

크다는 점을 고려할 때 아마도 가장 효과적인 정책일 수 있다.[20]

혹자는 보다 넓은 범위의 공공선을 위해 모기지 원금 부담을 덜어주는 것은 개별 은행들이 할 일이 아니라 주장한다. 그러나 정부 지원 기관들을 관장하는 부처의 수장이었던 디마르코의 경우는 이 주장에 해당되지 않는다. 당시 이들 기관들은 공공 기관이었고 사실상 납세자의 부담으로 운영되었다. 이런 맥락에서 보면 디마르코는 다수 미국인들의 이해에 맞게 정책을 집행했어야 했으며 원금 탕감을 적극적으로 고려했어야 했다. 하지만 불행하게도 원금 부담을 덜어 주는 정책은 집행되지 않았으며, 이는 대침체 시기 가장 심각한 정책적 실수였다.

채무 재조정이 경제 전체에 주는 편익이 매우 작을 수 있다는 주장도 있다. 이들 주장은 채무 부담에 시달리는 가계조차도 원금 탕감에 따른 소비 진작의 크기가 매우 작아서 전체 국내 총생산에 미치는 효과가 미미하다고 주장한다.[21] 하지만 이마저도 거시 경제 전반에 걸친 효과를 무시한 편협한 시각이다. 우리가 책의 도입부에서 설명한 바와 같이 채무 가계의 지출 감소는 압류와 고용 감소를 통해 경제 전체에 영향을 끼쳤다. 또한 카운티 단위 자료를 이용한 분석 결과에서도 높아진 가계 부채가 대침체의 결정적 요인이라는 것을 살펴봤다. 만약 대침체 초기 적극적으로 가계 부채에 대한 재조정이 있었다면 집 값 폭락 속도를 늦추고 고용을 어느 정도 유지할 수 있었을 수 있다. 부채 탕감이 경제 전체에 미치는 효과는 단순히 부채 탕감을 받는 가계의 소비 증가에 의한 효과보다 훨씬 크다. 우리는 이 책의 마지막 장에서 2006~2009년 주택 가격 하락으로 인한 손실을 채권자와 채무자가 자동적으로 공평하게 나누도록 할 경우 어떤 일이 일어났을지 살펴볼 텐데, 이 시나리오에 따르면 대침체는 그저 단순한 경기 침체에 불과했을 것이라는 결과를 얻었다.

앞 장에서 언급한 바와 같이 대침체기에 경제학자들과 정책 입안자들은 어떤 대가를 치르더라도 은행을 구제해야 한다는 생각에 사로잡혀 있었다. 그러나 불황이 계속되자, 주류 경제학자들 사이에서도 적극적인 가계 부채 탕감을 고려해 봐야 한다는 생각이 나타났다. 2011년 하버드 대학 교수이자 전미경제연구소 명예소장인 마틴 펠드스타인Martin Feldstein은 「뉴욕 타임스」에 기고한 글에서 〈미국 사회를 괴롭히는 모기지 채무 문제를 줄이기 위해 영구적으로 부채 탕감을 해주는 것〉이 주택 시장에서 취할 수 있는 〈유일한 진짜 해결책〉이라 주장했다.[22] 2011년 미국 대통령과 부통령이 노벨경제학상 수상자를 포함해서 7명의 최고 수준 경제학자들을 백악관 집무실에 초대해 정책에 대한 조언을 받았을 때도, 이들은 〈집값 폭락으로 발생한 모기지 채무 과다 문제를 적절하게 해결해야만 경기 회복 속도를 높일 수 있다〉고 조언했다.[23] 2011년 하버드 대학의 카르멘 라인하트 교수도 블룸버그 통신과의 인터뷰에서 〈저소득 계층에 대한 부채 탕감을 포함해서 미국 가계의 채무 재조정이 경제 성장 속도를 높이는 데 가장 효과적인 방법일 수 있다〉고 주장했다.[24]

역사로부터 배우는 교훈 ─

레버드 로스를 수반한 사건들이 일어날 때 가계 부채를 재조정하기 위해 정부가 개입하는 것에는 거시 경제학적으로나 미시 경제학적으로 납득할 만한 충분한 이유가 있다. 실제로 과거 미국의 정책 입안자들은 채무자가 받는 충격을 줄여 주는 방향으로 정책을 집행하였다. 이렇게 보면 오히려 대침체 시기 가계 부채를 해결하는 방식이 예외적인 것이었다.

미국 경제에 충격을 준 첫 번째 경제 위기는 1810년대 후반에 일어났는데 이 위기는 최근 대침체의 경험과 여러 면에서 닮아 있었다. 당시 두 가지 요인으로 인해 도시와 농촌 지역의 부동산 가격이 급등했다. 첫 번째는 높은 상품 가격이었는데 이는 몇 년에 걸친 해외 작황의 부진으로 유럽 지역의 상품 수요가 크게 증가했던 것에 기인했다. 두 번째는 새로 생긴 은행들이 자체 은행권을 발행하면서 지속 가능하지 못할 정도로 신용이 빠르게 증가했기 때문이다. 이런 상황은 레버드 로스로 인한 파국이 일어날 분위기가 무르익었음을 의미한다. 역사학자인 머레이 로스바드Murray N. Rothbard는 당시 상황을 이렇게 묘사했다. 〈수출 상품 가격의 인상과 통화와 신용의 팽창은 도시와 농촌 지역의 부동산 가격 상승과 투기 목적의 공공 부지 매입을 초래했으며 미래를 밝게 전망한 농부들의 대출도 빠르게 상승했다.〉[25]

결국 1819년 미합중국은행Bank of the United States이 은행들이 정부로부터 빌려 간 자금 중 만기가 되어 가는 자금을 회수하면서 위기가 시작되었고, 디플레이션 위기가 가속화되었다. 동시에 유럽 지역의 수요가 감소하면서 상품 가격은 폭락했다. 면 가격은 1818년 1월에서 1819년 6월 사이 절반으로 떨어졌다.[26] 통화량 감소와 상품 가격 하락은 부동산 가격의 폭락을 가져왔으며 레버리지는 상태를 더 악화시켰다. 머레이 로스바드에 따르면 〈[1819년 당시] 극심한 공황 상태에서 가장 두드러진 특징은 채무자들이 처한 가혹한 상황이었다. 붐이 되기 직전 대량의 자금을 빌린 이들은 상환 독촉에 시달렸으며 상품 가격의 하락은 수입을 감소시켜 채무 부담을 더 크게 만들었다〉.[27] 로스바드의 저술 시점은 1962년이었으나 마치 대침체를 묘사하는 글이라 해도 믿길 정도다.

하지만 유사점은 여기까지다. 대침체의 경우와 대조적으로 1819년 연방 정부와 주 정부는 채무자들, 그중 특히 빚진 농부들을 구제하기 위한 정책을 적극적으로 사용하였다. 다수의 주 정부는 대출금의 상환과 압류를 즉각 중단시켰다.[28] 전국적인 차원의 문제로는 연방 정부로부터 자금을 빌려 공공 부지를 산 농민들이 있었다.[29] 1818~1820년 사이 의회는 채무자들의 대출 상환을 연기하는 법안을 통과시켰다. 1820년 제임스 먼로James Monroe 행정부의 재무부 장관 윌리엄 크로퍼드William H. Crawford는 다음과 같은 내용을 담은 법안을 제안했다. 첫째, 농민들이 소유하고 있는 토지의 경우 부분적으로 소유권을 포기할 수 있다. 둘째, 채무의 25~37.5퍼센트를 탕감한다. 셋째, 채무자가 원할 경우 무이자로 10년에 걸쳐 분할 상환을 할 수 있다.[30] 이 법안을 둘러싸고 논쟁을 벌이던 시기에 일리노이 주의 니니안 에드워즈Ninian Edwards 상원의원은 채무자의 처지를 열렬하게 옹호했다. 로스바드는 이렇게 쓰고 있다. 〈에드워즈 의원은 채무자들이 취한 행동들을 변호하기 위해 세세하게 당시 상황을 설명했다. 경제의 다른 구성원들과 마찬가지로, 채무자들도 얼마 지속되지도 않은《인위적이고 허구적인 번영》에 홀려 있었다. 이들은 번영이 계속될 줄

알았다……. 에드워즈 의원은 또한 채무자들이 처한 각박한 현실에 대한 설명도 빼놓지 않았다. ……모든 상황이 정부가 구제에 나설 당위성을 강조하고 있었다.)[31] 재무부 장관 크로퍼드의 법안은 쉽게 의회를 통과했다.

대공황 때도 정부는 채무자를 돕기 위해 정책적 노력을 아끼지 않았다. 그 가운데 가장 유명한 정책은 주택소유자대부공사HOLC: Home Owners' Loan Corporation의 설립이었다. 주택소유자대부공사는 세금을 이용해서 설립한 정부 소유의 은행으로 민간 채권자들로부터 모기지 대출을 사들여서 채무자들에게 유리한 방향으로 계약 조항을 수정하는 것이 주업무였다. 이런 방식으로 주택 소유자들은 큰 혜택을 받을 수 있었다. 계약의 수정이 없었다면 대부분의 주택 소유자는 채무 불이행에 빠지고 집은 압류되었을 것이다. 다행히 수정된 계약은 거의 모든 경우 종전보다 낮은 대출 금리에 만기가 연장되었으며 경우에 따라서는 원금까지 줄여 주었다. 대공황 이전에 발행된 모기지는 대부분 만기가 5년에 불과했으나, 주택소유자대부공사의 모기지는 만기가 15년으로 매우 길었다.[32] 또한 주택소유자대부공사의 채무 재조정은 광범위하게 이루어졌다. 1936년 당시 미국 전체 주택 소유자의 10퍼센트가 주택소유자대부공사의 채무자였다. 최근 출판된 프라이스 피시백Price Fishback, 케네스 스노든Kenneth Snowden, 조너선 로즈Jonathan Rose의 책『충분히 구제할 가치가 있는Well Worth Saving』은 주택소유자대부공사에 대한 가장 광범위한 연구서인데, 저자들은 주택소유자대부공사가 납세자에게 일부 손실을 안기긴 했지만 채권자와 주택 소유자 모두에게 돌아간 이득이 훨씬

컸다고 결론짓고 있다.[33]

대공황 당시 정부가 극적으로 개입한 또 다른 사례는 금과 관련이 깊었다. 당시 미국의 장기 대출 계약 대다수는 특별한 조항을 가지고 있었는데, 그것은 바로 채권자가 채무자로 하여금 금으로 변제를 하도록 요구할 수 있는 조항이었다. 1933년 미국이 금본위제를 포기하면서 금과 비교한 달러의 가치는 떨어지게 되었다. 그 결과 채권자는 달러가 아닌 금으로 상환받기를 원했다. 그러나 채무 계약에서 채권자가 나서서 금으로 상환받는 것을 요구할 수 있다는 조항은 의회에 의해 폐기되었다. 이 조치로 인해 채무자들은 원래의 실질 부담액보다 훨씬 적은 금액을 갚으면 되었다. 미 연준 이사를 지낸 시카고 대학 교수 랜들 크로즈너Randall Kroszner는 〈금 관련 조항의 폐기는 채무자에게는 부채 희년*이나 마찬가지였다〉고 지적한다. 금 관련 조항의 폐기로 미국 국내 총생산에 맞먹는 대규모의 채무 구제 프로그램이 시행된 것과 같은 효과가 나타났다.[34]

흥미롭게도 금 관련 조항의 폐기는 채무자와 채권자 모두에게 이로운 결과로 나타났다. 크로즈너 교수가 설명하듯이, 대법원이 의회의 결정을 인정하자 주식과 채권 가격이 모두 상승했다. 달리 말해 실제로 채권자들에게 더 유리하게 작용한 것이다. 만약 정부가 대침체기에 가계 부채의 재조정을 위해 보다 적극적으로 움직였다면 이와 비슷한 결과를 얻을 수 있었을 것이다.

• debt jubilee. 성경에 나오는 제도로 50년마다 빚을 탕감해 주는 제도.

구체적인 제안들 ——

채무 재조정에 반대하는 사람들은 대침체는 이전 사건들과는 본질적으로 다른 사건이기 때문에 정치적 측면이나 실행 가능성의 측면에서 부채 탕감이 매우 힘들었다는 주장을 하곤 한다. 이 주장에는 어느 정도의 진실이 들어 있기 때문에 우리는 12장에서 대침체 같은 커다란 위기 상황 자체에 빠지지 않기 위해 어떤 정책들이 필요한지 논의할 것이다. 그러나 그보다 앞서 경제가 회복하는 데 크게 도움이 되었을 부채 탕감 관련 정책들이 다수 제안되었고 실제로 시행되었을 수도 있었다는 것을 알아야 한다.

2008년 10월 존 지나코플로스와 수전 코니악은 증권화 과정 자체에 효율적인 모기지 재협상을 방해하는 요소들이 있음을 지적했다.[35] 이들은 효율적인 재협상을 위해 모기지 관리 기관을 협상 과정에서 제외하고, 대신 정부가 임명한 신탁 관리자에게 증권화 풀에 들어 있는 모기지들에 대한 재협상 권한을 부여할 것을 제안했다. 이들 제안에 따르면 기존 모기지 투자자에 대한 계약 내용은 인정되지 않으며 임명된 신탁 관리자와 주택 소유자가 재협상 당사자가 된다. 그리고 재협상은 경제적 이득이 발생할 경우에만 허용할 것을 제안했다. 즉 〈신탁 관리자는 백지 상태에서 대출 건별로 채무 재조정이 압류에 비해 경제적으로 이득이 되는지를 가리게 된다〉. 이런 방식의 정부 개입은 모기지 관리 기관과 투자자 사이에 이루어진 계약 내용을 위배하게 만들었겠지만, 당시 계약들 자체가 채무 불이행이 대규모로 일어나는 상황을 염두에 두고 만들어진 계약이 아니었기 때문에 어느 정도 수정이 불가피한 상황이었다. 더욱이 이런 방식의 정부 개입은 납세자의 자금이 크게 필요하지 않았다. 오직 신탁 관리자의 보수만 챙겨 주면 되기 때문이다. 이런 방식의 개입을 통해 채무 부담을 경감해 주는 효율적인 모기지 재협상이 일어날 수 있으며 주택 소유자, 모기지 투자자 모두 압류에 비해 이득을 얻을 수 있으며 심지어 납세자의 희생도 크게 따르지 않는다.

주택 시장 위기 초기에 제안된 또 다른 정책은 파산 법원의 판사에게 모기지 채무를 재조정하여 상환 부담을 낮출 수 있는 권한을 허용하자는 것이었다. 이는 곧 파산 법원 판사에게 크램다운* 여부를 허용하게끔 하자는 것인데, 이는 파산법 13장Chapter 13 bankruptcy과 관련이 있었다. 파산법 13장에 따르면 채무 부담이 큰 개인은 부담을 줄이고자 상환 계획을 은행의 신탁 관리자에게 제출할 수 있다.[36] 관련 조항에 따르면 명시적 담보가 없는 경우, 예를 들어 신용카드로 인한 빚의 경우 이런 방식으로 채무 부담을 줄일 수 있었다. 하지만 모기지의 경우 거주하고 있는 주택이 담보이므로 명시적 담보가 없는 경우에 해당되지 않기 때문에 파산법 13장에 따라 원금의 탕감을 기대하거나 압류를 피할 수 없었다.[37]

2008년 조지프 바이든 당시 부통령 후보는 당선 일주일 전 플로리다에서 행한 연설에서 〈여러분, 우리가 월가를 도울 수 있다면, 당연히 이곳 플로리다 오칼라 지역 주민들도 도울 수 있습니다. 그러기 위해서는 파산법을 개혁해서 파산 법원 판사에게 원금을 탕감해 줄 수

• cram-down. 크램다운은 꾹꾹 눌러 부피를 줄인다는 의미로, 특정 조건이 만족될 경우 파산 법원이 강제로 모기지 대출 조건을 재조정하는 행위를 말한다.

있는 권한을 부여해야 하며, 채무 재조정에 대한 권한을 부여해서 사람들이 압류를 피할 수 있게끔 해줘야 합니다〉라고 말했다.[38] 버락 오바마 대통령도 상원의원 시절 모기지 크램다운 법안을 발의했으며 후보 시절 애리조나 주에서 했던 연설에서 이 법안을 공개적으로 지지했다.[39] 그러나 「뉴욕 타임스」지의 빈야민 아펠바움 기자가 2012년 기사를 통해 지적했듯이 오바마 대통령은 법제화 시도가 있을 때마다 〈반복적으로 정지 버튼〉을 눌렀다.[40] 게다가 원안의 내용보다 많이 후퇴한 법안마저도 2009년 초 상원을 통과하지 못했다.

널리 알려진 주택 전문가 두 명도 모기지 크램다운을 강하게 지지했다. 경제 및 금융 관련 블로그 〈예측된 위험Calculated Risk〉을 운영하는 도리스 던지Doris Dungy와 빌 맥브라이드Bill McBride가 바로 그들이다. 경제학 분야에서 가장 많은 독자를 거느리고 있는 블로그들 중 하나인 이 블로그는 또한 빚으로 인한 주택 시장 거품의 위험성을 제일 먼저 경고한 블로그들 중 하나였다. 도리스 던지는 일찍이 2007년 10월에 파산 법원의 판사가 모기지 원금을 탕감할 수 있도록 해야 한다고 여러 사례를 보여 주며 설득력 있게 주장한 바 있다.[41] 던지에 따르면 크램다운은 〈단순히 채무자의 부담을 덜어 주는 것뿐만 아니라 채권자가 아무에게나 무분별하게 대출해 주는 것을 막는 억제책이 될 수 있다〉.[42] 2012년 8월에도 맥브라이드는 〈크램다운은 여전히 적절한 정책〉이라 주장했다.[43]

모기지 크램다운이 허용되었다면 경제적 혜택은 매우 컸을 것이다.[44] 대부분의 관련 연구가 원금 탕감이 채무 불이행을 막는 데 가장 효과적이라는 결론을 제시한다.[45] 원금 부담을 줄여 줌으로써 주택 소유자는 자기 집에 대한 지분을 갖게 되며 상환액도 줄어드는데 이 두 가지 요소 모두 채무자가 빚을 모두 변제할 유인책으로 작동한다. 증권화에 동원되지 않고 은행이 대차대조표상에 그대로 가지고 있던 모기지들의 경우 원금 탕감을 받는 경우가 많았으며, 이 경우 채무 불이행이 다시 발생할 확률이 가장 낮은 것으로 나타났다.[46]

오바마 행정부의 현직 및 전직 관료들도 위기 상황의 대처 과정을 회고하면서 모기지 채무 재조정을 적극적으로 하지 않은 것을 정책적 실수로 인정하고 있다. 『내셔널 저널』의 크리스틴 로버츠와 스테이시 케이퍼의 기사도 이 점을 지적한다. 〈행정부 안팎에서 만나 본 경제학자들에 따르면 당시 고려 대상이었으나 결국 채택되지 않았던 두 개의 정책 ─ 모기지 크램다운과 일반적인 대출의 원금 감면 ─ 은 상황을 완전히 바꿔 놓을 수 있었다. 심지어 고위 관료와 정책 자문관들도 두 가지 정책을 실행하지 않은 것이 정말로 아쉬웠다는 것에 순순히 동의한다.〉[47] 같은 기사는 숀 도너번Shaun Donovan 주택도시개발부 장관이 모기지 크램다운을 실행하지 못한 것은 〈큰 실수〉였음을 인정했으며 〈그렇게 하는 것이 옳은 일이었고, 만약 그렇게 했다면 큰 도움이 될 수 있었을 것이다〉라고 말했다고 전했다. 미국 국가경제위원회National Economic Council 위원을 역임했던 피터 스와이어Peter Swire도 위기 초기에 행정부가 크램다운을 밀어붙였어야 했다고 생각한다. 「종합적으로 고려해 볼 때, 크램다운은 손실보다 이득이 많은 적절한 정책이었습니다.」[48]

국제통화기금조차도 〈크램다운, 즉 채권자의 동의 없이도 주거 목적으로 살고 있는 집에 대한 모기지를 파산 법원에서 재조정하는 것을 보다 적극적으로 고려할 필요가 있다〉고 주장했다.[49] 국제통화기금에서 나온 레버드 로스 관련 사례들에 대한 보다 긴 연구는 이렇게 말하고 있다. 〈적극적인 가계 부채 재조정 프로그램은…… 상환 부담을 크게 줄이며 채무 불이행과 압류를 경험하는 가계의 수를 감소시킬 수 있다. 이런 정책들은 채무 불이행이 발생하고, 그 결과 집값이 더 하락하며, 실물 경제가 악화되어 채무 불이행이 추가적으로 발생하는, 자기 강화적인 악순환을 피하는 데 도움이 될 수 있다.〉[50]

다른 종류의 채무에 대해서 살펴봐도 모기지 원금 탕감의 효과를 알 수 있다. 윌 도비Will Dobbie와 송재는 모기지가 아닌 다른 종류의 채무에 대한 자료를 이용해서 연구를 진행했다. 이들의 연구는 파산법원 판사들마다 원금 탕감을 상대적으로 쉽게 해주거나 또는 주저하는 정도의 차이가 다른 것을 이용해서 원금 탕감을 받은 개인들과 그렇지 못한 개인들에게 어떤 변화가 생기는지 조사했다.[51] 연구 결과에 따르면 부채 탕감을 많이 받은 개인들의 경우 향후 5년간 사망률이 감소했으며 수입과 고용이 크게 증가했다. 여기서 고용이 증가했다는 사실이 매우 중요하다. 왜냐하면 부채 탕감이 안 될 경우 채무자는 일을 해봤자 어차피 채권자가 번 돈을 모두 가져갈 것이기 때문에 차라리 실업 상태에 있는 것을 선호하거나 적극적으로 일자리를 찾지 않을 것을 시사해 주기 때문이다. 앞 장에서 살펴본 것처럼 〈나는 평생 은행 돈을 갚기 위해 일할 것 같습니다〉라고 한탄하는 스페인의 마놀로 마반의 사례도 같은 맥락으로 이해할 수 있다. 부채 탕감은 벌어들이는 돈을 모두 채권자에게 빼앗길 거라는 채무자의 염려를 불식시킴으로써 채무자에게 열심히 일할 동기를 부여하며, 그럼으로써 경제 전체에 도움이 될 수 있다. 윌 도비와 송재의 연구는 판사 성향의 차이를 영리하게 이용함으로써 부채 탕감의 효과를 상관관계가 아니라 인과관계로 명쾌하게 보였다. 부채 탕감은 개인의 소득과 고용 확률을 높인다.

도덕적 잣대의 위험성 ──

이 장의 첫머리에서 살펴본 릭 산텔리의 정서는 일부 주택 소유자들이 깡통 주택으로 고통받고 있는 이유는 본인들의 무책임한 투자 때문이라는 다수의 정서와 궤를 같이하고 있다. 현장에 있었던 시카고 상품거래소 트레이더들과 같이 많은 사람들은 정부 개입이 도덕적 해이를 조장할 것이라 믿는다. 말하자면 빚을 진 가계들이 다시는 그렇게 공격적으로 대출받을 생각을 아예 꿈도 꾸지 못하게 할 만큼 고통을 겪어야 한다는 것이 이들의 생각이다. 6장에서 살펴본 바와 같이 실제로 다수의 주택 소유자들은 집이 현금인출기라도 되는 양 집을 담보로 돈을 빼서 썼고, 그 결과 전보다 훨씬 많은 소비를 했다.

금융 계약의 최적 설계에 대해 많은 연구를 해온 우리는 도덕적 해이를 걱정하는 이유에 대해 충분히 공감하고 있다. 그러나 우리는 이 경우가 도덕적 해이에 해당한다고 생각하지 않는다. 도덕적 해이는 영리한 개인이 시스템이나 제도의 허점을 이용해서 순진한 거래 당사자로부터 이득을 취하려는 상황을 말한다. 도덕적 해이의 고전적인 예로는 자동차 보험에 가입한 뒤 무분별하게 운전하는 운전자를 들 수 있다. 사고가 날 경우 보험 회사가 손실을 대신 보상해 주기 때문이다. 만약에 자동차 회사가 순진하게 모든 비용을 보전해 준다면, 운전자의 도덕적 해이 문제는 한층 더 심해질 것이다.

하지만 주택 시장 활황기에 일어난 일은 운전자의 경우와 같은 도덕적 해이로 볼 수 없다. 주택 소유자들은 집값이 인위적으로 부풀려져 있다는 것을 알고 있으면서 순진한 채권자를 이용한 주도면밀한 사람들이 아니었다. 이들은 본인들의 예상이 틀릴 경우 정부가 나서서 구제 금융을 해줄 것이라 예상하고 움직인 사람들도 아니었고, 실제로 구제 금융을 받지도 못했다. 실상은 이들도 집값이 계속 오를 것이라 잘못 판단한 것이다. 집값이 계속 상승할 것이라고 믿은 것이 어처구니없긴 하지만, 어찌되었든 간에 영리한 주택 소유자들이 처음부터 작정하고 대부자와 정부를 상대로 도박을 한 그림과는 거리가 멀다. 만약에 누군가 주도면밀하게 행동했다면, 그들은 집값이 계속 오를 거라고 감언이설을 하며 순진한 주택 소유자들을 용의주도하게 이용한 대부자들일지 모른다.

도덕적 해이는 또 다른 이유로 맞지 않는다. 집값 하락은 주택 소유자들이 통제할 수 있는 범위를 넘어선 일이기 때문이다. 2006년 집값의 20퍼센트에 해당하는 최초 납입금을 지불하고 캘리포니아 머데스토 지역에 집을 산 주택 소유자를 생각해 보자. 그리고 집을 산 이후 홈 에쿼티 대출을 받은 적이 없다고 가정해 보자. 이와 같은 상황에서 이 주택 소유자가 〈나쁜 행동〉을 했다고 비난할 사람이 있을까? 아무도 없을 것이다. 그러나 스스로 아무런 잘못을 저지르지 않은 이런 주택 소유자마저도 2006년부터 2009년 사이 집값이 60퍼센트 떨어지면서 순자산은 완전히 사라졌고 집도 깡통 주택이 되어 버렸다. 순식

간에 재산의 대부분이 사라진 것이 이 사람의 잘못일까? 무엇 때문에 이런 벌을 받는 것일까? 집값의 전반적인 하락 같은 경제 전반에 걸친 총체적 충격aggregate shocks은 한 개인의 잘못이 아니며, 그렇기 때문에 도덕적 해이의 관점으로 설명하기에는 무리가 따른다.

또한 우리가 제안하고자 하는 정책은 납세자의 돈을 이용한 대규모의 구제 금융이 아니기 때문에 도덕적 해이의 관점으로 문제를 들여다보는 것은 적절하지 않다. 우리가 지지하는 정책은 채무자와 채권자 간 보다 공평한 손실 분담을 강조한다. 보다 공평한 손실 분담이 〈불공평〉한가? 우리가 앞에서 살펴본 것처럼, 공평한 손실 분담이 무고한 사람으로부터 돈을 걷어서 죄를 지은 사람들에게 이전하는 것이 아니라는 것을 상기할 필요가 있다. 주택 시장 붐에는 주택 소유자와 채권자 모두에게 책임이 있다. 문제는 가격을 천정부지로 솟게 만들었던 거품이 꺼지고 나서 어떻게 손실을 나눌 것인가 하는 것이다. 우리가 강하게 주장하는 바는 채무자와 채권자 간 손실을 분담하는 것이 공평한 일일 뿐더러 거시적 차원에서도 더 바람직하다는 것이다.

우리가 이런 주장을 할 때 종종 듣는 말은 우리가 본인들의 형편으로 살 수 있는 집보다 더 좋은 집에 살고 있는 사람들을 옹호한다는 주장이다. 우리는 이 주장에 동의하지 않는다. 가계 부채를 보다 적극적으로 재조정한다면 주택 소유자들이 소유하고 있는 형편 이상의 집을 보다 쉽게 팔도록 할 수 있다. 깡통 주택은 정의상 대출액이 집값보다 많은 집이므로 깡통 주택의 소유자는 집을 팔더라도 대출액을 모두 갚을 수 없다. 집을 팔더라도 추가적인 자금이 있어야만 빚을 모두 갚을 수 있는데 집을 파는 상황에서 추가적인 자금이 있을 리 만무할 것이다. 유일하게 선택할 수 있는 방안은 결국 채무 불이행을 선언하는 것인데, 이 방안은 여러모로 바람직하지 않다. 이렇기 때문에 많은 주택 소유자들이 할부금을 내면서 감당할 수 없는 집에서 살고 있는 것이다. 만약에 채무 재조정이 이루어진다면 집은 더 이상 깡통 주택이 아니며 이들 중 다수는 집을 팔고 다른 집으로 이사를 갈 것이다.

도덕적 해이는 매우 중요한 문제이나, 우리는 대침체가 매우 극단적인 상황이었다는 것을 똑바로 인식해야 한다. 어떤 환자가 심장마비로 죽어 가고 있을 때, 환자에게 육류 섭취를 덜 했어야 했다고 설명하는 것은 최선이 아니다. 아마도 경제가 끝없이 추락하고 있을 때도 정부가 나서서는 안 된다고 생각하는 사람은 거의 없을 것이다. 그리고 모든 정부 개입은 일정 정도의 재배분을 포함하고 있다. 금융 기관에 대한 구제 금융은 이들이 무분별하게 대출을 늘렸던 결과임에도 납세자들이 대신 부담을 안고 있다. 경기 진작을 위한 추가적인 재정 지출 확대도 결국 미래 세대의 납세자들이 부담하게 된다.

이렇게 보면 심각한 불황이 왔을 때 정부가 개입해야 하는지 여부가 문제가 아니다. 정말 중요한 문제는 어떤 방식의 정부 개입이 소득을 증가시키고 실업을 줄이는 데 가장 효과적인 방법이냐는 것이다. 우리는 앞 장에서 정부가 은행을 보호하는 데 시급하게 매달렸던 것을 살펴봤고, 이 장에서는 정부가 선택하지 않았던 부채 탕감이라는 대안에 대해 논의했다. 대침체기 당시 정부는 재정 정책과 통화 정책을 이용해서 경기를 진작시키려 했다. 이 두 정책은 얼마나 효과적이었을까? 이 두 정책의 결합이 부채 탕감에 대한 대안이 될 수 있을까?

다음 장에서는 레버드 로스 프레임워크의 관점에서 재정 정책과 통화 정책을 살펴보기로 한다.

통화 정책과 재정 정책

대공황 초기 4년 동안 재화 가격과 임금은 30퍼센트나 하락했다. 가계는 많은 빚을 졌으며, 물가가 빠르게 하락하는 디플레이션은 경제 전체에 큰 타격을 가했다. 임금은 빠르게 하락했으나 채무 원금은 화폐의 명목 가치가 그대로 유지되었다. 소득 감소로 소비를 줄인 가계는 설상가상으로 빚 부담이 늘어나 소비를 더 줄여야만 했다. 대공황 시기에 빚과 디플레이션의 결합은 치명적이었으며, 우리가 설명했던 레버드 로스의 효과를 강화시켰다.

빚과 디플레이션은 자연스럽게 공범이 된다. 빚을 진 가계가 지출을 줄이면, 가게들은 매상을 올리기 위해 가격을 낮추게 된다. 하지만 이런 가격 인하는 원가를 줄이기 위해 임금을 낮추지 않을 때만 적절한 선택이 된다. 가격 인하를 위해 임금까지 낮추게 되면 가계의 채무 상환 부담은 커지며 문제를 더 악화시킨다. 결국 가계가 추가로 소비를 더 줄이게 되면 악순환이 반복된다.

미국의 위대한 경제학자 중 한 명인 어빙 피셔는 이런 악순환을

〈부채 디플레이션〉이라 이름 지었다. 그는 1933년에 〈나는…… 채무와 물가 수준이라는 두 가지 경제적 질병이 다른 모든 것들을 합한 것보다도 더 호황과 불황을 일으키는 가장 큰 원인이라고 확신한다〉고 주장했다.[1] 어빙 피셔의 생각은 자원의 재배분과 관계가 있다. 채무 계약은 명목 금액에 고정되어 있기 때문에 디플레이션이 발생해 물가가 하락하면 채무자의 상환 부담은 더 커지게 된다. 반면 채권자는 물가 하락으로 더 많은 물건을 살 수 있기 때문에 디플레이션으로 이득을 본다. 즉 디플레이션은 채무자로부터 채권자에게로 구매력(또는 부)을 이전하는 기제라고 할 수 있다.

디플레이션이 구매력을 채무자로부터 채권자에게로 이전한다면, 인플레이션은 다시 부를 채권자로부터 채무자에게로 되돌려놓음으로써 채무자의 충격을 줄여 줄 수 있을까? 원칙적으로는 그렇다고 할 수 있다. 인플레이션이 발생해서 물가와 임금이 올라가면 높아진 소득 덕분에 명목 금액으로 정해진 원금 부담이 적어진다. 마찬가지로 물가 상승으로 인해 채권자가 이전과 같은 이자 수입으로 살 수 있는 물건은 적어진다. 채무자의 한계 소비 성향이 더 크기 때문에 인플레이션으로 인한 부의 재배분은 경제 전체에 도움이 된다. 왜냐하면 채권자가 손실 때문에 줄인 소비량보다 채무자가 구매력이 커져 늘린 소비량이 더 크기 때문이다. 이런 측면에서 통화 정책이 중요한 역할을 할 수 있다. 위의 논리를 따르면, 통화 정책을 사용해서 디플레이션을 방지하고 인플레이션을 유지할 수 있다면 채무로 인한 불황의 부정적 효과들을 경감시킬 수 있기 때문이다.

대공황 당시 미 연준은 디플레이션이 발생하는 것을 막지 못했는데

이 정책적 실수는 통렬하게 비판받았다. 예를 들어 밀턴 프리드먼과 안나 슈워츠Anna Schwartz는 이제 고전이 된 1963년 저술인『미국 화폐사*A Monetary History of the United States*』에서 연준이 통화량을 너무 긴축적으로 유지함으로써 디플레이션을 초래했다고 비판했다. 2002년 밀턴 프리드먼의 90회 생일을 기념하는 학회에서 대공황 연구의 권위자이기도 한 전 프린스턴 대학 교수 벤 버냉키는 공개적으로 약속했다.「밀턴 프리드먼과 안나 슈워츠에게 이 점을 얘기하고 싶습니다. 대공황에 관해서 당신들이 옳았고 우리가 틀렸습니다. 이 점에 대해 사과드립니다. 그리고, 두 분 덕분에 우리는 같은 실수를 반복하지 않을 것입니다.」[2]

벤 버냉키는 이 약속을 지켰다. 2007년과 2008년 위기 극복 과정에서 연준은 틀어놓은 수도꼭지마냥 유동성을 끊임없이 공급했다. (9장에서 연준이 취한 많은 정책들을 참고하라.) 미 연준의 적극적인 대처는 대공황 당시 있었던 채무 디플레이션이 다시 일어나는 것을 방지하는 데 도움이 되었다. 그러나 통화 정책을 적극적으로 사용해서 채무로 인한 거시 경제의 충격을 줄였음에도 불구하고, 높은 수준의 인플레이션은 발생하지 않았다. 왜 연준은 인플레이션을 발생시켜서 레버드 로스 문제를 쉽게 해결하려 하지 않았을까?

인플레이션을 일으키는 마법의 버튼? ──

안타깝게도 한번 누르기만 하면 인플레이션을 쉽게 발생시킬 수 있는 마법의 버튼을 가진 중앙은행 수장은 세상 어디에도 없다. 디플레이션을 예방하는 것과 별개로 충분한 인플레이션을 발생시키는 일은 더 어렵다. 사실상, 경제가 높은 수준의 채무로 고통받고 있고 제로 금리 하한에 걸려 있다면, 통화 정책을 이용해서 물가 수준을 올리는 일은 매우 힘들다. 설사 제로 금리 하한에 의해 부과된, 널리 알려져 있는 제약 조건들을 극복한다 할지라도 레버드 로스 문제는 통화 정책의 효과를 심각한 수준으로 반감시킨다.

그 이유를 이해하기 위해서는 연준이 어떻게 통화 정책을 수행하는지 상세히 살펴볼 필요가 있다. 인플레이션을 발생시키는 가장 직접적인 방법은 경제 안에 통용되는 화폐의 양을 크게 증가시키는 것이다. 재화와 서비스의 양에 변화가 없을 때 돈의 투입량이 늘게 되면 재화 가격과 임금이 상승하게 된다. 미국 경제의 본원 통화monetary base는 동전이나 지폐처럼 시중에서 사용되는 유통 화폐currency in circulation와 은행의 지불 준비금bank reserves으로 구성된다. 은행의 지불 준비금은 은행 금고 안에 보관되어 있는 화폐와 민간 은행들이 미 연준에 맡겨 둔 예금을 지칭한다.

은행 지불 준비금은 유통 화폐와 다르다. 연준이 본원 통화를 늘리고자 한다면, 은행이 보유하고 있는 증권(통상적으로 미 국채)을 사고 그 대가로 은행 지불 준비금을 늘려 준다. 즉 연준은 은행 지불 준비금을 창출하는 것이지 유통되고 있는 화폐의 양을 늘리는 것이 아니다.[3] 은행이 늘어난 지불 준비금으로 대출을 늘렸을 때만 지불 준비금의 증가가 유통 화폐의 증가로 이어진다. 만약 은행이 대출을 늘리지 않거나 차입자들이 대출을 더 받지 않으면 본원 통화의 증가는 유통 화폐의 증가로 이어지지 않는다. 대침체 때 바로 이러한 일이 일어났다.

연준이 시중 은행에 자금을 적극적으로 공급함으로써 지불 준비금도 증가하고 은행 간 대출 금리도 낮출 수 있었으나 실제 대출과 유통 화폐의 양에는 제한적인 효과만 미쳤다. 우리가 9장에서 본 것과 같이 대침체기에 은행 지불 준비금은 하늘 높은 줄 모르고 크게 증가했으나 정작 대출은 급감했다.

많은 독자들은 위의 설명이 의외라고 생각할 것이다. 하지만 엄연한 사실이다. 연준은 유통 화폐를 직접적으로 통제할 수 없다. 왜냐하면 돈 자체를 찍어 내는 것이 아니라 지불 준비금을 조절하기 때문이다. 대공황을 거치면서 어빙 피셔를 포함한 일군의 저명한 경제학자들이 대공황 시기 중앙은행이 통화 공급에 대한 통제권을 충분하게 가지고 있지 못했던 것을 한탄하면서 연준이 통화 공급에 관한 완전한 통제권을 가져야 한다고 촉구했다. 이들에 따르면 〈[현재의 정책은] 수천 개에 이르는 상업 은행들이 대출과 투자를 통해 경제 내 교환수단의 양을 조절할 권한을 갖도록 하고 있다. 즉 은행들은 이전부터 고유한 국가 주권의 하나로 여겨져 왔던 특권을 행사하고 있는 것이다〉.[4] 하지만 경제학자들의 요청은 정책에 반영되지 않았으며 70년이 지난 뒤 대침체를 통해 다시 한 번 통화 정책 수행에 대한 문제점을 노출했다.

레버드 로스로 인한 불황의 맥락에서 보면 은행의 대출 증가에 의존하는 것은 유효한 통화 정책이 되기 힘들다. 왜냐하면, 레버드 로스 때문에 발생한 위기 상황에서는 가계뿐만 아니라 기업들도 대출 상환을 제대로 하기 힘들고 그렇기 때문에 은행들도 높은 채무 불이행률로 고전하기 때문이다. 이런 상황에서는 은행도 대출을 늘릴 의향이 없으며 가계도 역시 대출을 추가로 받을 이유가 없다. 통화 정책의 측면에서 보면 대출 증가를 통해 경제 내 유통 화폐의 양을 증가시키는 것이 절박한 시점임에도 불구하고 경제 주체들의 합리적인 반응으로 대출이 늘어나지 않는 것이다.[5]

실제로 대침체 시기 지불 준비금과 유통 화폐가 어떻게 변화했는지 알아보자. 2008년 8월부터 2009년 1월까지 단 5개월 사이에 은행 지불 준비금은 900억 달러에서 9,000억 달러로 10배가 증가했다. 이 수치는 연준이 얼마나 극단적으로 확장적인 통화 정책을 펼쳤는지 보여 준다. 연준의 공격적인 통화 정책은 2013년에도 계속되었는데 우리가 책을 쓰는 현재 시점의 지불 준비금은 2조 달러가 넘는다.

유통 화폐는 증가하긴 했으나 지불 준비금과 견주어 보면 매우 적게 증가했다. 그림 11.1은 우리가 논의하는 바를 잘 보여 준다. 공격

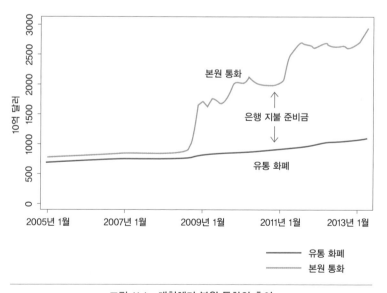

그림 11.1 대침체기 본원 통화의 추이

적인 통화 정책으로 은행 지불 준비금은 매우 크게 증가했으나 유통 화폐의 증가로 효과적으로 이어지지 않았다는 것을 볼 수 있다. 은행도 대출해 주길 원하지 않았고 가계도 대출받길 원하지 않은 결과 통화 정책의 효과가 제한적으로 나타났다. 연준의 통화 정책으로 디플레이션을 피할 수는 있었지만 인플레이션을 눈에 띄게 일으킬 만한 방법은 없어 보였다.

레버드 로스로 인한 불황일 때 중앙은행의 정책이 기대했던 효과를 발휘하지 못했던 사례는 미국의 대침체뿐만이 아니다. 폴 크루그먼과 피터 테민이 지적했듯이 그림 11.1에 나타난 양상은 대공황 시기에도 적용된다.[6] 또한 리처드 쿠Richard Koo는 대침체 시기 유럽 대륙과 영국에서도 은행 지불 준비금은 크게 증가했으나 유통 화폐는 거의 변화가 없었다는 것을 보였다. 그리고 1994년 이후 일본 경제도 같은 양상을 보이고 있다.[7] 중앙은행은 은행 시스템 안에 지불 준비금을 대량으로 주입해서 레버드 로스로 인한 불황에 대처하려 하지만 어느 누구도 빌려 주거나 빌리려 하지 않고 있다. 혹자는 은행들이 대출 공급을 늘리도록 더 세게 밀어붙이면 어떠냐는 제안을 하기도 한다. 그러나 대출을 늘리는 방식은 9장에서 봤듯이 여러 문제점을 가지고 있다. 이미 너무 많은 빚으로 신음하고 있는 경제에 은행들이 대출을 더 늘리는 것은 앞뒤가 맞지 않는다. 빚으로 생긴 문제를 빚을 더 늘려 해결할 수는 없는 일이다.

더 나은 방법은 중앙은행이 은행 시스템을 지나쳐서 경제에 직접 자금을 공급하는 방식이 될 수도 있다. 이런 방식의 가장 극단적인 형태로는 미 연준 의장이 헬리콥터를 타고 하늘에서 현금을 마구 뿌리는 그림을 생각할 수 있다. 경제에 직접 현금을 주입한다는 생각은 언뜻 생각하면 말이 안 되는 것 같지만, 사실 저명한 경제학자들과 경제 해설가들이 심각한 경제 침체가 있을 때마다 매번 제안했던 방법이다.[8] 벤 버냉키는 미 연준 의장이 되기 몇 해 전에 1990년대 침체된 일본 경제를 되살리기 위해서는 헬리콥터에서 돈을 뿌리는 방식을 썼어야 했다는 정책 권고를 해서 〈헬리콥터 벤〉이라는 별명도 얻었다.[9] 『파이낸셜 타임스』의 수석 경제해설위원 마틴 울프Martin Wolf도 〈금융 위기에 대처하기 위해 재정 지출을 확대하고 그 비용을 조달하기 위해 중앙은행이 돈을 찍어 내는 것, 간단히 얘기해서 헬리콥터에서 돈을 뿌리는 정책을 금기시하는 시각이 있는데 이런 시각은 틀렸다. 이 정책은 위기 시 대응 방안에 당연히 포함되어 있어야 한다〉고 주장했다.[10] 윌럼 부이터Willem Buiter는 정교한 경제 모형을 이용해서 헬리콥터에서 돈을 뿌리는 방식처럼 직접적으로 유동성을 공급하는 것이 명목 금리의 제로 하한에 걸린 경제에 매우 적절한 정책이 될 수 있음을 보였다.[11] 만약에 헬리콥터를 빚이 많은 지역에 선별적으로 띄워서 자금을 공급할 수 있다면 최선의 정책이 될 것이다. 그리고 이 정책은 우리가 앞 장에서 제안했던 채무 재조정과 비슷한 효과를 낼 것이라 기대할 수 있다.

독자들은 당연히 알아챘겠지만, 헬리콥터에서 돈을 뿌리는 것은 일종의 비유다. 예를 들자면, 실상은 연준이 돈을 찍어서 선생님의 월급을 주는 방식으로 경제 내에 현금을 주입한다. 하지만 문제는 연준이 돈을 찍어서 사람들에게 전해 주는 방식은 법에 위배된다는 것이다. 엄밀하게 얘기하면 통화는 정부의 부채이며 정부 부채를 발행하는 것은 재정 행위에 속해 재무부의 권한에 속하기 때문이다. 이 사실을 이해하면 왜 연준이 민간 부문의 증권과 은행 지불 준비금을 맞바꾸는 형식을 취하는지 알 수 있다. 증권과 교환하지 않고 현금이나 지불 준비금을 직접 유통시키는 것은 금지되어 있다. 만약에 법을 고쳐서 직접 유동성을 공급할 수 있는 권한을 부여한다면 어떻게 될까? 하지만 선진국 경제의 중앙은행 수장들 대다수는 인플레이션 퇴치를 주요한 사명으로 생각하기 때문에 해당 권한이 주어진다고 해서 그들이 헬리콥터에서 웃는 얼굴을 하면서 현금을 뿌리고 다니는 모습을 상상하기는 쉽지 않다. 이 점에 대해서는 11장의 뒷부분에서 다시 설명하기로 한다.

이자율 경로 ──

본원 통화를 늘리는 것만이 위기 상황에서 중앙은행이 경기를 진작시키기 위해 취할 수 있는 유일한 방법은 아니다. 중앙은행은 제로 금리 하한에 걸리지 않는 범위 내에서 금리를 내릴 수도 있다. 예를 들어, 대침체기뿐 아니라 그 이후에도 연준은 주택 저당 증권을 적극적으로 사들였는데 이는 모기지 금리를 낮추기 위해서였다. 정책 취지는 모기지 금리와 다른 대출 금리들을 함께 낮춤으로써 가계 부담을 덜어주고 소비를 진작시켜 경기를 부양하고자 하는 것이었다.

하지만 한계 소비 성향이 가장 큰 가계들은 대체로 돈을 더 빌릴 수 없는 사정이었거나 더 빌리길 원하지도 않았다. 우리가 살펴봤던 레버드 로스 사례에서 차입자들이 이미 소유하고 있는 자산에 큰 충격

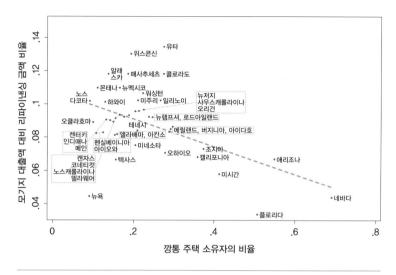

그림 11.2   2010년 당시 깡통 주택과 리파이낸싱의 관계

을 받았음을 기억할 필요가 있다. 이들 중 다수는 깡통 주택에 살게 되었거나 채무 불이행 때문에 낮은 신용 점수를 가지고 있다. 대다수는 소비를 줄이고 저축을 늘림으로써 가계 재정을 건전하게 만들려고 필사적으로 노력하지, 대출을 더 받아 문제를 해결하려 하지 않는다. 더욱이 일부 대출을 더 받고자 하는 사람들의 경우, 대출을 받으려야 받을 수가 없다. 왜냐하면 위기 상황에서도 대출을 받을 수 있는 사람들은 완벽한 신용 점수를 가지고 있는 극소수의 사람들뿐이기 때문이다.

만기 30년짜리 모기지 이자율이 2007년 7월 6.5퍼센트에서 2012년 7월 3.5퍼센트로 하락했으나 은행에서 이렇게 낮아진 금리로 대출받을 수 있는 사람들은 매우 한정되어 있다. 그 결과, 2012년 3월 당시 시장의 모기지 이자율은 3.8퍼센트에 불과했지만, 만기 30년짜리

고정 이자율 모기지 대출자 중 70퍼센트가 여전히 5퍼센트 이상의 이자율을 적용받고 있었다.[12]

빚을 진 가계들은 낮아진 금리의 혜택을 볼 수 없었기 때문에 대침체기와 그 이후에 시행된 통화 정책은 더욱 무력할 수밖에 없었다. 낮아진 금리로 대출을 갈아타기 위해 리파이낸싱을 하려고 해도 대부분의 은행에서는 주택 순자산이 매우 높아야 된다는 조건을 내걸었다. 그러나 우리가 잘 알다시피 주택 시장이 폭락하면서 주택 소유자들의 순자산도 크게 감소한 상태였다. 주택 소유자 절반 이상이 깡통 주택에서 살게 된 애리조나, 플로리다, 네바다 주의 리파이낸싱 비율은 전국에서 가장 낮았다. 2010년 주별 자료를 이용해서 깡통 주택의 비율과 리파이낸싱 비율 간 상관관계를 보여 주고 있는 그림 11.2는 양자 간 마이너스의 관계가 있음을 말해 주고 있다.

리파이낸싱 기법 중 캐시아웃 리파이낸싱cash-out refinancing은 현재 모기지 대출금보다 더 큰 대출을 새로 받고 그 차액만큼을 현금화하는 방법인데 대침체 시기 리파이낸싱을 받은 주택 소유자들 중에 이 방법을 선택한 사람들은 많지 않았다. 사실상 1993년 이래로 2012년이 캐시아웃 리파이낸싱의 비중이 가장 낮은 해였다. 그림 11.3은 주택 소유자들이 받은 리파이낸싱 중에 캐시아웃 리파이낸싱의 비중을 보여 준다. 주택 시장이 호황이었던 시기에는 주택 소유자들이 주택 가격이 상승함에 따라 증가한 주택 순자산을 담보로 캐시아웃 리파이낸싱을 적극적으로 받았으나 2008년부터 2012년 사이 이를 대폭 줄였음을 알 수 있다. 이는 연준이 저금리 정책을 이용해서 캐시아웃 리파이낸싱을 유도했음에도 불구하고 일어난 일이다.

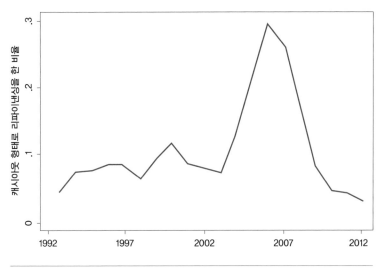

그림 11.3 **급감한 캐시아웃 리파이낸싱**

레버드 로스로 인한 불황 기간 동안 은행은 대출하기를 꺼리고 가계는 대출받기를 주저한다. 따라서 유통 화폐를 늘리려는 정책이 제대로 작동하지 않는 것과 똑같은 이유로 추가적인 대출을 유도해서 소비를 늘리려는 정책도 잘 먹히지 않는다. 통화 정책은 채무로 인한 악순환으로부터 경제를 살리는 데 역부족이다.

기대 인플레이션 ─

레버드 로스로 인한 불황 시기에 중앙은행은 지불 준비금을 늘리는 방법으로 경기를 되살리고자 하지만 대출 공급과 수요를 변화시키는 데는 큰 변화가 없으며 심각한 경기 침체는 장기화된다. 그러나 시간이 흘러 결국 경제가 회복되고 중앙은행이 저금리 정책을 계속 유지한다면 은행은 대출을 증가시킬 것이며 이는 인플레이션을 유발할 수 있다. 혹자는 경제 주체들이 먼 미래에, 즉 장기에 인플레이션을 예상하고 행동한다면 경제가 제로 금리 하한에 걸려 있다 하더라도 단기적으로 소비 지출을 늘려서 경제에 이득이 될 수 있다고 주장한다. 우리는 4장에서 가계의 소비 지출을 늘리기 위해서 이자율이 마이너스로 돌아서는 것이 필요할 수도 있다는 것을 살펴보았다. 달리 얘기하면 마이너스 이자율은 저축 행위에 대한 벌칙과 같은 것이기 때문에 가계는 저축 대신 소비를 선택한다. 기대 인플레이션의 증가는 명목 이자율을 마이너스로 돌아서게 하는 데 도움이 될 수 있다.

예를 들어 살펴보자. 어떤 사람이 금리 0퍼센트인 은행 계좌에 1,000달러를 예금했다고 하자. 만약 이 사람이 구매 계획을 가지고 있는 재화의 가격이 향후 오를 것이라 예상한다면, 은행 계좌에 있는 1,000달러로 살 수 있는 재화의 양은 줄어드는 것이며 1,000달러의 미래 구매력은 감소하는 것과 마찬가지다. 즉 살 수 있는 재화의 양이라는 관점에서 보면 인플레이션은 은행 계좌에 적용되는 금리를 마이너스로 만드는 것이다. 이 상황에서는 저축보다 소비를 할 것이며 그럼으로써 총수요 증가로 이어질 수 있다. 만약에 연준이 사람들로 하여금 미래에 인플레이션이 발생할 것이라고 믿게 한다면, 기대 인플레이션은 총수요를 진작시키게 된다.

그러나 이 주장에는 한 가지 문제점이 있다. 바로 가계 지출이 실질 이자율의 변동에 매우 민감하게 반응한다고 가정하고 있기 때문이다. 통상적인 상황에서라면 소비가 실질 이자율에 반응할지 몰라도 레버리드 로스로 인한 불황 시기에는 두 변수 사이의 연결고리는 끊긴다. 과도한 빚이 있는 상태에서 자산 가격이 폭락했기 때문에 빚을 진 가계는 소비를 크게 줄여야 하며 돈을 빌리고 싶어도 이미 대출 시장에서 돈을 빌린다는 것은 꿈도 꿀 수 없는 상태다. 그 결과 마이너스 이자율도 소비를 크게 진작시키는 데는 한계가 있다.

만약에 기대 인플레이션이 아주 높으면 가계 지출이 반응할 수도 있다고 해보자. 그러나 이 경우에도 심각한 문제점이 있다. 왜냐하면 레버드 로스로 인한 불황일 때는 중앙은행이 높은 기대 인플레이션 자체를 만들어 내기가 극도로 어렵기 때문이다. 경제 주체들은 경제가 회복하고 명목 금리의 제로 하한을 벗어난 다음에도 중앙은행이 인플레이션을 계속 용인할 것이라고 믿을 때에만 높은 기대 인플레이션을 가질 수 있다.

그러나 중앙은행의 사명은 인플레이션 퇴치라는 것은 잘 알려져 있고 중앙은행의 명성은 이 사명을 얼마나 잘 수행하느냐에 달려 있다. 중앙은행의 임무를 잘 이해하고 있는 일반 대중들은 경제가 회복하면 중앙은행이 지불 준비금을 경제 시스템 밖으로 빼내서 물가를 안정시키려 한다고 생각한다. 즉 중앙은행이 본분을 잊고 경제가 회복된 다음에도 인플레이션을 허용할 것이라 믿는 경우에만 높은 기대 인플레이션의 수요 진작 효과가 나타날 수 있는 것이다. 폴 크루그먼은 일본의 〈잃어버린 10년〉에 대해 쓰면서 다음과 같은 유명한 말을 남겼다. 〈통화 정책은 사실상 중앙은행이 무책임할 것이라 신뢰성 있게 약속할 때만 효과가 있을 것이다…….〉[13] 우리는 여기서 한발 더 나가서 강조하고 싶다. 레버드 로스로 인한 경기 하강세가 한창일 때 기대 인플레이션을 가지게 하려면 중앙은행 입안자들은 아주 무책임

할 것이라는 것을 설득력 있게 약속해야만 한다. 시장이 붕괴하기 시작하면 가계는 지출을 대폭 줄이며 이는 총수요를 크게 감소시킨다. 수요 감소에 대한 기업의 자연스런 반응은 가격을 낮추고 임금은 줄이는 것이다. 이런 일들이 바로 대공황 때 일어난 일들인데, 인플레이션이 필요한 시점에 경제는 오히려 디플레이션 상태로 간다. 통화 당국은 쉽지 않은 싸움을 하고 있는 것이다.

그렇다면 총수요를 진작시킬 만큼 기대 인플레이션을 일으키기 위해 중앙은행들은 무책임하게 행동하려고 할까? 실상은 전혀 그렇지 않다. 유럽중앙은행과 영국의 중앙은행인 영란은행은 인플레이션을 통한 수요 진작에 대해서 매우 조심스러운 접근을 취해 오고 있다. 미 연준은 전통적인 통화 정책의 한계를 넘어서 공격적인 양적 완화를 실시했고, 발표 자료를 통해 향후 경제 상황에 따른 통화 정책의 방향을 예고해 왔다. 하지만 경제자문회의 의장을 역임했던 크리스티나 로머가 설명한 바와 같이, 〈사실 이런 정책적 움직임들도 큰 그림에서 보면 연준이 예전과 달라졌다고 말할 정도로 이전과 다른 정책들은 아니다. ……중요한 사실은 중앙은행이 인플레이션 퇴치라는 이전의 임무를 버리고 새로운 방식으로 통화 정책을 펼칠 것이라는, 즉 일종의 체제 변환regime shift을 의도하고 있지 않다는 것이다. 그렇기 때문에 통화 정책이 경기 회복 과정에서 결정적인 역할을 해오지 못했다.〉[14]

통화 정책을 사용해서 기대 인플레이션을 일으키고 그 결과 실제 인플레이션을 발생시킨다는 논리는 거시 경제학 모형의 차원에서는 매우 매력적으로 들린다. 그러나 중앙은행이 본래의 사명을 잊고 무책임해져야만 효과가 있는 정책은 장기적으로 볼 때 득보다는 실이 큰, 적절하지 못한 정책이다. 이런 방식의 통화 정책으로는 채무로 인한 위기 상황을 손쉽게 해결할 수 없다.

그렇다면 재정 정책을 쓸 수 있을까? ——

〈케인지언〉이론과 달리 우리가 주장하는 레버드 로스 프레임워크는 수요 침체를 낳은 원인에 초점을 맞추고 있다. 따라서 정책적 처방도 자연스럽게 과도한 가계 부채를 직접적으로 해결할 방도를 찾게 된다. 하지만 심각한 경기 침체 상황에서는 정부의 지출 증가도 총수요를 증가시켜 경제에 도움이 될 수 있다. 대부분의 경제학자들은 평상시 정부 지출의 증가는 큰 효과가 없다고 본다. 정부 지출의 증가로 인해 민간 투자가 감소하는 구축 효과가 발생하고, 경제 주체들이 정부 지출의 증가가 세금 인상으로 이어질 것이라 예상한다면 소비를 늘리지 않을 것이기 때문이다. 오히려 평상시 정부 지출의 증가는 세금을 통해 보상 체계를 왜곡시킨다. 하지만 제로 금리 하한에 걸려 경제가 심각하게 침체되어 있는 상황에서는 채권 발행을 통한 정부 지출 증가가 경제에 긍정적인 영향을 준다.

많은 연구들이 경제가 제로 금리 하한에 걸려 있을 경우에는 재정 지출을 통한 단기적 경기 부양책이 특히 더 경제에 도움이 된다는 것을 보여 준다. 에미 나카무라Emi Nakamura와 존 스테인손Jon Steinsson은 지난 50년간의 주별 통계 자료를 이용해서 국방비 지출이 각 주의 소득에 어떻게 영향을 미쳤는지 살펴보았다. 정부 지출이 소득을 늘리는 효과는 매우 크게 나타났다. 이들 연구에 따르면 국방비 지출을 1달러 늘릴 때 소득은 1.5달러가 증가했다. 저자들의 설명에 따르면 〈우리의 추정 결과는 수요 충격이 소득에 큰 효과를 미친다는 모형들을 지지하는 방향으로 나왔다〉.[15] 두 개의 독립적인 다른 연구들도 2009년 제정된 미국 경제 회복 및 재투자법American Recovery and Reinvestment Act이 경제에 긍정적인 영향을 미쳤음을 보였다. 이 연구들은 주마다 지원받은 금액이 다르다는 점에 착안해서 지원금이 주별 경제에 미치는 효과를 살펴보았는데 두 연구 모두 정부 지출의 증가가 일자리 창출에 기여했음을 보였다.[16]

레버드 로스로 인한 불황이 한창일 때 재정 적자나 정부 채무를 걱정하며 긴축적인 재정 정책을 사용하는 것은 생산적이지 않으며, 경기 부양을 위한 재정 지출 확대는 효과가 있을 수 있다. 하지만 우리는 경제의 근본적 문제가 과도한 가계 부채 때문에 생긴 것이라면 재정 지출 확대보다 가계 부채 재조정이 더 효과적인 정책이라 생각한다. 가장 효과적인 정책은 지출을 가장 크게 늘릴 사람들의 손에 현금을 쥐어 주는 것인데 채무가 있는 가계의 한계 소비 성향은 매우 높다. 재정 지출 확대와 비교해서 채무 재조정이 더 효과적인 이유는 대침체 시기에 대한 영향력 있는 〈케인지언〉 모형들에 의해 설명된다. 예를 들어 가우티 에거트손Gauti Eggertsson과 폴 크루그먼은 레버드 로스의 개념이 중요한 역할을 하는 이론적 연구를 선보였다. 두 사람은 경제 주체 중 일부가 과도한 채무를 지고 있다고 가정하고 외부 충격이 있을 때 벌어지는 일들을 이론적으로 살펴보았는데 이들이 얻은 주요 결론 중 하나는 〈모형의 결론에 따르면 확장적 재정 정책을 사용하는 것이 경기 회복에 도움이 된다〉는 것이었다.[17] 그러나 이들 모형에 따르면 빚을 진 경제 주체들이 어떤 이유로 갑자기 대출을 일부 상환해야만 한다면 소비 지출이 급격하게 감소하고 경제는 제로 금리 하한에 맞닥뜨리게 된다. 이 모형에 따라도 가계 부채를 신속하게 재조정하는 것이 총수요가 급격하게 감소해서 경제가 유동성 함정에 빠지는 것을 방지하는 데 도움이 될 수 있다. 폴 크루그먼은 가계 부채 재조정을 강력하게 지지하는 사람들 중 한 명이다.[18]

재정 지출 확대는 정교한 정책 수단이 아니다. 재정 지출이 원금 탕감의 형태로 이루어지지 않는다면, 재정 지출은 정작 도움이 필요한 사람들을 도울 수 없다.[19] 더욱이 정부 지출은 종국적으로 누군가의 세금으로 충당되어야 한다. 주택 시장 붐에 일조한 채권자들에게 이 세금이 귀착되지 않는다면 재정 정책은 총수요를 진작시키는 데 가장 효과적인 방법인 채권자로부터 채무자에게로 자원을 이전하는 데 실패하는 것이다. 다시 말하자면, 가장 효과적으로 재정 정책을 쓰는 방법은 채권자에게 세금을 물리고 그 돈을 채무자에게 가져다주는 것이다. 이런 방법은 사실상 재정 정책을 필요로 하지도 않는다. 예를 들어 모기지 크램다운을 실행하면 세금을 부과하지 않고도 똑같은 효과를 기대할 수 있다.

재정 정책은 채무 재조정과 같은 효과를 기대하지만, 미국에서는 특히 문제가 많다. 왜냐하면 미국에서 세금은 부가 아니라 소득에 부과되기 때문이다.[20] 정부가 마땅히 과세를 해야 할 채권자들은 우리 경제에서 가장 부자인 사람들이다. 그렇기 때문에 그들은 다른 사람들에게 돈을 빌려 줄 수 있다. 그러나 부자라고 해서 반드시 고소득자인 것은 아니다. 마찬가지로 고소득자라고 해서 반드시 부자는 아니다. 예를 들어 투자 은행에서 일하다가 은퇴한 사람의 경우 소득은 없지만 아주 부자일 수 있고, 젊은 전문직 부부는 높은 소득을 올릴지 몰라도 재산은 적을 수 있다. 막 전문 대학원을 마치고 일을 시작한 젊은 전문직 부부를 생각해 보자. 이들은 고소득자이지만 재산은 거의 없는 상황이다. 이들은 소득에 대한 한계 소비 성향이 매우 높을 수 있다. 지속적으로 높은 소득을 올릴 것이라 예상하지만, 집을 꾸밀 가구를 산다거나 할 때처럼 한꺼번에 많은 지출을 해야 하는 상황을 대비해서 모아 놓은 재산은 많지 않다. 이런 상황에서 세금 부과는 경제에 나쁜 영향을 미친다. 또한 일해서 버는 소득에 대한 과세는 근로 의욕을 떨어뜨리게 된다. 어쩌면 이들 부부 중 한 명은 일하는 것을 포기하고 집에서 가사를 맡을 수도 있다. 이런 문제들로 인해 소득에 대한 과세는 채무 재조정에 비해 레버드 로스 문제를 해결하는 데 덜 효과적일 수 있다.

채무 재조정의 또 다른 장점은 경제 주체들에게 적절한 동기 부여를 한다는 점이다. 우리가 8장에서 주장한 바와 같이 레버드 로스로 인한 재앙은 항상 채권자들이 대출을 쉽게 해줌으로써 발생한 자산 가격 거품의 결과였다. 이런 맥락에서 채권자들도 경제적 파국의 결과에 일정 부분 책임이 있으며, 따라서 이들에게 손실의 일정 부분을 부담하게 하는 것은 경제 위기에 원인을 제공한 자를 징계하는 측면도 있다. 구제 금융과 같이 다른 사람들의 잘못을 납세자의 돈으로 메꿀 때 납세자들이 분노하는 것은 너무나 당연한 일이다. 그렇기 때문에 채권자들에게도 손실의 일부를 지게 하는 것은 다른 형태의 재정 지출 확대 정책들보다 더 정치적으로 받아들여지기 쉽다. 유로존 내일부 국가들의 은행을 구제하기 위해서 독일 납세자들의 부담을 늘려야 한다는 주장들이 나왔을 때 독일 경제학자 한스베르너 진Hans-Werner Sinn은 「뉴욕 타임스」 기고문에서 정확하게 같은 맥락의 주장을 했다. 〈구제 금융은 경제학적으로 납득이 가지 않는 정책이며, 따라서 상황을 더 악화시킬 가능성이 높다. 구제 금융 같은 방안들은 시장 경제의 중요한 구성 원리 중 하나인 과실 책임주의liability principle를 위배하고 있다. 돈을 빌려 준 사람들은 돈을 빌려 주기 전에 잠재적 채무자들이 어떤 사람들인지 살펴볼 책임이 있다. 채무자가 빚을 갚지 못할 경우 채권자는 그 손실을 감내해야 한다.〉[21]

정치적 혼란과 무능 ——

우리는 8, 9, 10장에서 레버드 로스로 인한 위기를 극복하기 위해 정부가 취할 수 있는 정책들을 살펴보았다. 어떤 대가를 치르더라도 반드시 은행을 구제해야 한다는 방안은 비생산적이다. 통화 정책과 재정 정책은 어느 정도 도움이 될 수 있으나, 근본적인 문제인 가계 부채를 직접적으로 공략하는 정책보다 나은 정책은 아니다. 채무를 재조정하는 것이 경제를 되살리는 데 가장 효과적인 방법일 것이다.

위기가 닥쳤을 때 어떤 정책이 효과적일지 의견을 나누는 것은 문제 해결에 도움이 될 수 있지만, 정책 실행의 차원에서 가장 심각한 장애물이 있다. 우리가 지난 몇 년간 정치가 돌아가는 모양새를 보고 배운 것이 있다면, 그것은 바로 당파적 이해 때문에 위기에 대처하는 정부 정책들이 사장되었다는 것이다. 슬기로운 정치적 해결이 가장 필요할 때 그렇지 못했다. 예를 들어 미국의 유권자들은 대침체 시기 동안 이념적으로 매우 크게 갈라섰다. 보수적인 티파티 운동이라든가 반대쪽에 있는 〈월가를 점령하라Occupy Wall Street〉 시위를 보면 알 수 있듯이, 대침체 시기를 지나면서 미국 전체 국민들 중에서 스스로를 중도라 분류하는 사람들의 비중이 급감했다.[22]

프란체스코 트레비와의 공동 연구를 통해 우리는 지난 7년간 진행된 미국의 정치적 양극화가 미국만의 특별한 사례가 아님을 알 수 있었다.[23] 나아가 우리는 1981년부터 2008년 사이 70개국을 대상으로 금융 위기 여파로 일어난 정치적 양극화에 대해 연구했다.[24] 금융 위기가 발생하면, 자신을 중도주의자로 분류하는 사람들의 비중은 급격하게 감소했다. 그리고 그 빈자리는 좌우를 막론하고 급증한 급진주의자들의 차지가 되었다.

상황이 이렇게 되면 입법 과정의 합의는 더 힘들어지고 정책은 정치적 이해에 좌우된다. 매끄러운 정치적 합의는 점점 멀어지고, 정치적 갈등은 일상적인 일이 되어 버린다. 이런 상황에서는 이 세상 모든 경제학자들이 동의하는 올바른 정책이 있다고 해도 정부가 이 정책을 실행할 수 없을 것이다. 2011년 여름에 있었던 정부 부채 한도 확대에 대한 논쟁과 2013년 있었던 미국 연방 정부의 예산 자동 삭감, 그리고 지난 수년간 적절한 정책 입안을 하지 못했던 정부의 무능은 예외적인 일이 아니었다. 오히려 이러한 사태들은 경제 위기가 발생할 때마다 정부가 왜 그토록 무력한지를 보여 주는 사례들일 따름이다. 레버드 로스로 인해 불황이 닥쳤을 때 우리는 관료들이 재빠르게 대처해서 적절한 정책을 집행할 것이라고 기대할 수 없다. 이런 측면에서, 자산 가격이 급락해서 위기 상황이 올 때 자동적으로 경제를 부양해 주는 어떤 장치들을 마련하는 것이 매우 중요하다.

채무 계약은 상황 변화에 따라 융통성 있게 움직이지 않는다. 그렇기 때문에 위기로 인해 손실이 발생했을 때 손실을 분담하기로 동의한 다음에도 어떤 형태이든 개입이나 중재가 필요하다. 우리가 살펴본 바와 같이 정치적 양극화로 인해 손실 부담을 위한 개입은 쉽지 않으며, 또한 채무 재조정을 위한 절차가 시작되어도 재조정에 수반되는 시간, 자원, 노력 들은 상당할 것이다. 다음 장에서는 레버드 로스로 인한 악순환을 끊어 버리기 위해 가계가 자금을 조달하는 방식을 근본적으로 바꿔야만 한다는 우리의 주장을 살펴볼 것이다. 우리는 처음부터 레버드 로스 위기가 일어나지 않게 하는 장치를 마련해야 한다. 중독적으로 빚에 의존하는 시스템을 벗어나야만 우리는 비로소 원래 누리고자 했던 금융 시스템의 편익을 누릴 수 있다.

고통의 분담

2010년 대학을 졸업한 사람들은 받은 지 얼마 안 되는 학위 증서를 보고 자축할 시간적 여유가 없었다. 심각한 경제 위기로 인해 노동 시장은 얼어붙었으며 이들은 힘든 구직 활동을 해야만 했다. 당시 대학 졸업자의 실업률은 10퍼센트를 넘어섰다.[1] 2006년 대학에 입학했을 때, 이들 가운데 이런 재앙에 가까운 상황이 펼쳐질 것이라 생각한 사람은 아무도 없었을 것이다. 1989년 이래 대학 졸업자 실업률이 8퍼센트를 넘어선 적은 단 한 번도 없었다.

어두운 취업 전망은 또 다른 이유로 이들의 생계유지를 더 힘들게 한다. 바로 학자금 대출 때문이다. 졸업자들 중 다수는 엄청난 학자금 대출 상환 부담을 안고 있다. 대학 졸업장을 가지고 취업을 하면 괜찮은 보수를 받을 것이라 예상하고 많은 사람들이 돈을 빌려서 대학에 진학했다. 학자금 대출 잔액은 2005년부터 2010년 사이 두 배로 증가했으며 2012년 현재 전체 학자금 대출액은 1조 달러를 넘는다.[2] 교육부 추정에 따르면 학사 학위 취득자 중 3분의 2가량이 정부나 민간

업체로부터 학자금 대출을 받았다.[3]

2010년에 대학을 졸업한 사람들에게는 안타까운 일이지만, 졸업 시점의 구직 환경이 좋지 않다고 해서 학자금 대출 계약 내용이 변동되는 일은 없다. 이들은 졸업 후 받는 수입에 관계없이 대출 상환을 해야만 한다. 특히나 학자금 대출은 파산 선고를 받아도 대출 상환 의무는 그대로 남아 있기 때문에 악성 부채라 할 수 있다. 정부로부터 대출을 받았을 경우, 즉 연방 정부 대출일 경우, 채무 불이행이 발생하면 월급을 압류해 가거나 세금 환급금 또는 연금의 일부를 가져가는 방식으로 대출을 상환하게 만든다.[4]

실업과 학자금 대출의 채무 과다 문제는 서로 결합해 총수요를 줄이며 경제의 수요 부족 문제를 더욱 악화시킨다. 최근 졸업자 중 학자금 대출이 많은 사람들은 자동차, 가구 등 큰 단위의 소비를 미루었고 부모님 집으로 다시 들어가 함께 사는 경우도 많아졌다.[5] 「뉴욕 타임스」의 앤드루 마틴Andrew Martin과 앤드루 레런Andrew Lehren의 말마따나 〈늘어나는 학자금 대출은 한 세대의 대학 졸업자들과 빚 때문에 중퇴한 자들에게 먹구름을 드리우며 경제 회복의 걸림돌로 작용하고 있다〉.[6] 또한 많은 사람들이 대학 졸업장이 그만 한 가치가 있는지 다시 생각해 보고 있다. 2만 9,000달러의 학자금 대출을 지고 있는 대졸 미취업자 에르자 카지는 학자금 대출 상환 부담에 대한 기사에서 이렇게 말한다. 「흔히들 사람들이 무식에는 가격을 매길 수 없다고 하잖아요. 그런데 요새는 교육 비용이 점점 더 올라가면서 오히려 교육을 안 받고 그냥 무식한 채로 있는 것이 경제적으로 더 나은 선택처럼 보여요.」[7]

위험 분담의 원칙 ──

학자금 대출 문제는 현 금융 시스템의 폐해를 보여 주는 또 하나의 사례다. 대학 졸업장을 따기 위해 많은 비용을 들여야 하지만, 대다수의 경제학자들은 대학 학위로 인해 더 높은 임금을 받을 수 있기 때문에 그만큼 값어치가 있다고 생각한다. 그러나 미국의 젊은이들은 점점 더 학자금 대출이 불공평하게도 총체적인 경제적 위험의 상당 부분을 자신들에게 지우고 있다고 생각한다. 일자리 사정이 아무리 악화되어도 대부자들은 아무런 부담도 지지 않으며, 졸업자들은 상환을 위해 없는 돈을 쥐어짜서 대출을 갚아야 한다. 젊은이들에게 이런 위험 부담을 짊어지게 한다는 것은 경제학적으로 말이 안 된다. 이들이 지은 죄라고는 22년 뒤 최악의 구직난이 있을 줄 모르고 1988년에 태어난 것뿐이다. 왜 이들이 이런 고통을 받아야 할까? 대학 교육을 통해 새로운 지식의 습득을 권장하지는 못할망정, 빚으로 돌아가는 금융 시스템은 대학 진학을 주저하게 만든다.

학자금 대출과 모기지 대출의 사례는 더 광범위하게 적용될 수 있는 원칙을 보여 준다. 현재의 금융 시스템은 경제에 큰 해악을 끼치는 붐과 버스트의 반복적 순환을 점점 더 자주 일어나게 만들고 있는데 이런 시스템을 고치고자 한다면 문제의 핵심을 정면으로 다뤄야 한다. 문제의 근원은 바로 채무 계약의 경직성inflexibility에 있다. 어떤 사람이 집을 사거나 대학 교육을 위해 자금을 조달하는 계약을 맺는다면, 해당 계약은 하방 위험downside risk이 발생했을 때 손실을 어떻게 나눌 것인지에 대한 내용을 담고 있어야 한다. 계약 내용은 경제 상황에 따라 가변적이어야 하며 금융 시스템을 통해 충격을 완화시킬 수 있어야 한다. 이런 맥락에서 보면 해당 계약은 채무debt라기보다는 주식equity의 형태에 더 가까워야 한다.[8]

고통이나 손실의 분담 원칙을 학자금 대출의 경우로 살펴보자. 학자금 대출 부담은 대출받은 학생이 졸업하는 시점의 구직 시장 사정에 연동되어야 한다. 예를 들어, 호주나 영국에서는 학자금 대출 상환액은 졸업자가 버는 수입의 일정 비율로 정해져 있다. 아직 취업을 못해서 수입이 없을 경우 일자리를 찾을 때까지 상환 부담이 없다. 우리가 아래에서 이유들을 살펴보겠지만, 우리는 학자금 대출 상환액을 개인의 소득보다는 노동 시장 상황을 반영하는 광범위한 지표에 연동시키는 것이 더 나은 경제 시스템을 만든다고 생각한다. 우리가 강조하는 위험 분담의 원칙은 간단하다. 최근 학위 과정을 마친 졸업자들이 전반적인 경제 사정의 악화로 일자리를 찾기 힘들다면 이들을 보호해 줄 필요가 있다는 것이다.[9] 반대로, 좋은 일자리를 쉽게 찾을 수 있다면 대부자에게 더 많은 금액으로 보상해 주면 된다.

학자금 대출을 받은 사람의 사정은 아랑곳하지 않고 상황에 관계없이 똑같은 상환 부담을 지우는 것이 부당하다는 생각은 일개 급진적 좌파의 생각으로 치부될 수 없다. 보수주의 경제학자로 유명한 밀턴 프리드먼도 학자금 대출의 문제점을 똑같이 인식했다. 프리드먼에 따르면 〈교육이나 훈련의 결과에 관계없이 해당 비용을 미리 정해진 액수로 상환하기 때문에 문제가 더 복잡해진다. 왜냐하면 교육이나 훈련은 불확실성이 큰 투자이기 때문이다. 교육에 대한 투자 수익률의 평균은 높을 수 있다. 하지만 사람마다 투자 수익률은 크게 다를 수 있다. 죽거나 다치거나 해서 수익률이 다를 수도 있지만, 그보다 사람마다 다른 능력, 열정, 운에 따라 수익률은 크게 달라진다).[10] 프리드먼의 제안은 우리의 제안과 크게 다르지 않다. 프리드먼은 학자금 대출 계약에 졸업자의 구직 시장 사정에 따라 상환액이 변동되는 〈주식〉의 성격이 더 들어가 있어야 한다고 생각했다.

금융 계약에 주식의 성격을 강화하면 경제 전체의 위험 분담 능력은 향상될 수 있다. 집값이 오를 때는 채무자와 채권자 모두 이득을 얻고, 집값이 폭락해서 손실이 발생할 때는 손실을 분담할 수 있기 때문이다. 하방 위험으로 인한 손실을 채권자가 부당하게 감당하게 하라는 주장이 아니다. 우리가 말하고자 하는 바는 이득이 발생할 때는 이득을 나누고, 손실이 발생할 때는 손실을 나누는 금융 시스템을 만들 필요가 있다는 것이다.

손실을 나누는 금융 계약 형태는 거품을 방지할 수 있고 거품이 터지더라도 손실을 크게 줄일 수 있다. 8장에서 살펴본 것처럼, 어떤 일이 벌어져도 채권자가 손실을 입지 않는다면 이들은 〈낙관주의자〉들에게 돈을 더 빌려 주려 할 것이고 이는 자산 가격을 점점 더 상승시킬 것이다. 거품이 터지고 나서 채권자도 손실의 일부를 감당해야 한다면 채권자는 대출이 안전하다고만 생각하지 않고 애당초 돈을 빌려 줄 때 아무에게나 쉽게 빌려 주지 않을 것이다. 찰스 킨들버거가 강조했던 것처럼 거품이 발생하는 이유는 투자자들이 자신들의 투자금이 수중의 현금처럼 안전하다고 생각하기 때문이다. 무분별한 대출과 자산 가격 상승의 악순환을 끊을 필요가 있다.

우리는 또한 자산 가격의 폭락으로 인한 손실을 채무자가 전부 지게 되면서 레버드 로스 악순환이 시작되면 심각한 경기 침체가 이어진다는 것을 살펴보았다. 금융 계약을 통해 손실을 채무자와 채권자 모두에게 공평하게 나눌 수 있다면 레버드 로스의 함정에 빠지는 상황을 처음부터 피할 수 있다. 이런 방식의 계약은 자산 가격이 폭락할 경우 자산이 많은 채권자에게 전보다 더 많은 부담을 지울 것이다. 그렇게 하더라도 이들 계층의 소비는 크게 영향을 받지 않을 것이며 경제에 가해지는 초기 수요 충격도 상대적으로 훨씬 약할 것이다. 주택 시장의 맥락에서 얘기하면, 손실의 공평한 분담은 압류로 인한 고통스런 악순환을 피하는 데 도움이 된다. 손실 분담의 원칙을 적절하게 구현한 금융 계약을 만들어 낼 수 있다면, 압류로 인한 위기를 미연에 완전히 예방할 수 있다.

10장에서 우리는 부동산 시장이 붕괴할 때 가계 부채의 재조정이 위기 극복에 도움이 된다고 주장했다. 문제는 채무 재조정을 하겠다는 정치적 의지가 있어야 하고 대중들도 이 정책을 지지해야 하는데 심각한 경제 위기 상황에서는 이 두 가지 모두 기대하기 쉽지 않다는 데 있다. 이런 상황을 고려해 보면 우리가 제안하는 것처럼 계약 내용이 경제 상황에 연동되어 변하게 함으로써 우리가 바라는 효과들이 자동적으로 나타나게 할 수 있다. 또한 무분별한 대출의 수요와 공급도 막을 수 있다. 다음 절에서 우리는 이런 특징들을 가진 특별한 모기지 계약 형태를 제안하는데 이를 책임 분담 모기지shared-responsibility mortgage라 부르고자 한다. 아래에서 설명하겠지만, 주택 가격이 폭락할 때 이런 계약 형태가 자리 잡고 있었다면 미국의 대침체는 첫 글자에 〈대〉라는 글자를 붙일 필요가 전혀 없었을 것이다. 대침체는 그저 우리가 가끔씩 경험하는 경기 침체에 불과했을 것이며 심각한 실업 사태도 일어나지 않았을 것이다.

책임 분담 모기지 ──

2장에서 살펴본 것처럼 보편적인 형태의 모기지 계약은 채무자의 순자산이 완전히 없어질 때까지 집값 하락으로 인한 손실을 채무자가 전부 부담해야만 한다. 우리가 제안하는 책임 분담 모기지는 크게 두 가지 측면에서 다르다. 첫 번째는 하방 위험 보호 조항으로 채권자가 채무자를 하방 위험으로부터 보호하는 역할을 한다. 두 번째는 자본 이득 공유 조항으로 집값이 오를 경우 채무자는 가격 상승으로 인한 이득의 5퍼센트를 채권자에게 지불한다는 내용이다.[11] 간단한 예를 통해 이 계약이 어떻게 작동하는지 살펴보자.

2만 달러의 최초 납입금을 지불하고 10만 달러짜리 집을 산 제인이라는 주택 소유자가 있다고 하자. 제인은 8만 달러의 모기지를 가지고 있는 셈이다. 이 상황에서 제인이 소유하고 있는 집의 가격이 7만 달러로 떨어졌다고 하자. 통상적인 30년 만기 고정 이자율 모기지 계약에 따르면 3만 달러의 가격 하락으로 인해 제인의 순자산은 완전히 사라진다. 제인은 두 가지 중 하나를 선택해야 한다. 집 열쇠를 은행에 넘기고 떠나든가, 아니면 집에 남아 대출금을 계속 갚는 것이다. 후자의 경우 대출금을 갚아 봤자 제인의 순자산은 전혀 늘어나지 않는다. 두 가지 모두 제인이 선뜻 택하고 싶은 선택이 아니다. 우리가 레버드 로스 프레임워크를 통해 강조하는 바는 어떤 선택을 하든 우리 모두에게 바람직한 선택이 아니라는 것이다. 집값이 떨어지면 제인은 소비를 줄일 것이고, 대출금을 계속 상환하기로 결정한다면 소비는 더욱 줄 것이다. 제인이 주택 압류를 당하고 집을 떠나기로 결정할 경우에는 집값은 더욱 떨어질 것이고 악순환은 가속된다.

우리가 제안하는 책임 분담 모기지는 이 상황에서 어떻게 작동할까? 책임 분담 모기지 계약 아래서는 집값이 변화가 없거나 오를 경우 제인이 내는 이자 비용 변동은 없다. 예를 들어 현재 30년 만기 모기지 이자율이 5퍼센트라 한다면 제인은 고정 이자율 모기지든 책임 분담 모기지든 매년 5,204달러의 상환금을 낼 것이다.[12] 고정 이자율 모기지와 마찬가지로 제인이 매년 내는 5,204달러로 이자와 원금을 함께 갚는다. 또한 원금이 줄어드는 속도를 결정하는 상환 일정amortization schedule도 두 계약 형태 모두 동일하다.

일반적인 모기지와 책임 분담 모기지 계약의 중요한 차이점은 후자의 경우 제인의 주택 가격이 구입 시점보다 하락할 때 발생하는 손실에 대한 보호를 제공한다는 점이다. 책임 분담 모기지는 모기지 상환 일정을 제인이 살고 있는 지역의 주택 가격 지수에 연동하는 방법을 통해 하방 위험으로부터 일종의 보험을 제공할 수 있다. 또한 하방 위험 보호 조항을 제인이 살고 있는 주택의 가격이 아니라 살고 있는 지역의 주택 가격 지수에 연동함으로써 상환 금액을 낮추기 위해 제인이 일부러 소홀하게 집을 관리할 가능성도 줄일 수 있다.[13] 또한 지역 주택 가격 지수는 손쉽게 구할 수 있다는 장점도 있다. 코어로직Core-Logic, 질로Zillow, 피저브 케이스-실러-와이스Fiserv Case-Shiller-Weiss를 포함한 다수의 기업들과 연방주택금융청 지사들이 우편번호 단위로 지역 주택 가격 지수를 제공하고 있다. 이들 기관들이 주택 가격 지수를 산정할 때 통일된 규약을 준수하게 함으로써 신뢰성을 더할 수 있으며 정부 산하 또는 민간 감시 기관을 설치해서 자료의 정확성을 보장할 수 있다. 어떤 계약의 지급액을 널리 구할 수 있는 공공 지표에 연동시키는 것은 전혀 새로운 일이 아니다. 예를 들어 많은 나라들에서 손쉽게 알아 볼 수 있는 인플레이션에 연동하는 방법을 쓰고 있다. 미국 정부도 인플레이션에 따라 지급액을 변동시키는 국채를 발행하고 있다.

하방 위험 보호 조항은 해당 지역 주택 가격 지수가 제인이 집을 샀을 시점의 지수보다 아래로 떨어질 때 발효된다. 그리고 주택 가격 지수가 떨어지는 폭에 비례해서 제인의 상환금 부담을 줄여 주게 된다. 예를 들어, 제인이 집을 샀을 시점 주택 가격 지수가 100이라 하자. 만약에 집을 사고 1년이 지난 시점에 주택 가격 지수가 30퍼센트 하락한다면 제인의 2년차 모기지 상환 금액은 30퍼센트 줄어든 3,643달러가 된다. 위의 예에서 제인의 모기지 상환 금액은 30퍼센트 줄어드는 반면 상환 일정은 그대로 유지된다. 즉 제인이 매년 이전보다 적은 금액을 상환해도 원금은 종전과 같은 속도로 줄어든다. 이 방식은 사실상 제인이 살고 있는 지역의 주택 가격 지수가 하락할 경우 자동적으로 원금을 탕감해 주는 것과 마찬가지다. 만약 앞으로 29년 동안 주택 가격 지수가 70에 머물러 있다면 제인은 30퍼센트의 원금을 탕감받는 것이다.

그러나 통상적으로 집값은 오르기 마련이다. 따라서 매입 가격의 70퍼센트 수준으로 떨어진 제인의 집값은 다시 오를 가능성이 높다.

그리고 미래 어떤 시점에서 100을 돌파해서 종전보다 높아질 수도 있다. 지역 주택 가격 지수가 점차 오름에 따라 제인의 모기지 상환액도 점차 오를 것이다. 가격 지수가 100을 넘게 되면 제인의 모기지 상환액도 원래대로 연간 5,204달러가 된다.

보통 불황일 때는 이자율이 낮기 마련이다. 따라서 변동 이자율 모기지의 경우 경제가 안 좋을 때 모기지 금리도 낮아져서 자동적으로 일정 부분 부담을 덜어 줄 수 있다. 책임 분담 모기지 계약의 경우 이보다 한 발 더 나아간 계약 형태로 볼 수 있다. 제인은 낮은 모기지 이자율의 혜택을 누릴 수 있을 뿐만 아니라 모기지 대출 원금이 줄어들면서 어느 정도의 주택 순자산도 기대할 수 있다.

물론 하방 위험 보호 조항을 포함한 이런 방식의 계약은 채권자에게 불리한 것이다. 그렇기 때문에 채권자는 이에 대한 보상으로 대출 금리를 높이길 원할 것이다. 과연 얼마나 높이는 것이 적정할까? 하방 위험에 대해 보호를 해주는 비용은 주택 가격의 기대 상승률과 변동성에 달려 있다. 만약에 집값이 빠르게 오르고 있는 중이라면 이 비용은 적을 것이다. 반면에 주택 가격의 변동성이 크다면 주택 가격 지수가 구매 시점의 지수 아래로 떨어질 가능성도 크기 때문에 이 비용은 커질 것이다.

금융업계에서 많이 쓰이는 공식을 이용해서 이 비용을 계산할 수 있다. 역사적으로 볼 때 미국의 주택 가격은 연간 3.7퍼센트의 속도로 증가했으며 표준 편차는 8.3퍼센트이다. 이 수치를 이용해 계산해 보면 대부자는 모기지 원금의 1.4퍼센트에 해당하는 금액을 추가로 요구할 것이다. 추가 요구분을 계약 시점에 선불로 바로 줄 수도 있지만, 주택 가격이 상승할 경우 보상해 주는 방식으로 계약을 맺을 수도 있다. 구체적으로 제인이 집을 팔거나 리파이낸싱을 할 때마다 얻는 자본 이득의 5퍼센트에 해당하는 금액을 채권자에게 지급하는 방식을 고려할 수 있다. 소유 주택의 가격 상승으로 얻는 자본 이득은 비과세 혜택을 받으므로 이득의 5퍼센트를 채권자에게 지급하는 것은 제인에게 큰 부담이 되지 않는다. 그리고 제인은 나머지 95퍼센트를 가져간다.

채권자는 제인이 언제 집을 팔 것인지에 대해서도 걱정할 필요가 없다. 모기지 계약을 분산 투자의 개념을 이용해서 다양한 사람들과 맺었다면 자본 이득의 5퍼센트에 해당하는 금액들이 지속적으로 들어올 것이기 때문이다. 실제로 미국의 경우 매년 전체 주택의 4 내지 5퍼센트에 해당하는 주택들이 매매되고 있다. 다시 금융 공식을 이용해서 자본 이득 공유 조항으로부터 채권자가 얼마만큼의 이득을 얻을 수 있는지 계산할 수 있다. 계산해 보면 주택 가격이 연간 3.8퍼센트 증가할 경우 자본 이득 공유 조항으로 얻을 수 있는 이득이 하방 위험 보호 조항으로 인한 손실의 기대치보다 크다. 우리가 계산한 바에 따르면 계약 시점 모기지 원금의 0.81퍼센트에 해당하는 순이득을 기대할 수 있다. 또한 손실 분담을 통해 집값의 변동성이 하락할 가능성까지 고려한다면 책임 분담 모기지의 비용은 더 낮아진다. 만약에 미국 전역에서 책임 분담 모기지 계약이 광범위하게 체결된다면, 주택 가격의 변동성도 낮아지고, 특히 가격 폭락의 가능성은 더욱 작아질 것이다. 여기에 대해서는 아래에서 좀 더 자세히 살펴보자.

책임 분담 모기지의 편익 추정 ——

책임 분담 모기지는 레버드 로스 문제를 해결하는 데 중요한 역할을 한다. 하방 위험 보호 조항은 총수요가 급격하게 감소하는 것을 일정 부분 막을 수 있으며, 자본 이득 공유 조항은 채권자에게 책임 분담 모기지 계약을 맺을 동기를 부여한다. 그렇다면 소비 지출과 일자리 수의 관점에서 보면 책임 분담 모기지 계약으로 인한 편익은 얼마나 될까? 연구에 사용해 왔던 풍부한 통계와 자료를 이용해서 우리는 현실적인 추정치를 계산해 낼 수 있다. 우리는 다음과 같은 질문에 답하고자 한다. 만약에 미국의 모든 주택 소유자들이 통상적인 모기지 계약이 아니라 책임 분담 모기지 계약을 맺고 있었다면 대침체는 얼마나 다르게 펼쳐졌을까?

집값이 하락했을 때 책임 분담 모기지는 일차적으로 순자산을 기준으로 중간 이하 계층의 재산을 보호하는 기능을 한다. 2장에서 우리는 이미 순자산이 적은 채무 가계들이 대침체기 집값 하락으로 가장 큰 타격을 받았던 것을 살펴보았다. 책임 분담 모기지의 하방 위험 보호 조항은 최소한 집을 최초로 산 시점의 순자산 비율을 모두가 그대로 유지할 수 있도록 한다.

예를 들어 8만 달러의 책임 분담 모기지를 끼고 10만 달러의 집을 샀다고 하자. 주변 시세와 함께 집값이 10만 달러에서 7만 달러로 떨어진다면 (그리고 집값이 7만 달러에 계속 머물러 있다면) 모기지 이자율도 30퍼센트 떨어진다. 또한 책임 분담 모기지의 계약 형태로 인해 갚아야 할 모기지 금액도 5만 6,000달러가 된다. 주택 소유자는 7만 달러의 집에서 1만 4,000달러의 순자산을 소유하게 되며 이는 비율로 따지면 집값의 20퍼센트에 해당한다. 순자산 비율은 그대로 유지되지만 순자산 금액 자체는 2만 달러에서 1만 4,000달러로 떨어지기 때문에 주택 소유자도 손실을 입는다는 것을 알아야 한다. 하지만 통상적인 모기지 계약일 경우 2만 달러의 순자산을 모두 잃어버리게 된다는 것을 생각해 보면 손실은 훨씬 적다. 만약 미국 전역에서 책임 분담 모기지 계약을 사용하고 있었다면 2006년과 2009년 사이 두드러지게 증가한 부의 불평등 현상을 막을 수도 있었을 것이다.

책임 분담 모기지의 장점은 또 있다. 책임 분담 모기지는 압류를 줄이고 총수요의 급격한 위축을 막아서 경제 구성원 모두에게 이로울 수 있다. 책임 분담 모기지 계약의 주요 장점 중 하나는 압류를 방지하는 데 있다. 책임 분담 모기지의 하방 위험 보호 조항은 주택 담보 대출 비율LTV이 계약 시점 비율보다 더 높아지지 않게 한다. 예를 들어, 주택 소유자가 애당초 20퍼센트의 최초 납입금을 내고 집을 샀다면 향후 집값이 어떻게 변화하든 간에 집값의 20퍼센트에 해당하는 순자산을 가지고 있게 된다.

만약에 위기 전 모기지 계약이 모두 책임 분담 모기지의 형태였다면 수많은 깡통 주택들은 나타나지 않았을 것이다. 설령 일부 사람들이 월 상환금을 납부하지 못했다 하더라도 집을 압류당하지는 않았을 것이다. 책임 분담 모기지 계약 아래에서는 이들 소유자들이 순자산을 보유하고 있기 때문에 집을 팔아서 순자산에 해당하는 금액을 현금화할 수 있었다. 책임 분담 모기지가 널리 사용되고 있었다면 대규모의 압류 위기를 피할 수도 있었을 것이다. 흥미롭게도 책임 분담 모기지의 하방 위험 보호 조항은 주택 시장 위기의 크기 자체를 줄였을 수도 있다. 이 조항으로 압류가 줄어들면서 2006~2009년 사이 집값 하락폭도 감소했을 것이기 때문이다.

2장에서 언급했던 프란체스코 트레비와의 공동 연구에서 우리는 압류가 주택 가격에 미치는 효과를 추정했다. 우리 분석에 따르면 2007년부터 2009년 사이 압류당하는 주택 소유자가 1퍼센트 증가할 때마다 집값이 1.9 퍼센트포인트 떨어지는 것으로 나타났다. 이 시기에 전체 주택의 5.1퍼센트에 해당하는 집들이 압류를 당했는데 책임 분담 모기지 계약 형태였다면 이 중 대부분이 압류를 피할 수 있었을 것이다. 또한 압류의 감소로 인해 2007년부터 2009년 사이 집값 하락도 9.7퍼센트포인트 감소시킬 수 있었을 것이다. 실제 이 시기에 집값이 21퍼센트포인트 감소한 것을 생각해 보면 이는 큰 효과이다. 이와 같이 압류를 예방함으로써 책임 분담 모기지는 전체 순자산 손실의 46퍼센트에 해당하는 2.5조 달러의 재산 손실을 막을 수 있었을 것이다.

결과적으로 주택 순자산의 감소를 줄일 수 있었다면 두 가지 긍정적인 연쇄 효과를 기대할 수 있었다. 바로 높은 가계 지출과 적은 일자리 손실이다. 3장에서 우리는 가계 순자산의 감소가 가계 지출에 미치는 효과를 살펴보았다. 2006년부터 2009년 사이 주택 자산이 1달러 감소할 때마다 가계는 6센트꼴로 소비를 줄였다. 이 추정치를 이용하면 같은 시기 2.5조 달러에 해당하는 주택 관련 부의 감소는 가계 지출을 1,500억 달러나 줄였다는 것을 알 수 있다.

언뜻 봐서는 그냥 지나칠 수도 있지만 책임 분담 모기지가 소비 지출에 미치는 긍정적인 효과는 또 있다. 3장에서 우리는 순자산이 적고 레버리지가 높은 가계들의 한계 소비 성향이 크다는 것을 살펴봤다. 책임 분담 모기지는 집값 하락으로 이들이 받을 충격의 일부를 채무자에 비해 한계 소비 성향이 낮은 채권자에게 이전시킨다. 그리고 이와 같은 부의 이전을 통해 소비 지출은 전반적으로 증가하게 된다. 과연 소비 지출은 얼마나 증가할까? 2006~2009년 기간 전체 집값 하락분은 5.5조 달러였고, 책임 분담 모기지로 인해 압류가 줄어들어 집값에 미친 영향은 2.5조 달러였으므로 주택 자산의 감소는 3조 달러에 그쳤을 것이다. 즉 책임 분담 모기지가 있었다면 2006~2009년 기간 주택 자산의 감소는 실제 감소 폭의 55퍼센트가 감소하는 데 그쳤을 것이다.

하방 위험 보호 조항에 따라 채권자는 채무자의 손실 일부를 떠안게 된다. 우리는 우편번호 지역 단위별 집값의 실제 하락 폭과 평균 주택 담보 대출 비율을 이용해서 하방 위험 보호 조항의 경제적 효과를 추정할 수 있다. 이와 별도로 해당 지역의 집값을 이용하지 않고 55퍼센트의 집값 하락 폭을 모든 지역에 동일하게 적용해서도 추정해 보았다. 또한 채무자들은 집값의 10퍼센트에 해당하는 최초 납입금만 냈다고 가정했다. 실제로는 상당수의 채무자들이 10퍼센트를 상회하는 최초 납입금을 냈기 때문에 10퍼센트로 가정하는 것은 보수적인 접근이다. 앞서 살펴본 것처럼 하방 위험 보호 조항으로 인해 채무자들은 집값이 하락하더라도 10퍼센트의 순자산 비율은 유지할 수 있다. 따라서 순자산 비율이 10퍼센트 아래로 내려가는 사람도 없을 뿐더러 주택 담보 대출 비율도 90퍼센트를 상회하는 경우도 발생하지 않는다.

주택 담보 대출 비율이 90퍼센트를 상회하는 경우가 없다는 것을 이용해서 우리는 주택 자산 손실 중 얼마만큼이 대부자에게 전가되는지 계산할 수 있다. 우리가 계산한 바에 따르면 하방 위험 보호 조항으로 인해 단독 주택 모기지 잔금의 4.3퍼센트에 해당하는 금액이 대부자에게로 이전된다. 2006년 당시 단독 주택 모기지 잔금은 10.5조 달러였으므로 4,510억 달러의 손실이 채무자에게서 채권자로 이전되는 셈이다.[14] 이로 인해 채무자의 주택 관련 순자산은 증가하며 채권자는 금전적 손실을 입게 된다.

은행 중심적 시각을 옹호하는 사람들은 4,510억 달러의 손실은 금융 부문에 크나큰 부담이 될 것이라 주장할 수 있다. 그러나 우리가 계속 주장하는 바와 같이 어떤 경우에도 금융 기관이 손실을 입을 수 없다는 주장은 어처구니없는 것이다. 금융 기관들은 위험을 감수하고 그 대가로 이윤을 올리는 기관들이다. 따라서 금융 기관은 어떤 경우에도 손실을 입을 수 없다고 주장하는 것은 말이 안 된다. 또한 책임 분담 모기지를 사용한다면 투자자들도 높은 레버리지를 이용해서 투자하는 것을 꺼리게 될 것이다. 우리가 촉구하는 바는 손실이 났을 경우 그에 준하는 책임을 지는, 즉 주식과 같은 계약 방식을 보다 많이 사용하는 금융 시스템을 만들자는 것이다.

금융 자산에 대한 한계 소비 성향은 매우 작은 것으로 추정되는 반면, 깡통 주택에 살고 있는 채무 가계의 주택 자산에 대한 한계 소비 성향은 매우 높다. 우리가 추정한 바에 따르면 이들 가계의 한계 소비 성향은 평균 한계 소비 성향에 비해 2배 정도 높다.[15] 채무자의 손실 1

달러를 채권자에게로 이전하면 전체 소비는 0.12달러 증가한다. 따라서 4,510억 달러의 손실이 채권자에게로 이전된다면 540억 달러에 달하는 소비 지출의 증가를 기대할 수 있다.

종합해 보면 2006년 모기지가 책임 분담 모기지 형태였다면 집값 하락 방지로 인한 소비 지출이 1,500억 달러 증가하고, 손실을 채무자에게서 채권자에게로 이전하면서 생기는 추가 소비 지출이 540억 달러에 달했을 것이다. 즉 총 2,040억 달러에 달하는 총수요 증가를 기대할 수 있었던 것이며 이는 경제 전체의 경기를 진작시키는 데 큰 도움이 되었을 것이다. 이해하기 쉽게 부연하자면, 2009년 정부의 경기 진작 프로그램으로 5,500억 달러가 지출되었다는 것을 상기해 보자. 단순히 모기지 형태가 책임 분담 모기지 형태였더라면 정부가 소비 진작 프로그램에 들인 돈의 절반에 가까운 소비가 자동적으로 늘었을 것이고, 더욱이 어떤 형태의 정부 부채 증가도 초래하지 않았을 것이다.

일자리 보전하기 ——

책임 분담 모기지의 또 한 가지 중요한 장점은 경제가 바닥에 있을 때 총수요를 지탱해서 일자리도 보전할 수 있다는 것이다. 우리는 5장에서 살펴본 결과를 이용해서 책임 분담 모기지를 통해 얼마만큼의 일자리를 지킬 수 있었는지 계산해 볼 수 있다. 미국 경제의 장기적 추세와 비교해 봤을 때 2006년부터 2009년 사이 발생한 수요 감소는 8,700억 달러이며, 수요 감소로 인한 일자리 손실은 400만 개라는 것을 이

미 살펴봤다. 위에서 계산해 본 것처럼 책임 분담 모기지로 인해 2,040억 달러의 추가적인 소비가 발생했다면 2006년부터 2009년 사이 거의 100만 개에 달하는 일자리를 지킬 수 있었다는 계산이 나온다.

그러나 이 계산은 완전하지 않다. 왜냐하면 보전된 일자리에서 일하는 사람들로부터 나오는 추가적인 소비 지출을 계산하지 않았기 때문이다. 증가된 소비 지출로 일자리가 보전되고, 그 자리로부터 소비 지출이 나오는 선순환은 최초의 소비 지출 효과를 더 크게 할 것이다. 이런 효과를 경제학자들은 〈승수 효과multiplier effect〉라 부른다. 이 효과에 대한 관심은 애당초 정부 지출 승수government-spending multiplier로부터 나왔는데 이는 정부 지출이 1달러 증가할 때 국민 소득은 얼마나 늘어나는가를 측정한다. 컬럼비아 대학의 에미 나카무라와 존 스타인손이 해온 정부 지출 승수에 대한 신뢰성 높은 연구에 따르면 정부 지출 승수는 평균적으로 1.5 정도로, 정부가 지출을 1달러 늘리면 국민 소득은 1.5달러 정도 증가한다. 하지만 이들의 연구에 따르면 2007~2009년 기간과 같이 실업률이 매우 높은 시기에는 정부 지출 승수가 이보다 훨씬 더 커져 3.5에서 4.5에 달한다.[16]

정부 지출 승수에서 말하는 정부 지출은 미래 세대의 세금 부담으로 충당되므로 세금 인상으로 인한 소비 감소를 고려하면 실제 효과는 정부 지출 승수 추정치가 의미하는 바에 비해 적을 수 있다. 반면 책임 분담 모기지는 정부 재원과 관계없이 민간 부문의 소비 증가를 가져오기 때문에 미래의 세금 인상으로 인한 소비 감소 효과가 없다. 즉 책임 분담 모기지의 지출 승수가 정부 지출 승수보다 더 클 가능성이 높다. 책임 분담 모기지의 지출 승수를 정확하게 추정하지 않더라도 이로 인해 위기의 심각성이 얼마나 덜어졌을지 예상해 볼 수 있다. 만약에 지출 승수를 2로 가정한다면 소비 감소는 8,700억 달러가 아니라 4,600억 달러에 그쳤을 것이고, 200만 개의 일자리가 보전되었을 것이다. 만약에 지출 승수를 4로 가정한다면 아예 대침체 자체가 없었을 것이다.

추가적인 장점 ──

책임 분담 모기지의 장점은 단순히 위기 극복 과정에만 있는 것이 아니다. 특히 책임 분담 모기지는 거품을 예방하는 데도 도움이 된다. 하방 위험 보호 조항으로 인해 대부자들은 집값이 향후 어떻게 변할지 관심을 갖게 된다. 만약에 가까운 미래에 집값이 폭락한다면 최근 발행된 모기지는 하방 위험 보호 조항을 통해 대부자에게도 큰 손실을 안길 것이다. 그렇기 때문에 대부자들은 지역 주택 시장에 〈거품〉이 끼지 않았는지 면밀히 살피게 되고, 특히 최근 모기지 계약을 맺은 지역의 경우 더 조심스럽게 살펴보게 될 것이다. 만약에 어떤 지역의 주택 시장에 거품이 꼈다면 손실 가능성을 감안해서 해당 지역의 이자율을 더 올릴 것이고 그 결과 이 지역의 모기지 수요는 감소하게 될 것이다. 즉 책임 분담 모기지 제도는 주택 시장이 과열될 때 주택 가격을 끌어내리는 역할, 즉 〈경기 역행적인lean against the wind〉 효과가 시장 안에서 자동적으로 작동하게 만든다.

또 한 가지 장점은 주택 소유자들도 캐시아웃 리파이낸싱을 보다 신중하게 고려한다는 것이다. 자본 이득 공유 조항 때문에 집값이 빠르게 올라서 캐시아웃 리파이낸싱을 할 경우 주택 소유자들은 대부자에게 순자본 이득의 5퍼센트를 지불해야 한다. 캐시아웃 리파이낸싱을 받기가 쉬워지자 많은 주택 소유자들이 빚잔치를 벌렸던 것을 생각해 보면 이 조항은 채무자에게 적절한 규율이 될 것이다.

그런데 현실에선 왜
책임 분담 모기지가 안 보일까? ──

정부는 빚을 내서 자금을 조달하는 경우에 광범위한 세제 혜택을 주며, 이런 혜택으로 인해 금융 시스템은 지나치게 채무 계약에 의존해서 작동한다. 특히 차입에 대한 이자 지급액은 세금 공제가 된다. 채무 계약이 경제에 미치는 해악에도 불구하고, 정부가 이런 세제 혜택을 제공하는 것은 정부가 앞장서서 경제 구성원들에게 빚을 더 쓰라고 밀어붙이는 것이나 다름없다. 모기지 시장은 특히나 더 정부에 의해 좌우되며 세금 정책으로 인해 왜곡되어 있다. 모기지 시장에서 가장 큰 역할을 하는 기관은 프레디맥과 패니메이다. 이들 기관이 시장에서 가장 많이 쓰이는 모기지의 계약 형태를 결정하며 시장의 나머지 구성원은 이 계약 형태를 따른다. 예를 들어, 30년 만기 고정 이자율 모기지는 정부 지원 기관에 의해 도입되었으며 주로 미국에서만 관찰되는 계약 형태다.[17]

가계의 금융 계약 형태가 정부에 의해서 결정될 수 있다는 것은 영국의 사례에서도 알 수 있다. 2013년 영국 정부는 〈헬프 투 바이Help to Buy〉라는 프로그램을 시행했는데, 이는 데이비드 마일스 영란은행

통화정책위원회 위원이 〈주식성 대출equity loan〉이라 부르는 대출을 해주는 정책이었다. 이 프로그램에 따르면 가계는 5퍼센트의 최초 납입금, 75퍼센트의 모기지 대출금, 그리고 정부가 제공하는 20퍼센트의 주식성 대출을 이용해서 집을 사게 된다. 20퍼센트의 주식성 대출은 주택 가치의 20퍼센트에 고정되므로 집값이 떨어질 경우 주식성 대출의 원금도 함께 떨어진다. 우리가 보기에 주식성 대출은 진일보한 면이 있긴 하지만 75퍼센트의 모기지 대출금이 있다는 점과 가격 하락 시 위험 분담이 제한적이라는 점에서 책임 분담 모기지보다 못한 측면이 있다. 〈헬프 투 바이〉 프로그램을 이용해서 집을 샀더라도 집값이 크게 떨어질 경우 깡통 주택이 생길 가능성은 여전히 있으며 75퍼센트의 모기지와 20퍼센트의 주식성 대출, 즉 95퍼센트의 레버리지가 가능하기 때문에 집값이 뛸 가능성도 있다. 그러나 데이비드 마일스가 일련의 계산을 통해 보였듯이 〈헬프 투 바이〉 프로그램을 대침체 시기 이전부터 시행했다면 경기 위축은 훨씬 완화되었을 것이다. 〈헬프 투 바이〉 프로그램은 우리가 보기에는 미비한 측면이 있긴 하지만 큰 인기를 끌어서 주식성 대출 금액은 크게 증가했다. 이는 정부의 선택이 시장에서 많이 쓰이는 금융 계약 형태에 큰 영향을 미칠 수 있음을 보여 준다.[18]

모기지 산업의 혁신을 더디게 하는 또 다른 요인은 세금 정책이다. 주택 모기지 이자에 대한 세금 감면 때문에 집을 사려는 사람들은 전통적인 모기지 계약 방식을 이용한다. 책임 분담 모기지는 손실 분담과 이익 공유의 특성 때문에 〈채무성 상품debt instrument〉에 해당하지 않기 때문에 전통적인 모기지와 같은 세금 감면 혜택은 받지 못할 것이다. 실제로 미국 국세청도 자금 조달을 하는 가계나 주주가 일반 채권자보다 〈변제 순위가 후순위일 때〉 한해서만 세금 감면 혜택을 준다.[19] 즉 집값이 떨어질 때 주택 소유자가 먼저 손실을 부담해야만 감면 혜택을 받을 수 있다.

만약에 정부가 세제 혜택 등을 통해서 전통적인 모기지 계약 형태가 많이 쓰이도록 하지 않는다고 해도 우리가 제안하는 책임 분담 모기지 같은 계약이 자연스럽게 대안적으로 쓰일지는 확신할 수 없다. 하지만 현재의 정부 정책이 전통적인 모기지 형태를 사용하는 쪽으로 기울어져 있다는 것은 분명하다. 그렇기 때문에 책임 분담 모기지가 효과가 없다거나 쓸모가 없어서 사람들이 쓰지 않는다고 주장할 수는 없다.

빚을 이용한 자금 조달이 저렴한 이유? ──

비단 모기지 시장뿐만이 아니라 금융 시스템 전체가 대체로 빚에 의존하는 경향이 있다. 집을 사고자 하는 사람들이나, 대출을 해주기 위해 자금이 필요한 은행이나, 신규로 공장을 지으려는 회사나, 모두 빚을 이용해서 상대적으로 적은 비용으로 자금을 조달할 수 있기 때문이다. 금융 시스템이 빚에 의존하는 정도를 줄이자고 주장하면 혹자는 금융 비용을 상승시킬 위험이 있다고 할 것이다.

빚을 이용한 자금 조달이 상대적으로 저렴한 이유는 정부가 대대적으로 정책적 보조를 해주기 때문이다. 이미 언급한 이자 비용에 대한 세금 감면뿐만이 아니다. 금융 시스템 전체가 금융 중개 기관의 빚을 명시적으로 또는 암묵적으로 보증하는 정부의 역할에 기대고 있다. 예금 보험으로 인해 은행들은 단기 채무(예금)에 크게 의존한다. 금융 기관들, 그중 특히 대형 금융 기관들은 암묵적인 정부의 지급 보증을 믿고 자금의 대부분을 빚에 의존해서 조달한다. 정부의 명시적 또는 암묵적 보증으로 인해 빚을 이용하는 개인이나 사적 기관들은 자금 조달 비용을 낮출 수 있을지 몰라도 이 비용은 납세자들과 관계가 있다. 여러 제도적 혜택으로 인해 융통성 없는 빚에 의존한 자금 조달을 하도록 종용받는 금융 기관들이 조달한 자금을 다시 융통성 없는 채무 계약inflexible debt contracts을 통해 가계들에게 자금을 공급한다는 것은 어처구니없지만 엄연한 현실이다.

더욱이 우리가 이 책을 통해 내내 주장한 바와 같이, 채무를 통한 자금 조달은 계약 당사자들이 감내하지 않는 해로운 부작용까지 야기한다. 즉 부정적인 외부 효과가 발생한다. 압류와 같이 시장 가격보다 싸게 파는 투매 현상, 가계들이 지출을 줄인 결과 경제 전체의 총수요가 급감해서 발생하는 불황 등을 예로 들 수 있다. 빚을 이용한 자금 조달은 당사자에게는 비용이 적게 들지만 이러한 대규모의 부정적 외부 효과는 경제 전체가 감당하게 된다.

우리가 보기엔 대규모의 정부 보조 때문에 금융 시스템이 과도하게 빚에 의존한다. 하지만 일부 경제학자들은 다른 요인들을 고려하면 채무 계약은 최적 계약 형태이며 왜 널리 쓰이는지 알 수 있다고 주장한다. 예를 들어 도덕적 해이 문제를 해결할 수 있다. 학자금 대출을 받은 대학생이 미래 소득에 관계없이 대출 상환을 해야 한다면 이 학생은 보수가 좋은 직장을 잡기 위해 열심히 공부하고 일할 거라는 논리다. 만약에 되갚아야 할 대출금이 소득에 연동된다면 이 학생이 보수가 높은 일자리를 찾을 동기가 약해진다. 돈을 벌어 봤자 일부는 대출금 상환으로 날아가고, 설사 일을 안 한다 하더라도 아무런 처벌이 없다면 굳이 일할 필요가 있을까?

위의 논리는 그럴듯하게 들리지만, 한 개인이 앞으로 벌어지는 일들이나 그 결과들을 통제할 수 없다면 위의 논리는 더 이상 성립하지 않는다. 얼마나 학업에 열중하느냐는 학생 본인이 결정할 수 있지만, 졸업하는 시점의 일자리 사정은 이 학생이 결정할 수 있는 일이 아니다. 책임 분담 모기지와 같이 우리가 제안하는 주식의 성격이 가미된 계약은 개인이 통제할 수 없는 위험을 감안한다. 책임 분담 모기지의 경우 계약은 주택 소유자가 살고 있는 집의 가격이 아니라 해당 지역의 주택 가격 지수에 연동되어 집값 하락의 위험을 덜어 줄 것이다. 학자금 대출의 경우에도 계약은 개인의 소득이 아니라 노동 시장의 전반적인 환경에 따라 상환 부담이 조정되어 대졸자들의 부담을 덜어 줄 것이다. 개인이 어떻게 조정할 수 없는 위험을 감안한 계약은 도덕적 해이 문제를 피할 수 있을 뿐더러 채무자에게 일종의 보험을 제공할 수 있다.

빚을 이용한 자금 조달의 비용이 저렴한 이유로 투자자들이 초안전 자산을 원하기 때문이라 주장하는 사람들도 있다. 손실 위험이 없는 자산에 대해서 투자자들은 더 비싼 값을 치를 의향이 있다. 그러나 투자자에게 손실 위험이 없는 자산은 채무자가 모든 위험을 감당할 때만 가능하며 모든 위험을 감당한 대가로 비용이 저렴해질 수 있다. 만약에 손실이 났을 때 투자자도 책임을 지는 주식 같은 형태의 계약이 널리 쓰이고 있다면 초안전 자산을 원하는 투자자들은 더 높은 값을 치러야 할 것이다.

그렇다면 투자자들은 높은 기대 수익을 보장받는다 하더라도 왜 위험을 감당하기를 꺼릴까? 투자자들은 경제 안에서 가장 부자인 사람들이기 때문에 위험에 대해 적절하게 보상을 받는다면 위험을 기꺼이 감당할 의향이 있는 사람들이다. 초안전 자산으로 보이는, 또는 그렇게 불리는 자산들을 투자자들이 얼마나 간절히 원하는지를 우리는 잘 알고 있다. 그러나 이런 현상들도 결국에 빚에 의존한 자금 조달에 대해 정부가 보조를 해주는 것과 똑같은 이유로 발생한다. 예를 들어 금융 위기가 한창이던 2008년 9월, 미국 재무부는 자금이 빠르게 유출되던 머니 마켓 펀드에 개입했다. 이는 앞으로 머니 마켓 펀드의 자금은 정부가 보호해 주겠다는 선언과 다름없다. 머니 마켓 펀드에 투자하려는 투자자들의 〈욕구〉는 아무 생각 없이 관행적으로 생긴 것이 아니라 정부 보조에 충실하게 반응한 결과이다.

또한 투자자들이 선천적으로 초안전 자산을 선호한다고 해도 정부가 초안전 자산에 대한 수요를 만족시켜야지 민간 부문이 나서서는 안 된다. 경제 내에서 초안전 자산의 정의에 가장 가까운 자산은 정부 국채다. 만약에 민간 부문이 초안전 자산을 원한다면 정부가 공급해 주면 된다.[20] 7장에서 살펴본 것처럼 민간 부문이 초안전 자산을 공급하는 것은 바람직하지 않는 결과를 가져오며 민간 부문이 만들어 내는 초안전 자산은 대부분의 경우 〈초안전〉하지도 않다. 아넷 비싱요르겐센Annette Vissing-Jorgensen과 아르빈드 크리슈나무르티Arvind Krishnamurthy의 연구는 이 점을 잘 보여 준다. 이들의 연구에 따르면 금융 위기 전 안전 자산이라 여겨졌던 단기 국채의 부족 현상이 발생하자 은행들은 스스로 초안전 자산을 만들어서 시장에 공급하려 했다. 그러나 은행 부문이 대신 무위험 자산을 공급하려는 시도는 필연적으로 실패했고, 이는 결국 금융 위기로 이어졌다.[21]

위험을 보다 고르게 나누기 ──

책임 분담 모기지 계약이 기반을 두고 있는 위험 분담 원칙은 여러 상황에 적용될 수 있다. 예를 들어, 대침체 시기 아일랜드와 스페인과 같이 채무 부담이 아주 컸던 유럽 국가들은 독일과 같은 채권국에 비해 훨씬 더 심각한 불황을 겪었다. 왜 그랬을까? 채권 국가는 그대로 두고 모든 손실을 채무 국가에게 전가하는 융통성 없는 채무 계약이 불황의 심화에 한몫했기 때문이다. 레버드 로스 프레임워크는 미국 내 문제뿐만 아니라 국제간 관계에도 그대로 적용할 수 있다.

한 나라가 외국 통화로 낸 빚을 국가 부채sovereign debt라 한다. 국가 부채의 부정적인 측면 중 하나는 돈을 빌려 온 국가가 아주 심각한 불황을 겪고 있더라도 갚아야 할 원금은 변하지 않는다는 것이다. 스페인처럼 경기가 급격히 하강하고 실업률이 25퍼센트를 넘어도 국가 부채에 대한 이자와 원금은 변하지 않는다. 만약에 자국 통화로 채무를 졌다면 인플레이션을 일으켜서 채무 부담을 줄일 수 있지만 유로화로 빚을 진 나라들은 이런 방법을 쓸 수 없었다. 한 가지 시도할 수 있는 방법은 유로존을 탈퇴하고 원래 쓰던 통화를 쓰는 것이다. 하지만 이 방법은 유로화로 진 빚에 대해 채무 불이행을 하는 것이기 때문에 경제를 더욱 악화시킬 수 있다.

국가 부채 계약을 좀 더 유연하게 만들 경우 위와 같은 극단적 선택들을 피할 수 있다. 마크 컴스트라Mark Kamstra와 2013년 노벨경제학상 수상자인 로버트 실러는 투자자에게 지불하는 정기적인 이자 지급액coupon payment을 해당 국가의 명목 국내 총생산에 연동시키는 국가 부채 계약을 제안한 바 있다.[22] 마치 주식에서 나오는 배당금이 기업의 성과에 따라 달라지듯이, 투자자가 얻는 이득도 해당 국가의 경제 성적에 따라서 달라지기 때문에, 이러한 계약 방식에는 주식의 성격이 가미되어 있다. 스페인의 경우, 이들이 제안하는 방식은 자동 안정화 장치automatic stabilizer의 역할을 했을 것이다. 왜냐하면 경제 상황이 악화될수록 상환액도 감소해서 위기가 더 깊어지지 않도록 했을 것이기 때문이다.

금융 위기에 대한 최고 전문가 중 한 사람인 케네스 로고프 하버드대 교수도 융통성 없는 채무 계약의 특성으로 인한 국가 부채 위기를 강하게 비판한다. 로고프 교수의 말마따나 〈만약 [선진국들의] 정부가 시간을 갖고 주식에 가까운 방식으로 자금을 사용하는 방법을 고민했다면 현재의 금융 시스템은 위기에 자주 맞닥뜨리지 않는 강한 시스템이 되었을 것이다〉.[23]

물론 이런 방식의 계약을 사용하는 것이 쉬운 것만은 아니다. 예를 들어 상환액은 국내 총생산 증가율에 연동되어야 할까, 아니면 국내 총생산 절대액에 연동되어야 할까? 상환 부담을 줄이기 위해 국내 총생산 통계를 일부러 낮춰 발표하는 나라는 없을까? 그러나 이런 기술적 문제들이 훨씬 더 중요한 목표를 가려서는 안 된다. 충격에 가장 취약한 나라들에게 거시적 위험을 전가하는 비효율적인 국제 금융 시스템보다 거시적 위험을 고루 나누는 보다 효율적인 시스템을 만드는 것이 보다 더 중요한 문제다.

아낫 아드마티Anat Admati와 마틴 헬위그Martin Hellwig가 설득력 있게 설명한 것처럼 은행 시스템도 위험을 분담하는 방향으로 갈 필요가 있다.[24] 아드마티와 헬위그는 외부 충격에 취약한 금융 시스템을 개선하기 위해 금융 기관들이 주식을 이용한 자금 조달equity financing을 더 사용하도록 감독 기관이 강제할 필요가 있다고 주장한다. 만약에 은행 시스템이 주식이나 자기 자본을 이용해서 자금 조달을 하는 경우가 더 많아진다면 자산 가격이 하락하더라도 빌려 온 자금에 대해 채무 불이행을 선언할 가능성은 많이 줄어들 것이다. 자기 자본이 많아질수록 은행 위기는 줄어들 것이며, 그렇게 되면 중앙은행이 개입할 필요성도 줄어들 것이다.

우리들을 위한 금융 시스템 ——

우리가 이 책에서 제안하는 정책들 중 다수는 급진적으로 들릴지 모른다. 하지만 우리의 제안이 급진적으로 들렸다면 그 이유는 우리의 금융 시스템이 그만큼 정상적인 상태에서 멀리 떨어져 있기 때문이다. 현재의 금융 시스템은 충격을 감내할 여력이 가장 적은 가계에 모든 위험을 전가하고 있다. 투자자들은 채무에 대한 정부 보조를 놓칠세라 금융 시스템을 면밀히 지켜보고 있고, 다수의 사람들은 초안전 자산이 정말로 안전하다고 착각하면서 지속될 수 없는 거품을 일으키고 있다. 금융 시스템은 붐-버스트의 악순환을 자주 겪고 있고, 그 와중에 모두가 불행해지고 있다. 금융 시스템이 국민 경제에서 차지하는 비중은 점점 더 커지고 있으나 미국 국민들 다수가 금융 시스템을 신뢰하지 않고 있다.

우리가 제안하는 바는 금융 시스템이 본래의 목적에 충실해야 한다는 것이다. 가계는 집을 사거나 교육에 투자할 때 수반되는 위험을 금융 시스템을 통해 분산시킬 수 있어야 한다. 투자자들은 눈먼 정부 보조를 찾기 위해서가 아니라, 감당하는 위험에 부합하는 정당한 수익을 얻기 위해 금융 시스템을 활용해야 한다. 금융 시스템은 경제 성장뿐만 아니라 경제 안정에도 기여해야 한다.

문제의 장본인은 빚이다. 그리고 해결책은 명약관화하다. 가계가 통제할 수 있는 범위에서 벗어나 있는 위험에 연동된 주식 성격의 계약이 금융 시스템 내에서 더 많이 채택되고 사용되어야 한다. 투자자들은 그러한 위험을 부담하는 것에 대한 보상을 받아야 하고, 가계는 위험이 현실화되었을 때 보호를 받을 수 있어야 한다. 또한 정부의 정책도 은행권이나 가계로 하여금 융통성 없는 채무 계약을 쓰도록 유도하는 정책 보조를 없애는 방향으로 가야 한다.

해결책들은 원칙적으로 매우 분명해 보이지만 현실적으로 어려움이 없지는 않을 것이다. 우리는 그 점을 잘 인식하고 있다. 현재의 금융 시스템으로 이득을 보는 사람들은 매우 극소수이며, 이들 소수의 기득권층은 빚의 사용을 권장하는 금융 시스템을 개혁하려는 어떤 시도도 관철되지 않도록 애쓸 것이다. 하지만 지금껏 해왔던 것처럼 지속 가능하지 않은 빚잔치를 벌이고, 파국의 고통을 받고, 또다시 빚잔치를 벌이는 빚과 파국의 악순환이 반복되는 전철을 밟을 수는 없다. 미국 경제, 나아가 세계 경제를 안정시키기 위해서는 이전과 다른 방향으로 나아가야 한다. 이 책을 통해 우리는 다수의 사례와 경험적 증거에 기반을 둔 지적인 프레임워크를 보여 주고자 했으며, 이 프레임워크는 금융 시스템을 개혁하는 방안을 마련하는 데 도움이 될 것이다. 아마도 이 책에서 논의한 세부적인 내용 하나하나까지 우리가 다 옳을 수는 없을 것이다. 하지만 우리는 보다 큰 일반적인 원칙에 대해서는 확신할 수 있다. 빚을 줄이고 주식 성격의 자금 조달을 늘리는 방향으로 나아갈 때 고통스런 경기 불황을 피할 수 있고, 지속 가능한 경제 성장의 토양을 마련할 수 있다.

이 책의 기반이 되는 연구는 우리가 지난 5년 넘게 해왔던 것이다. 수많은 동료들, 세미나 참가자들, 토론자들, 논문 심사자들이 우리가 생각을 가다듬도록 도와주었다. 먼저 우리가 책을 쓰는 동안 우리의 일터가 되어 주고 지적 자극을 받는 환경을 제공해 준 프린스턴 대학, 캘리포니아 대학 버클리 캠퍼스, 시카고 대학 부스 경영대학원에 감사를 전한다. 또한 연구비를 지원해 준 시카고 대학 부스 경영대학원의 파마밀러 센터, 버클리 대학의 부동산 및 도시경제학 연구를 위한 피셔 센터, 시카고 대학 부스 경영대학원의 국제시장 연구센터Initiate on Global Markets, 프린스턴 대학의 율리스-라비노비츠 금융 및 공공정책 센터, 그리고 국립과학재단에 감사한다.

이 책에 소개된 논문들 중 일부를 함께 쓴 카말레시 라오와 프란체스코 트레비에게도 감사를 전한다. 딜런 홀은 탁월한 연구 보조자였다. 그가 책을 꼼꼼하게 읽고 여러 제안을 해준 덕분에 이 책은 더 나은 책이 될 수 있었다. 아데어 터너, 홀 와이츠만, 그리고 두 명의 익명 감수자의 논평은 큰 도움을 주었다. 우리는 또한 행정 업무를 훌륭하게 처리해 준 사라 니먼에게도 감사한다.

시카고 대학 출판부의 편집자인 조 잭슨은 우리가 했던 학문적 연구의 내용이 쉽고도 흥미롭게 읽힐 수 있도록 책을 쓰는 기간 내내 훌륭한 조언자 역할을 해주었다. 또한 이 책이 세상에 나올 수 있도록 해준 캐리 올리비아 애덤스와 여러 시카고 대학 출판부 구성원에게 감사의 말을 전하고 싶다.

이 책과 이 책의 근간을 이루는 연구들은 가족의 인내와 도움이 없었더라면 애초부터 가능하지 않았을 것이다. 우리의 가족은 늘 딴 곳에 정신이 가 있는 우리를 너그럽게 이해해 주었다. 우리는 이 책을 우리의 부모님과 배우자에게 바친다.

아티프는 말로 형언할 수 없을 만큼 부모님의 사랑과 애정, 그리고 헤아릴 수 없는 희생에 감사한다. 늘 지지해 주는 인생의 동반자 아예사 아프탭을 만난 것은 아티프에게 엄청난 행운이었다.

아미르는 사이마 아베딘 수피의 지칠 줄 모르는 사랑과 지지에 감사한다. 그녀의 도움이 없었더라면 지금까지 해온 연구들은 가능하지 않았을 것이다. 아미르는 또한 인생의 가장 힘든 시간을 지낼 때마다 늘 현명하게 인도해 준 부모님께도 감사한다.

마지막으로 우리는 우리 아이들에게 감사한다. 아이들은 연구 시간 틈틈이 망중한을 선사해 준 동시에 우리가 이 책의 바탕이 된 연구들을 하게끔 동기를 부여해 주었다. 우리는 이 세계가 미래의 세대들에게 더 나은 장소가 되기를 희망한다.

1장

1 인터뷰를 포함한 인디애나 주 북부의 당시 상황에 대해서는 다음을 참고하였다. Jim Meenan, "1,400 Monaco Jobs Lost," *South Bend Tribune*, July 18, 2008; James Kelleher, "Economy Slams Brakes on Winnebago," *Global and Mail* (Canada), July 22, 2008; Jim Meenan, "Monaco Says State Requirements Met," *South Bend Tribune*, August 9, 2008; Tony Pugh, "Is RV Capital of America on the Road to Ruin?," *Knight Ridder Washington Bureau*, December 19, 2008; Andrea Holecek, "Notices of Closings or Layoffs Tell Sad Story in Indiana," *Times* (Munster, IN), August 11, 2008; "Corporate Fact Sheet," Monaco Coach Corporation, http://media.corporate-ir.net/media_files/IROL/67/67879/Monaco_factsheet10.11.06.pdf; Joseph Dits, "Agency Leaders Digest the News," *South Bend Tribune*, July 18, 2008.

2 압류 가구 수는 코어로직 사의 보도 자료를 참고하였다. "CoreLogic Reports 61,000 Completed Foreclosures in January," February 28, 2013, http://www.corelogic.com/about-us/news/corelogic-reports-61,000-completed-foreclosures-in-january.aspx. 소득 감소에 대한 수치는 NIPA 통계에서 구한 국내 총생산의 장기 선형 추세를 이용해서 계산하였다.

3 실업이 자살률에 미치는 영향에 대한 연구는 다음을 참고하였다. Timothy Classen and Richard A. Dunn, "The Effect of Job Loss and Unemployment Duration on Suicide Risk in the United States: A New Look Using Mass-Layoffs and Unemployment Duration," *Health Economics*

21 (2011): 338-50; 실업이 임금 손실에 미치는 영향에 대해서는 다음을 참고하였다. Steven J. Davis and Till von Wachter, "Recessions and the Costs of Job Loss," *Brookings Papers on Economic Activity*, Fall 2011.

4 Franklin Delano Roosevelt, "Fireside Chat," September 30, 1934.

5 John Maynard Keynes, *The General Theory of Employment, Interest, and Money* (1935; reprint, CreateSpace Independent Publishing Platform, 2011).

6 Arthur Conan Doyle, "A Scandal in Bohemia," in *The Adventures of Sherlock Holmes* (London: George Newnes Ltd., 1892), http://168.144.50.205/221bcollection/canon/scan.htm.

7 David Beim, "It's All about Debt," *Forbes*, March 19, 2009, http://www.forbes.com/2009/03/19household-debt-gdp-markets-beim.html.

8 Charles Persons, "Credit Expansion, 1920 to 1929, and Its Lessons," *Quarterly Journal of Economics* 45 (1930): 94-130.

9 Martha Olney, "Avoiding Default: The Role of Credit in the Consumption Collapse of 1930," *Quarterly Journal of Economics* 114 (1999): 319-35.

10 Barry Eichengreen and Kris Mitchener, "The Great Depression as a Credit Boom Gone Wrong," *Bank for International Settlements Working Paper* 137 (2003): 36.

11 Olney, "Avoiding Default," 321; Frederic Mishkin, "The Household Balance Sheet and the Great Depression," *Journal of Economic History* 38 (1978): 918-37.

12 Persons, "Credit Expansion."

13 Peter Temin, *Did Monetary Forces Cause the Great Depression?* (New York: Norton, 1976)

14 Reuven Glick and Kevin J. Lansing, "Global Household Leverage, House Prices, and Consumption," *Federal Reserve Bank of San Francisco*

Economic Letter, January 11, 2010.

15 International Monetary Fund, "Chapter 3: Dealing with Household Debt," in *World Economic Outlook: Growth Resuming, Dangers Remain*, April 2012.

16 Mervyn King, "Debt Deflation: Theory and Evidence," *European Economic Review* 38(1994): 419-45.

17 Carmen Reinhart and Kenneth Rogoff, "Is the 2007 US Sub-Prime Financial Crisis So Different?: An International Historical Comparison," *American Economic Review* 98 (2008): 339-44.

18 Carmen Reinhart and Kenneth Rogoff, *This Time Is Different* (Princeton, NJ: Princeton University Press, 2009).

19 Oscar Jorda, Moritz Schularick, and Alan M. Taylor, "When Credit Bites Back: Leverage, Business Cycles, and Crisis" (working paper no. 17621, NBER, 2011).

20 국제통화기금의 연구도 이 결과를 지지하였다. 해당 연구에 따르면 은행 위기가 수반되지 않았더라도 가계 부채가 많았을수록 불황의 여파가 더 컸다. IMF, "Chapter 3: Dealing with Household Debt."

21 Jorda, Schularick, and Taylor, "When Credit Bites Back," 5.

22 George W. Bush, "Speech to the Nation on the Economic Crisis," September 24, 2008, http://www.nytimes.com/2008/09/24/business/economy/24text-bush .html?pagewanted=all&_r=0.

2장 ———

1 이 절에 나오는 모든 그림은 연방준비제도위원회의 소비자 금융 서베이 Survey of Consumer Finances를 이용해서 작성했다.

2 레버리지 승수는 수학적으로 1/(1-LTV)로 정의된다. 여기서 LTV는 주택 담보 대출 비율을 뜻한다. 우리 예에서 주택 담보 대출 비율이 80퍼센트라면 레버리지 승수는 1/(1-0.8)=5가 된다. 주택 담보 대출 비율이 높을수록 레버

리지 승수도 커진다.

3 연구에 사용한 통계 및 자료의 출처는 다음 연구에 나온다. Atif Mian and
   Amir Sufi, "The Consequences of Mortgage Credit Expansion: Ev-
   idence from the U.S. Mortgage Default Crisis," *Quarterly Journal of
   Economics* 124 (2009): 1449-96; Atif Mian and Amir Sufi, "Household
   Leverage and the Recession of 2007-2009," *IMF Economic Review* 58
   (2010): 74-117; Atif Mian, Kamelesh Rao, and Amir Sufi, "Household
   Balance Sheets, Consumption, and the Economic Slump," *Quarterly
   Journal of Economics*, forthcoming.

4 CoreLogic Press Release, "CoreLogic Third Quarter 2011 Negative
   Equity Data Shows Slight Decline but Remains Elevated," November
   29, 2011, http://www.corelogic.com/about-us/news/corelogic-third-
   quarter-2011-negative-equity-data-shows-slight-decline-but-remains-
   elevated.aspx.

5 Daniel Hartley, "Distressed Sales and Housing Prices," *Federal Reserve
   Bank of Cleveland Economic Trends*, February 24, 2012.

6 Atif Mian, Amir Sufi, and Francesco Trebbi, "Foreclosures, House
   Prices, and the Real Economy" (working paper no. 16685, NBER,
   May 2012).

7 상이한 방법론을 사용한 다른 연구도 비슷한 결과를 얻었다. Elliot Anen-
   berg and Edward Kung, "Estimates of the Size and Source of Price
   Declines Due to Nearby Foreclosures" (working paper 2013-09,
   UCLA, January 11, 2013). 이 연구도 똑같은 경로가 작동함을 보였다. 압
   류로 인해 시세보다 싼 값으로 집을 팔아야 하기 때문에 주변 집값도 함께
   하락시킨다.

8 Andrei Shleifer and Robert Vishny, "Liquidation Values and Debt Ca-
   pacity: A Market Equilibrium Approach," *Journal of Finance* 47 (1992):
   1343-66.

9 John Geanakoplos, "The Leverage Cycle," in *NBER Macroeconomic Annual 2009*, vol. 24, ed. Daron Acemoglu, Kenneth Rogoff, and Michael Woodford (Chicago: University of Chicago Press, 2010), 1-65.

10 다음을 참고하라. National Fire Protection Association data, http://www.nfpa.org/research/fire-statistics/the-us-fire-problem/home-fires.

3장 ──

1 리먼브라더스를 구제하지 못한 것에 대한 앨런 블라인더 발언의 정확한 인용은 〈재앙에 가까운 실수였으며, 당시 많은 사람들이 같은 맥락의 얘기들을 했다〉이다. 다음을 참고하라. Alan Blinder, "Six Errors on the Path to the Financial Crisis," *New York Times*, January 25, 2009.

2 Jacob Weisberg, "What Caused the Great Recession?," *Daily Beast*, January 8, 2010, http://www.thedailybeast.com/newsweek/2010/01/08/what-caused-the-great-recession.html.

3 이 장에 소개된 경험적 사실들은 다음 연구에 기반하고 있다: Atif Mian, Kamalesh Rao, and Amir Sufi, "Household Balance Sheets, Consumption, and the Economic Slump," *Quarterly Journal of Economics*, forthcoming; and Atif Mian and Amir Sufi, "Household Leverage and the Recession of 2007-2009," *IMF Economic Review* 58 (2010): 74-117.

4 James Surowiecki, "The Deleveraging Myth," *New Yorker*, November 14, 2011. 제임스 슈로위키는 같은 칼럼에서 〈소비 지출을 늘릴 목적으로 홈 에쿼티를 이용해 대출을 늘린 것은 지속 가능하지 않았다. 또한 경제가 그런 상태로 가길 바래서도 안 된다〉고 주장했다. 우리는 이 견해에 전적으로 동의한다. 관련 내용 6~8장을 참고하라.

5 전혀 다른 방법론과 통계를 이용한 브루킹스연구소 캐런 디난Karen Dynan의 연구도 부채가 가계 지출에 큰 영향을 준다는 것을 밝혀냈다. 캐런 디난의 연구에 따르면 〈순자산의 변동이 크지 않았음에도 불구하고, 2007~2009년 사이 레버리지가 높았던 가계의 지출이 상대적으로 더 크게 감소했다. 이는

집값 변화에 따른 자산 효과와 별도로 레버리지 자체가 소비를 위축시킨다고 볼 수 있다). Karen Dynan, "Is a Household Debt Overhang Holding Back Consumption?" *Brookings Papers on Economic Activity* (Spring 2012): 299-344.

4장 ———

1 할 배리언 인터뷰는 다음을 참고하라. Holly Finn, "Lunch with Hal," *Google Think Quarterly*, March 2011, http://www.thinkwithgoogle.co.uk/quarterly/data/hal-varian-treating-data-obesity.html; and McKinsey & Company, "Hal Varian on How the Web Challenges Managers," *McKinsey Quarterly*, January 2009, http://www.mckinsey.com/insights/innovation/hal_varian_on_how_the_web_challenges_managers.

2 거시 경제학자들은 이런 펀더멘털을 강조하는 시각에 기반을 둔 이론을 실물 경기 변동 이론real business cycle theory이라고 한다. 이 이론에 따르면 경기 변동은 생산 능력에 대한 충격, 즉 〈실물〉 부문에 대한 충격 때문에 나타난다. 이 분야의 고전적인 논문은 2004년 노벨경제학상 수상자인 에드워드 프레스콧의 논문이다. Edward C. Prescott, "Theory Ahead of Business Cycle Measurement," *Federal Reserve Bank of Minneapolis Quarterly Review* 10, no. 4 (1986): 9-21.

3 로버트 배로Robert Barro도 다음 책의 2장에서 로빈슨 크루소 경제의 예를 사용했다. Robert Barro, *Macroeconomics*, 5th ed. (Cambridge, MA: MIT Press, 1997).

4 우리가 독자적으로 행한 연구 이외에도 아래 네 개의 연구가 우리들이 관련 분야에 대해 사고하는 방식에 큰 영향을 미쳤다. Gauti Eggertsson and Paul Krugman, "Debt, Deleveraging, and the Liquidity Trap," *Quarterly Journal of Economics* 127, no. 3 (2012): 1469-513 Veronica Guerrieri and Guido Lorenzoni, "Credit Crises, Precautionary Savings, and the Liquidity Trap" (working paper, University of Chicago Booth School

of Business, July 2011); Robert E. Hall, "The Long Slump," *American Economic Review* 101 (2011): 431-69; Virgiliu Midrigan and Thomas Philippon, "Household Leverage and the Recession" (working paper, NYU Stern School of Business, April 2011).

5 자산 변화로 인한 충격 때문에 소비가 감소하는 이유로 예비적 동기의 저축 precautionary saving을 들 수 있다. 관련 논문은 다음과 같다. Christopher Carroll and Miles Kimball, "On the Concavity of the Consumption Function," *Econometrica* 64 (1996): 981-92. 크리스토퍼 캐럴은 부의 분포가 불황 때 소비 긴축과 어떻게 연관되는지에 대해 많은 연구를 해왔다. 관련 연구로는 리처드 쿠의 연구를 들 수 있는데 그는 일본의 장기 불황을 〈대차대조표 불황balance sheet recession〉이라 이름 지었다. 대차대조표 불황은 채무 부담이 큰 기업들이 빚을 갚기 위해 투자를 줄이는 결과 나타나는 불황을 뜻한다. Richard Koo, *The Holy Grail of Macroeconomics: Lessons from Japan's Great Recession* (Singapore: John Wiley & Sons [Asia], 2009).

6 다음을 참고하라. Paul Krugman, "It's Baaack: Japan's Slump and the Return of the Liquidity Trap," *Brookings Papers on Economic Activity* 2 (1998): 137-205.

7 이론상으로 정부나 중앙은행이 현금 보유에 대해서 세금을 매긴다면, 현금의 수익률은 마이너스가 될 수 있다. 하지만, 이런 유의 세금은 현실에서 보기 힘들기 때문에 명목 금리의 제로 금리 하한은 여전히 유효할 수 있다.

8 로버트 홀은 제로 금리 하한의 개념을 다음과 같이 직관적으로 쉽게 설명한다. 〈정부가 화폐를 발행하면서 (마이너스 실질 금리보다 높은) 이자까지 붙여 주는 일은 근본적으로 손해를 보는 일이기 때문에 어떤 민간 조직도 할 생각을 못하게 된다. 현금을 보유하는 것을 너무 후하게 보상해 주는 것과 같다.〉 달리 말하면, 현금이 비효율적으로 높은 수익을 안겨다 주는 자산이 되면서 사람들이 필요 이상으로 현금을 많이 보유하게 된다. 다음을 참조하라. Robert E. Hall, "The Long Slump," *American Economic Review* 101 (2011): 431-69.

9 Irving Fisher, "The Debt-Deflation Theory of Great Depressions," *Econometrica* 1 no. 4 (1993): 337-57.

10 예를 들어 젠 후오Zhen Huo와 호세빅터 리오스릴Jose-Victor Rios-Rull 은 수출 산업으로 자원이 재배분되지 않아서 불황이 발생할 수 있는 모형 을 제시했다. Zhen Huo and Jose-Victor Rios-Rull, "Engineering a Paradox of Thrift Recession" (working paper, University of Minnesota, Minneapolis, December 2012).

11 보다 이론적인 모형은 우리가 쓴 다음 논문을 참고하라. Atif Mian and Amir Sufi, "What Explains High Unemployment?: The Aggregate Demand Channel" (working paper, University of Chicago Booth School of Business, 2012).

5장 ——

1 Senator Bob Corker, "Corker: Obama Administration's Principal Write-Down Proposal for Underwater Home Mortgages Is 'Terrible Public Policy,' Forces Tennesseans to Pay for Reckless Housing Practices in Other States," press release, January 30, 2012, http:// www.corker.senate.gov/public/index.cfm/2012/1/corker-obama-administrations-principal-write-down-proposal-for-underwater-home-mortgages-is-terrible-public-policy-forces-tennesseans-to-pay-for-reckless-housing-practices-in-other-states.

2 이 방법론은 우리가 수행한 연구에 기반하고 있다. Atif Mian and Amir Sufi, "What Explains High Unemployment?: The Aggregate Demand Channel" (working paper, University of Chicago Booth School of Business, 2012).

3 가장 중요한 가정은 가계의 선호 체계에 대한 것인데 교역재와 비교역재에 대해 콥-더글러스Cobb-Douglas 선호를 가지고 있다고 가정한다. 콥-더 글라스 선호를 가정하면 주요 변수들의 관계를 비율로 편리하게 표시할 수

있다. 레버드 로스로 인한 충격으로 인해 비교역재 부문에서 감소하는 일자리의 비율을 이용해서 경제 전체에서 감소하는 일자리의 비율을 쉽게 계산할 수 있다. 다음을 참고하라. Atif Mian and Amir Sufi, "What Explains High Unemployment?: The Aggregate Demand Channel."

4 John Maynard Keynes, *The General Theory of Employment, Interest, and Money* (1935; reprint, CreateSpace Independent Publishing Platform, 2011).

5 Mary Daly, Bart Hobijn, and Brian Lucking, "Why Has Wage Growth Stayed Strong?" *FRBSF Economic Letter*, April 2, 2012.

6 Mary Anastasia O'Grady, "The Fed's Easy Money Skeptic," *Wall Street Journal*, February 12, 2011.

7 Kyle Herkenhoff and Lee Ohanian, "Foreclosure Delay and U.S. Unemployment" (working paper, Federal Reserve Bank of St. Louis, June 2012).

8 Jesse Rothstein, "Unemployment Insurance and Job Search in the Great Recession," *Brookings Papers on Economic Activity*, Fall 2011, 143-96.

9 Johannes Schmieder, Till von Wachter, and Stefan Bender, "The Effects of Extended Unemployment Insurance over the Business Cycle: Evidence from Regression Discontinuity Estimates over 20 Years," *Quarterly Journal of Economics* 127 (2012): 701-52.

10 Steven J. Davis and Till von Wachter, "Recessions and the Costs of Job Loss," *Brookings Papers on Economic Activity*, Fall 2011.

6장 ────

1 우편번호 48219, 48223, 48227, 48228, 48235에 해당하는 지역을 디트로이트 서쪽 지역으로 정의했다. 우리가 직접 한 계산과 위키피디아의 다음 정보를 이용했다. http://en.wikipedia.org/wiki/Brightmoor,_Detroit

2 Ron French, "How the Home Loan Boom Went Bust," *Detroit News*, November 27, 2007.

3 Mark Whitehouse, "'Subprime' Aftermath: Losing the Family Home," *Wall Street Journal*, May 30, 2007.

4 French, "Home Loan Boom Went Bust."

5 신용 점수가 가장 높은 지역과 가장 낮은 지역은 신용 점수 기준으로 상위와 하위 20퍼센트를 말한다. 그리고 거부율은 1998년 기준이다.

6 벤 버냉키가 2005년 10월 20일 의회 합동경제위원회 청문회 〈경제 전망〉에서 한 진술에서 발췌했다.

7 자세한 내용은 다음 문헌을 참고하라. Atif Mian and Amir Sufi, "The Consequences of Mortgage Credit Expansion: Evidence from the U.S. Mortgage Default Crisis," *Quarterly Journal of Economics* 124 (2009): 1449-96.

8 빚의 역할과 야수적 충동에 기반을 둔 시각을 완전히 분리하기는 현실적으로 쉽지 않다. 예를 들어, 비합리적인 기대나 믿음을 가진 사람들은 빚을 이용해서 집을 살 수 있다. 이런 경우가 중요한 역할을 할 수 있는데 우리는 8장에서 이에 대해 살펴보고 있다.

9 지역별 주택 시장마다 거품의 발생 조건이 다른 것을 알아내기 위해 주택 공급의 탄력성을 이용하는 방법은 다음 연구를 참고하였다. Edward Glaeser, Joseph Gyourko, and Albert Saiz, "Housing Supply and Housing Bubbles," *Journal of Urban Economics* 64 (2008): 198-217.

10 Mian and Sufi, "Consequences of Mortgage Credit Expansion"; Albert Saiz, "The Geographic Determinants of Housing Supply," *Quarterly Journal of Economics* 125 (2010): 1253-96.

11 주택 공급이 탄력적인 도시와 비탄력적인 도시를 비교하기 쉽도록 의도적으로 세로축을 그림 6.2의 세로축과 일치하도록 조정했다.

12 대출을 쉽게 받을 수 있게 되면서 이미 집을 소유하고 있는 사람들 중 더 큰 집을 사는 사람들도 있었다. 하지만 이런 경우는 전체 인구에 비해 소수에 불

과하다.

13 다음 기사를 참고하라. Ron French and Mike Wilkinson, "Easy Money, Risky Loans Drive Area Home Losses; 70,000 Filings for Foreclosure in the Past Two Years," *Detroit News*, November 27, 2007. 이 기사에 따르면, 코크란 부인도 모기지 브로커에게 속아서 거액의 리파이낸싱을 받았다.

14 Atif Mian and Amir Sufi, "House Prices, Home Equity-Based Borrowing, and the U.S. Household Leverage Crisis," *American Economic Review* 101 (2011): 1232-56.

15 Glenn Canner, Karen Dynan, and Wayne Passmore, "Mortgage Refinancing in 2001 and Early 2002," *Federal Reserve Bulletin* 88, no. 12 (2002): 469-81.

16 신용카드와 서브프라임 계층에 대한 자동차 판매의 관점에서 무분별한 대출 확대를 밝힌 연구들도 있다. David Gross and Nicholas Souleles, "Do Liquidity Constraints and Interest Rates Matter for Consumer Behavior?: Evidence from Credit Card Data," *Quarterly Journal of Economics*, no. 117 (2002): 149-85; William Adams, Liran Einav, and Jonathan Levin, "Liquidity Constraints and Imperfect Information in Subprime Lending," *American Economic Review* no. 99 (2009): 49-84.

17 예를 들어 다음 연구들을 참고하라. R. H. Strotz, "Myopia and Inconsistency in Dynamic Utility Maximization," *Review of Economic Studies* 3 (1955): 165-80; E. S. Phelps and R. A. Pollak, "On Second-Best National Saving and Game-Equilibrium Growth," *Review of Economic Studies* 35 (1968): 185-99; and David Laibson, "Golden Eggs and Hyperbolic Discounting," *Quarterly Journal of Economics* 112 (1997): 443-78.

18 유동성 제약의 효과와 행동주의적 편의로 나타나는 효과를 구별하는 것은 가계 지출 행위 관련 연구 분야에서 가장 해결하기 힘든 주제 중 하나다. 왜냐하면 유동성 제약으로 나타나는 행위와 행동주의적 이유로 나타나는 행위가 동일하게 관찰되기 때문이다. 하지만 이는 여전히 거시 경제학에서 중요

한 연구 주제이며 향후 이 분야에 진전이 있길 기대한다.

7장 ——

1 Laurids Lauridsen, "The Financial Crisis in Thailand: Causes, Conduct, and Consequences?" *World Development* 26 (1998): 1575-91.

2 Lester Thurow, "Asia: The Collapse and the Cure," *New York Review of Books*, February 5, 1998.

3 Ramon Moreno, "What Caused East Asia's Financial Crisis?" *Federal Reserve Bank of San Francisco Economic Letter* 98-24, August 7, 1998.

4 Paul Krugman, "What Happened to Asia," *Mimeo*, January 1998, http://web.mit.edu/krugman/www/disinter.html.

5 Franklin Allen and Joo Yun Hong, "Why Are There Global Imbalances?: The Case of Korea" (working paper 11-32, Wharton Financial Institutions Center, University of Pennsylvania, February 27, 2011).

6 Leon Kendall, "Securitization: A New Era in American Finance," in *A Primer on Securitization*, ed. Leon Kendall and Michael Fishman (Cambridge, MA: MIT Press, 2000).

7 예를 들어 다음을 참고하라. Claire Hill, "Who Were the Villains in the Subprime Crisis, and Why It Matters," *Entrepreneurial Business Law Journal* 4 (2010): 323-50. 클레어 힐도 다음과 같이 지적했다. 〈1990년대 말부터 월가에서는 프라임 등급이 아닌 사람들의 모기지를 이용한 증권화가 시작되었다. 이런 종류의 모기지를 이용한 주택 저당 증권 발행은 처음에는 비중이 아주 적었으나 이후 급격하게 증가하기 시작했다.〉

8 Adam Levitin and Susan Wachter, "Explaining the Housing Bubble," *Georgetown Law Journal* 100 (2012): 1177-258.

9 Joshua Coval, Jakub Jurek, and Erik Stafford, "The Economics of Structured Finance," *Journal of Economic Perspectives* 23 (2009): 3-25.

10 Coval, Jurek, and Stafford, "The Economics of Structured Finance."

11 〈바보들의 행진Chain of Fools〉은 우리들의 연구를 소개한 『이코노미스트』지의 기사 제목이기도 하다. *Economist,* "Chain of Fools," February 7, 2008.

12 Benjamin Keys, T. Mukherjee, Amit Seru, and Vikrant Vig, "Did Securitization Lead to Lax Screening?: Evidence from Subprime Loans," *Quarterly Journal of Economics* 125 (2010): 307-62.

13 다음 연구는 추가적인 증거를 제시한다. Christopher Mayer, Karen Pence, and Shane Sherlund, "The Rise in Mortgage Defaults," *Journal of Political Economy* 23 (2009): 27-50. 이들 연구에 따르면 〈증권 발행의 질은 여러 측면에서 악화되었다. 아주 적은 액수의 최초 납입금만 요구하는 모기지가 늘어났으며 소득이나 재산에 대한 증명 서류를 요구하지 않거나 거의 요구하지 않는 모기지가 특히 더 증가했다〉.

14 Tomasz Piskorski, Amit Seru, and James Witkin, "Asset Quality Misrepresentation by Financial Intermediaries: Evidence from RMBS Market" (working paper, Columbia Business School, Columbia University, February 12, 2013).

15 Adam Ashcraft, Paul Goldsmith-Pinkham, and James Vickery, "MBS Ratings and the Mortgage Credit Boom," *Federal Reserve Bank of New York Staff Report #449,* May 2010.

16 Piskorski, Seru, and Witkin, "Asset Quality Misrepresentation."

17 Yuliya Demyanyk and Otto Van Hemert, "Understanding the Subprime Mortgage Crisis," *Review of Financial Studies* 24(2011): 1848-80

18 추정치는 2007년 발행 모기지를 이용한 주택 저당 증권의 가치를 추적하는 ABX 지표를 이용해서 계산했다.

8장 ———

1 Daniel Altman, "Charles P. Kindleberger, 92, Global Economist, Is Dead," *New York Times,* July 9, 2003.

2 Robert Solow, foreword to *Manias, Panics, and Crashes: A History of Financial Crises*, 5th ed., by Charles Kindleberger and Robert Aliber (Hoboken, NJ: John Wiley & Sons, 2005).

3 Vernon Smith, Gerry Suchanek, and Arlington Williams, "Bubbles, Crashes and Endogenous Expectations in Experimental Spot Asset Markets," *Econometrica* 56 (1988): 1119-51.

4 Robert Shiller, "Do Stock Prices Move Too Much to Be Justified by Subsequent Changes in Dividends?" *American Economic Review* 71 (1981): 421-36.

5 Jeffrey Pontiff, "Excess Volatility and Closed-End Funds," *American Economic Review* 87 (1997): 155-69.

6 David Porter and Vernon Smith, "Stock Market Bubbles in the Laboratory," *Journal of Behavioral Finance* 4 (2003): 7-20.

7 이 논리를 설명하는 모형에 대해서는 다음 연구들을 참고하라. Michael Harrison and David Kreps, "Speculative Investor Behavior in a Stock Market with Heterogeneous Expectations," *Quarterly Journal of Economics* 92 (1978): 323-36; Jose Scheinkman and Wei Xiong, "Overconfidence and Speculative Bubbles," *Journal of Political Economy* 111 (2003): 1183-219; Dilip Abreu and Markus Brunnermeier, "Bubbles and Crashes," *Econometrica* 71 (2003):173-204.

8 아래 논의는 다음 연구를 참고하였다. John Geanakoplos, "The Leverage Cycle," in *NBER Macroeconomic Annual* 2009, vol. 24, ed. Daron Acemoglu, Kenneth Rogoff, and Michael Woodford (Chicago: University of Chicago Press, 2010), 1-65.

9 100×125,000달러＝1,250만 달러.

10 예를 들어 다음을 참고하라. Edward Glaeser, Joshua Gottlieb, and Joseph Gyourko, "Can Cheap Credit Explain the Housing Boom?" (working paper no. 16230, NBER, July 2010).

11 Nicola Gennaioli, Andrei Shleifer, and Robert Vishny, "Neglected Risks, Financial Innovation, and Financial Fragility," *Journal of Financial Economics* 104 (2012): 452-68.

12 Solow, foreword to *Manias, Panics and Crashes*.

13 Jon Hilsenrath, "A 91-Year-Old Who Foresaw Selloff is 'Dubious' of Stock-Market Rally," *Wall Street Journal*, July 25, 2002.

9장 ──

1 *Euronews*, "Spain's Unforgiving Eviction Law," December 11, 2012; Suzanne Daley, "In Spain, Homes Are Taken but Debt Stays," *New York Times*, October 27, 2010.

2 Gabriele Steinhauser and Matthew Dalton, "Lingering Bad Debts Stifle Europe Recovery," *Wall Street Journal*, January 31, 2013.

3 Daley, "In Spain, Homes."

4 Matt Moffett and Christopher Bjork, "Wave of Evictions Spurs Sympathy in Spain," *Wall Street Journal*, December 11, 2012.

5 Ilan Brat and Gabrielle Steinhauser, "EU Court Rules against Spanish Mortgage Laws," *Wall Street Journal*, March 14, 2013.

6 *Wall Street Journal*, "Spanish Mortgage Misery," March 21, 2013.

7 Sharon Smyth and Angeline Benoit, "PP Aims to Change Spanish Mortgage Law within Two Months," *Bloomberg*, March 27, 2013.

8 Daley, "In Spain, Homes."

9 Raphael Minder, "Bailout in Spain Leaves Taxpayers Liable for Cost," *New York Times*, June 12, 2012.

10 "Robert Reich," *Daily Show with Jon Stewart*, Comedy Central, October 16, 2008.

11 Stephen G. Cecchetti, "Crisis and Responses: The Federal Reserve in the Early Stages of the Financial Crisis," *Journal of Economic Perspectives*

23, no. 1 (2009).

12 Pietro Veronesi and Luigi Zingales, "Paulson's Gift," *Journal of Financial Economics* 97 (2010): 339-68.

13 Bryan Kelly, Hanno Lustig, and Stijn Van Nieuwerburgh, "Too-Systemic-to-Fail: What Option Markets Imply about Sector-Wide Government Guarantees" (Fama-Miller working paper, University of Chicago Booth School of Business, March 21, 2012).

14 George W. Bush, "Address to the Nation on the Financial Crisis" (speech, Washington, DC, September 24, 2008), *New York Times*, http://www.nytimes.com/2008/09/24/business/economy/24text-bush.html?pagewanted=all&_r=0.

15 Ben Bernanke, "Nonmonetary Effects of the Financial Crisis in the Propagation of the Great Depression," *American Economic Review* 73 (1983): 257-76.

16 윌리엄 둔켈버그William Dunkelberg 책임연구원이 주도한 NFIB 연구는 다음 링크를 참고하라. http://www.nfib.com/research-foundation/surveys/small-business-economic-trends.

17 Atif Mian and Amir Sufi, "Aggregate Demand and State-Level Employment," *Federal Reserve Bank of San Francisco Economic Letter* 2013-04, February 11, 2013.

18 Atif Mian and Amir Sufi, "What Explains High Unemployment?: The Aggregate Demand Channel" (working paper, University of Chicago Booth School of Business, 2012).

19 Kathleen Kahle and Rene M. Stulz, "Access to Capital, Investment, and the Financial Crisis," *Journal of Financial Economics*, forthcoming.

20 Atif Mian, Amir Sufi, and Francesco Trebbi, "The Political Economy of the U.S. Mortgage Default Crisis," *American Economic Review* 100 (2010): 67-98.

21 인터뷰 전문은 *Columbia Journalism Review* 홈페이지를 참고하라. http://www.cjr.org/the_audit/so_thats_why_the_press_wont_co_1.php?page=all&print=true. 애덤 데이비드슨은 인터뷰의 이 부분에 대해서 시청자들에게 사과를 했다.

22 이 질문은 〈금융 위기가 경제학자와 정책 입안자에게 주는 교훈〉이라는 런던 정경 대학 주최 컨퍼런스에서 나왔다. 관련 부분은 브래드 드롱Brad DeLong의 홈페이지에서 찾아볼 수 있다. http://delong.typepad.com/sdj/2013/04/reconstructing-macroeconomics-exchange-mervyn-king-ben-bernanke-olivier-blanchard-axel-weber-larry-summers.html.

23 Clea Benson, "Obama Housing Fix Faltered on Carrots-Not-Sticks Policy," *Bloomberg News*, June 11, 2012.

24 Kristin Roberts and Stacy Kaper, "Out of Their Depth," *National Journal*, March 22, 2012.

10장 ——

1 관련 CNBC 동영상은 다음 링크를 통해 볼 수 있다. http://video.cnbc.com/gallery/?video=1039849853.

2 Dina ElBoghdady, "HUD Chief Calls Aid on Mortgages a Failure," *Washington Post*, December 17, 2008.

3 SIGTARP, "Quarterly Report to Congress," April 24, 2013, http://www.sigtarp.gov/Quarterlypercent20Reports/April_24_2013_Report_to_Congress.pdf.

4 Office of the Special Inspector General for the Troubled Asset Relief Program, "Quarterly Report to Congress," April 24, 2013. 다음 링크를 참고하라. http://www.sigtarp.gov/Quarterly%20Reports/April_24_2013_Report_to_Congress.pdf.

5 Zachary Goldfarb, "Why Housing Is Still Hindering the Recovery," *Washington Post*, November 24, 2012.

6   Kristin Roberts and Stacy Kaper, "Out of Their Depth," *National Journal*, March 22, 2012.

7   다음 문헌을 참고하라. Anna Gelpern and Adam Levitin, "Rewriting Frankenstein Contracts: Workout Prohibitions in Residential Mortgage-Backed Securities," *Southern California Law Review* 82 (2009): 1075-152.

8   Ibid.

9   Ibid.

10 John Geanakoplos, "Solving the Present Crisis and Managing the Leverage Cycle," *FRBNY Economic Policy Review* 16, no. 1 (August 2010).

11. Christopher Mayer, Edward Morrison, and Tomasz Piskorski, "A New Proposal for Loan Modifications," *Yale Journal on Regulation* 26, no. 2 (2009).

12 Sumit Agarwal, Gene Amromin, Itzhak Ben-David, Souphala Chomsisengphet, Tomasz Piskorski, and Amit Seru, "Policy Intervention in Debt Renegotiation: Evidence from the Home Affordable Modification Program" (working paper, University of Chicago Booth School of Business, 2012).

13 Tomasz Piskorski, Amit Seru, and Vikrant Vig, "Securitization and Distressed Loan Renegotiation: Evidence from the Subprime Mortgage Crisis," *Journal of Financial Economics* 97 (2010): 369-97.

14 Sumit Agarwal, Gene Amromin, Itzhak Ben-David, Souphala Chomsisengphet, and Douglas Evanoff, "Market-Based Loss Mitigation Practices for Troubled Mortgages Following the Financial Crisis," (working paper, SSRN, October 2010).

15 전략적으로 채무 불이행을 할 가능성이 있음을 보이는 연구로는 다음을 참고하라. Christopher Mayer, Edward Morrison, Tomasz Piskorski, and

Arpit Gupta, "Mortgage Modification and Strategic Behavior: Evidence from a Legal Settlement with Countrywide" (working paper no. 17065, NBER, May 2011)

16 다음을 참고하라. Jesse Eisenger, "Fannie and Freddie: Slashing Mortgages Is Good Business," *ProPublica*, March 23, 2012, http://www.propublica.org/article/fannie-and-freddie-slashing-mortgages-is-good-business.

17 다음을 참고하라. Ben Hallman, "Ed DeMarco, Top Housing Official, Defied White House; Geithner Fires Back," *Huffington Post*, July 31, 2012, http://www.huffingtonpost.com/2012/07/31/ed-demarco-principal-reduction_n_1724880.html.

18 Annie Lowrey, "White House Urged to Fire a Housing Regulator," *New York Times*, March 17, 2013.

19 『넥스트 뉴딜*Next New Deal*』에 실린 마이크 콘잘Mike Konczal의 인터뷰를 참조하라. http://www.nextnewdeal.net/rortybomb/post-debate-interview-glenn-hubbard-housing-policy.

20 개략적으로 얘기하면, 명목 가격의 경직성이 있는 경우 총수요의 외부성 때문에 금융 시장의 균형이 비효율적일 수 있다. 다음 연구를 참고하라. Emmanuel Farhi and Ivan Werning, "On the Inefficiency of Financial Market Equilibria in Macroeconomic Models with Nominal Rigidities" (working paper, Harvard University, 2013). 이들의 연구에서도 자원의 이전이 비효율성을 개선하는 데 효과적일 수 있는 것으로 나온다.

21 예를 들어 이런 반례를 생각해 볼 수 있다. 7,500억 달러의 깡통 주택 모기지 부채가 있다고 하자. 만약에 이들 깡통 주택 소유자들에게 7,500억 달러를 준다고 하더라도 1달러당 0.1달러를 지출한다고 하면 소비 지출은 750억 달러 증가하는 것에 불과하며 이 액수는 전체 국내 총생산에 비하면 적은 액수이다. 하지만 이런 식의 반례는 압류가 집값과 고용에 미치는 연쇄 효과를 무시한 계산이다. 우리가 5장에서 설명한 바와 같이 연쇄 효과를 고려할 경우

효과는 훨씬 더 커진다.

22 Martin Feldstein, "How to Stop the Drop in Home Values," *New York Times*, October 12, 2011.

23 Goldfarb, "Why Housing Is Still Hindering the Recovery."

24 Craig Torres, "Household Debt Restructuring in U.S. Would Stimulate Growth, Reinhart Says," *Bloomberg*, August 5, 2011.

25 Murray N. Rothbard, *The Panic of 1819: Reactions and Policies* (New York: Columbia University Press, 1962), 7.

26 Patrick Bolton and Howard Rosenthal, "Political Intervention in Debt Contracts," *Journal of Political Economy* 110 (2002): 1103-34.

27 Rothbard, *Panic of 1819*, 24.

28 Bolton and Rosenthal, "Political Intervention."

29 Rothbard, *Panic of 1819*.

30 Ibid.

31 Ibid., 28.

32 Price Fishback, Jonathan Rose, and Kenneth Snowden, *Well Worth Saving: How the New Deal Safeguarded Home Ownership* (Chicago: University of Chicago Press, 2013).

33 Ibid.

34 Randall Kroszner, "Is It Better to Forgive than to Receive?: Repudiation of the Gold Indexation Clause in Long-Term Debt during the Great Depression" (manuscript, University of Chicago, 1998).

35 John Geanakoplos and Susan Koniak, "Mortgage Justice Is Blind," *New York Times*, October 29, 2008.

36 파산법 13장 관련 정보는 다음을 참고했다. Mark Scarberry and Scott Reddie, "Home Mortgage Strip Down in Chapter 13 Bankruptcy: A Contextual Approach to Sections 1322(b)(2) and (b)(5)," *Pepperdine Law Review* 20, no. 2 (2012): 425-96.

37 파산법 13장을 이용해 원금 탕감이 가능한지에 대한 법적 해석을 두고 많은 논쟁이 있다. 1980년대 말부터 1990년대 초까지 있었던 일련의 사건들은 1992년 〈노블먼 대 미국저축은행Novleman v. American Savings Bank〉 판결로 일단락되었다. 법원은 파산법 13장의 조항으로는 거주 주택을 담보로 하는 모기지 대출에 대한 원금 탕감은 허용되지 않는다고 판정했다. Mark Scarberry and Scott Reddie, "Home Mortgage Strip Down in Chapter 13 Bankruptcy."

38 Clea Benson, "Obama Housing Fix Faltered on Carrots-Not-Sticks Policy," *Bloomberg News*, June 11, 2012.

39 Binyamin Appelbaum, "Cautious Moves on Foreclosures Haunting Obama," *New York Times*, August 19, 2012.

40 Ibid.

41 Doris Dungey, "Just Say Yes to Cram Downs," *Calculated Risk*, October 7, 2007, http://www.calculatedriskblog.com/2007/10/just-say-yes-to-cram-downs.html.

42 Doris Dungey, "House Considers Cram Downs," *Calculated Risk*, December 12, 2007, http://www.calculatedriskblog.com/2007/12/house-considers-cram-downs.html.

43 Bill McBride, "Mortgage Cramdowns: A Missed Opportunity," *Calculated Risk*, August 20, 2012, http://www.calculatedriskblog.com/2012/08/mortgage-cramdowns-missed-opportunity.html.

44 에릭 포스너Eric Posner와 루이지 징갈레스Luigi Zingales도 이와 관련된 제안을 했다. 이들은 파산법 13장을 개정해서 우편번호 단위 지역별로 집값이 크게 하락한 지역의 경우 파산 신청을 해서 원금 탕감을 받을 수 있고 또한 당사자가 향후 집을 팔아서 수익을 낼 경우 수익을 나눠 가질 수 있도록 하자고 제안했다. Eric Posner and Luigi Zingales, "A Loan Modification Approach to the Housing Crisis," *American Law and Economics Review* 11, no. 2 (2009): 575-607.

45 Geanakoplos, "Solving the Present Crisis."

46 OCC Mortgage Metrics Report, "OCC Reports on Mortgage Performance for Fourth Quarter," March 27, 2013.

47 Roberts and Kaper, "Out of Their Depth."

48 Benson, "Obama Housing Fix Faltered."

49 International Monetary Fund, "Concluding Statement of the 2012 Article IV Mission to the United States of America," July 3, 2012, http://www.imf.org/external/np/ms/2012/070312.htm.

50 Daniel Leigh, Deniz Igan, John Simon, and Petia Topalova, "Chapter 3: Dealing with Household Debt," in *IMF World Economic Outlook: Growth Resuming, Dangers Remain*, April 2012.

51 Will Dobbie and Jae Song, "Debt Relief and Debtor Outcomes: Measuring the Effects of Consumer Bankruptcy Protection" (working paper, Harvard University, May 2013).

11장 ———

1 Irving Fisher, "The Debt-Deflation Theory of Great Depressions," *Econometrica* 1 no. 4 (1933): 341.

2 Ben Bernanke, "On Milton Friedman's Ninetieth Birthday" (speech, Conference to Honor Milton Friedman, University of Chicago, November 8, 2002).

3 엄밀하게 말하자면, 연준은 비은행 기관으로부터도 증권을 매입한다. 하지만 이들 기관이 증권을 판 대가로 받은 자금을 은행권에 예금하고, 은행권이 이 자금을 지불 준비금 형태로 보유한다면 위의 논리는 그대로 적용된다.

4 Paul Douglas, Irving Fisher, Frank Graham, Earl Hamilton, Willford King, and Charles Whittlesey, "A Program for Monetary Reform" (paper, reprinted by the Kettle Pond Institute, July 1939).

5 리처드 쿠 도 일본의 90년대 침체를 논하면서 비슷한 주장을 했다. 다음을

참고하라. Richard Koo, *The Holy Grail of Macroeconomics: Lessons from Japan's Great Recession* (Singapore: John Wiley & Sons [Asia], 2009).

6   다음을 참고하라. Peter Temin, *Did Monetary Forces Cause the Great Depression?* (New York: Norton, 1976); and Paul Krugman, "It's Baaack: Japan's Slump and the Return of the Liquidity Trap," *Brookings Papers on Economic Activity* 2 (1998): 137-205.

7   Richard Koo, "The World in Balance Sheet Recession: What Post-2008 West Can Learn from Japan 1990-2005" (presentation, "Paradigm Lost: Rethinking Economics and Politics" conference, Berlin, April 15, 2012), http://ineteconomics.org/conference/berlin/world-balance-sheet-recession-what-post-2008-west-can-learn-japan-1990-2005.

8   헬리콥터에서 돈을 뿌리는 비유를 담은 문헌 중 가장 많이 인용되는 것은 밀턴 프리드먼의 논문이다. Milton Friedman, "The Optimum Quantity of Money," in *The Optimum Quantity of Money and Other Essays* (Chicago: Aldine, 1969), 1-50.

9   Ben Bernanke, "Japanese Monetary Policy: A Case of Self-Induced Paralysis" (paper, Princeton University, 1999).

10 Martin Wolf, "The Case for Helicopter Money," *Financial Times*, February 12, 2013.

11 Willem H. Buiter, "Helicopter Money: Irredeemable Fiat Money and the Liquidity Trap; Or, Is Money Net Wealth after All?" (working paper, January 31, 2004), http://www.willembuiter.com/helinber.pdf.

12 Alan Boyce, Glenn Hubbard, Christopher Mayer, and James Witkin, "Streamlined Refinancings for Up to 13 Million Borrowers" (draft policy proposal, Columbia Business School, Columbia University, June 13, 2012), http://www8.gsb.columbia.edu/sites/realestate/files/BHMWV15-post.pdf.

13 Krugman, "It's Baaack."

14 Christina Romer, "It Takes a Regime Shift: Recent Developments in Japanese Monetary Policy through the Lens of the Great Depression" (speech, NBER Annual Conference on Macroeconomics, Cambridge, MA, April 12, 2013).

15 Emi Nakamura and Jon Steinsson, "Fiscal Stimulus in a Monetary Union: Evidence from U.S. Regions," *American Economic Review*, forthcoming.

16 Gabriel Chodorow-Reich, Laura Feiveson, Zachary Liscow, and William Gui Woolston, "Does State Fiscal Relief during Recessions Increase Employment?: Evidence from the American Recovery and Reinvestment Act," *American Economic Journal: Economic Policy* 4 (2012): 118-145; and Daniel Wilson, "Fiscal Spending Job Multipliers: Evidence from the 2009 American Recovery and Reinvestment Act," *American Economic Journal: Economic Policy*, forthcoming.

17 Gauti Eggertsson and Paul Krugman, "Debt, Deleveraging, and the Liquidity Trap: A Fisher-Minsky-Koo Approach," *Quarterly Journal of Economics* 127, no. 3 (2012): 1469-513.

18 Paul Krugman, *End This Depression Now!* (New York: Norton, 2012).

19 물론 원금 탕감의 형태로 정부 지출이 이루어진 사례들도 있다. 대표적인 예로 10장에서 논의한 주택소유자대부공사의 사례를 들 수 있다.

20 상속세는 예외이나 전체 세수에서 차지하는 비중은 0.6퍼센트에 불과하다. 다음 문헌을 참고하라. Center on Budget and Policy Priorities, "Where Do Federal Tax Revenues Come From?" April 12, 2013, http://www.cbpp.org/cms/?fa=view&id=3822.

21 Hans-Werner Sinn, "Why Berlin Is Balking on a Bailout," *New York Times*, June 12, 2012.

22 Atif Mian, Amir Sufi, and Francesco Trebbi, "Resolving Debt Overhang: Political Constraints in the Aftermath of Financial Crises," *Amer-*

ican Economic Journal: Macroeconomics, forthcoming.

23 Ibid.

24 카르멘 라인하트와 케네스 로고프의 정의에 따른 금융 위기를 대상으로 했다.

12장 ————

1 다음 문헌을 참고하라. Heidi Shierholz, Natalie Sabadish, and Nicholas Finio, "The Class of 2013: Young Graduates Still Face Dim Job Prospects," *Economic Policy Institute Briefing Paper* 360 (2013): 1-30.

2 다음 문헌을 참고하라. Federal Reserve Bank of New York, *Quarterly Report on Household Debt and Credit*, February 2013, http://www.newyorkfed.org/research/national_economy/householdcredit/DistrictReport_Q42012.pdf.

3 Andrew Martin and Andrew Lehren, "A Generation Hobbled by the Soaring Cost of College," *New York Times*, May 12, 2012.

4 Tara Siegel Bernard, "In Grim Job Market, Student Loans Are a Costly Burden," *New York Times*, April 18, 2009.

5 다음을 참고하라. Charley Stone, Carl Van Horn, and Cliff Zukin, "Chasing the American Dream: Recent College Graduates and the Great Recession," in *Work Trends: Americans' Attitudes about Work, Employers, and Government* (Rutgers University, May 2012), http://media.philly.com/documents/20120510_Chasing_American_Dream.pdf; Meta Brown and Sydnee Caldwell, "Young Student Loan Borrowers Retreat from Housing and Auto Markets," *Federal Reserve Bank of New York Liberty Street Economics Blog*, April 17, 2013, http://libertystreeteconomics.newyorkfed.org/2013/04/young-student-loan-borrowers-retreat-from-housing-and-auto-markets.html.

6 Martin and Lehren, "A Generation Hobbled."

7 Bernard, "In Grim Job Market."

8 이 장에서 논의한 내용 중 많은 부분이 로버트 실러의 연구로부터 많은 영향을 받았다. 로버트 실러는 위험을 좀 더 공평하게 분담하는 방식으로 가계 부채와 국가 부채 계약을 개선할 것을 주장해 왔다. 예를 들어 다음을 참고하라. Stefano Athanasoulis, Robert Shiller, and Eric van Wincoop, "Macro Markets and Financial Security," *FRBNY Economic Policy Review*, April 2009. 마찬가지로 케네스 로고프도 국가 부채 계약을 보다 주식 형태와 닮은 금융 계약으로 만들자고 주장했다. Kenneth Rogoff, "Global Imbalances without Tears," *Project Syndicate*, March 1, 2011, http://www.project-syndicate.org/commentary/global-imbalances-without-tears. 아데어 터너 경은 부채의 문제점과 주식 형태의 자금 조달이 가지는 장점을 잘 요약했다. Lord Adair Turner, "Monetary and Financial Stability: Lessons from the Crisis and from Classic Economics Texts" (speech at South African Reserve Bank, November 2, 2012), http://www.fsa.gov.uk/static/pubs/speeches/1102-at.pdf.

9 학자금 대출 상환액을 소득에 연동시키자는 주장은 소수 의견이 아니다. 예를 들어 다음을 참고하라. Kevin Carey, "The U.S. Should Adopt Income-Based Loans Now," *Chronicle of Higher Education*, October 23, 2011; Bruce Chapman, "A Better Way to Borrow," *Inside Higher Ed*, June 8, 2010. 엘레나 델 레이와 마리아 라시오네로의 주장에 따르면 〈소득에 연동되는 학자금 대출 제도가 광범위하게 채택되고, 학자금과 임금의 기회 비용에 해당되는 금액을 대출해 준다면 이 제도는 최적 수준의 참여를 이끌어 낼 수 있다〉. Elena Del Rey and Maria Racionero, "Financing Schemes for Higher Education," *European Journal of Political Economy* 26 (2010): 104-13.

10 Milton Friedman, "The Role of Government in Education," in *Economics and the Public Interest*, ed. Robert A Solo (New Brunswick, NJ: Rutgers University Press, 1955), http://www.edchoice.org/The-Friedmans/The-Friedmans-on-School-Choice/The-Role-of-

Government-in-Education-percent281995percent29.aspx.

11 모기지 대출에 위험 분담의 성격을 더해야 한다는 주장은 우리가 처음 제기한 것이 아니다. 예를 들어 다음 문헌들을 참고하라. Andrew Caplin, Sewin Chan, Charles Freeman, and Joseph Tracy, *Housing Partnerships* (Cambridge, MA: MIT Press, 1997); Andrew Caplin, Noel Cunningham, Mitchell Engler, and Frederick Pollock, "Facilitating Shared Appreciation Mortgages to Prevent Housing Crashes and Affordability Crises" (discussion paper 2008-12, Hamilton Project, September 2008); David Miles, "Housing, Leverage, and Stability in the Wider Economy" (speech at the Housing Stability and Macroeconomy: International Perspectives Conference, Federal Reserve Bank of Dallas, November 2013), available at http://www.bankofengland.co.uk/publications/Pages/news/2013/123.aspx.

12 월 지급액이 아니라 연간 지급액이다.

13 상환 금액이 제인의 집값에 연동된다면, 제인 입장에서는 상환 금액을 낮추기 위해 관리를 소홀히 해서 집값을 낮추려는 동기가 발생한다. 도덕적 해이를 방지하는 것이 중요하며, 그렇기 때문에 계약도 채무자가 조정 가능하지 않은 자산 가격 지표에 연동되어야 한다.

14 코어로직은 2010년 1분기 기준 1,210만 가구의 집값 대비 대출액 초과분이 8,220억 달러에 이른다고 추정했다. 책임 분담 모기지가 쓰였을 경우 압류 감소로 인해 집값이 덜 떨어지기 때문에 부채 탕감 액수도 훨씬 적어진다.

15 다음 문헌을 참고하라. Xia Zhou and Christopher Carroll, "Dynamics of Wealth and Consumption: New and Improved Measures for U.S. States," *B.E. Journal of Macroeconomics* 12, no. 2 (2012).

16 Nakamura and Steinsson, "Fiscal Stimulus in a Monetary Union."

17 Frank Fabozzi and Franco Modigliani, *Mortgage and Mortgage-Backed Securities Markets* (Boston: Harvard Business School Press, 1992).

18 Miles, "Housing, Leverage, and Stability in the Wider Economy."

19 다음 문헌을 참고하라. Gregor Matvos and Zhiguo He, "Debt and Creative Destruction: Why Could Subsidizing Corporate Debt Be Optimal?" (working paper, University of Chicago Booth School of Business, March 2013).

20 다음 문헌을 참고하라. Pierre-Olivier Gourinchas and Olivier Jeanne, "Global Safe Assets" (Bank for International Settlements working paper 399, December 2012). 이들은 논문에서 〈민간 부문에서 창출된 가치 저장 수단은 전 지구적인 충격에 대한 보험 역할을 할 수 없다. 오직 정부가 발행한 안전 자산만이 그 역할을 할 수 있으며, 그 역할도 적절한 통화 정책 으로 뒷받침될 때 가능하다〉고 주장했다.

21 Annette Krishnamurthy and Arvind Krishnamurthy, "Short-Term Debt and Financial Crisis: What Can We Learn from U.S. Treasury Supply" (working paper, Kellogg School of Management, Northwestern University, May 2013).

22 Mark Kamstra and Robert Shiller, "The Case for Trills: Giving the People and Their Pension Funds a Stake in the Wealth of the Nation" (discussion paper No. 1717, Cowles Foundation, Yale University, August 2009).

23 Rogoff, "Global Imbalances without Tears"

24 Anat Admati and Martin Hellwig, *The Bankers' New Clothes: What's Wrong with Banking and What to Do about It* (Princeton, NJ: Princeton University Press, 2013).

2000년대 초반 미국의 기술주 거품이 터지면서 주식 시장이 붕괴하
자 2년 만에 미국 가계 자산 중 6.2조 달러(당시 미국의 명목 국내 총생
산은 11조 달러에 못 미쳤다)가 사라져 버렸다. 그리고 5년 뒤 주택 시장
의 거품이 붕괴하자 2007년부터 2009년 3년 사이에 가계 자산 6
조 달러가 허공으로 사라졌다. 물가 상승을 고려하면 전자로 인한 자
산 손실이 더 크다고 할 수 있다. 하지만, 경제에 미친 충격은 후자가
훨씬 큰 것으로 나타났다. 예를 들어 전자의 경우 최악의 시기 실업률
이 6퍼센트 정도였으나 후자의 경우 10퍼센트를 상회했다. 전자의
경우 소매 지출이 불황에도 5퍼센트 증가했으나, 후자의 경우 소매
지출이 전후 가장 큰 폭인 8퍼센트나 감소했으며 880만 개의 일자
리가 사라져 버렸다. 국내 총생산에 나타난 충격의 크기도 후자가 5
배 이상 컸다. 왜 그럴까?

　광범위한 통계 분석을 통해 금융 부문과 실물 경제의 상호 작용을
밝히고, 주요 변수들 간 (상관관계가 아닌) 인과관계를 밝혀내는 데 탁
월한 재능을 보이고 있는 아티프 미안과 아미르 수피는 위 질문에 대
한 답을 명쾌하게 제시한다.

　첫 번째로 저자들은 금융 계약의 형태에 주목하고 있다. 주식과 달

리 대출 또는 채무 계약은 계약 후 채무자의 사정과 관계없이 원래 약속된 금액을 지불해야만 한다. 예를 들어 10만 달러의 집을 2만 달러의 저축과 8만 달러의 모기지 대출을 받아 집을 산 사람을 생각해 보자. 집값이 20퍼센트만 하락해도 이 사람의 순자산은 허공에 사라지지만 8만 달러의 채무는 그대로 남아 있다. 집값은 20퍼센트 하락했으나 순자산은 100퍼센트 감소했다. 바로 레버리지 효과이다. 갚아야 할 대출액은 그대로이기 때문에 채무 불이행으로 집을 압류당하든, 과도한 빚을 갚아 나가든 소비는 감소하기 마련이다(책에서는 압류로 인한 추가적인 집값 하락이 빚이 없는 사람들의 소비까지 감소시킴으로써 경제의 총수요를 떨어뜨리는 효과도 명쾌하게 설명하고 있다).

두 번째로 저자들은 자산이나 부채의 분배 상태가 중요하다는 점도 강조한다. 기술주 거품 붕괴의 충격은 주로 주식 투자를 하던 상대적 고소득층에게 돌아갔다. 이들은 이미 주택과 금융 자산을 많이 소유하고 있는 계층이었다. 반면, 주택 시장 거품의 붕괴는 빚을 내서 집을 샀던 저소득층에게 더 큰 타격을 입혔는데 이들은 주택 말고는 다른 자산이 거의 없는 계층이었다. 저자들은 우편번호 단위의 세분화된 통계를 이용해서 집값 하락이 컸던 지역에서 가계 순자산이 더 크게 감소했으며, 가계 지출도 더 크게 떨어진 것을 보이고 있다. 즉 주택 시장의 붕괴는 한계 소비 성향이 큰 사람들에게 더 큰 충격을 가함으로써 경제 전체의 총수요를 더 크게 감소시켰다는 것이다. 이것이 바로 기술주 거품 붕괴보다 최근의 금융 위기가 실물 경제에 더 큰 충격을 주고 회복세도 더딘 이유이다. 나아가 가계 부채가 2008년 미국 발 금융 위기의 원인일 뿐만 아니라 이후 이어진 대침체, 유럽 지역의 장기화된 경기 침체의 원인임을 설득력 있게 보이고 있다.

많은 학자들, 금융 시장 전문가들은 금융 중개 기능의 악화를 금융 위기와 대침체의 원인으로 생각해 왔다. 원인이 그렇다면, 처방은 당연히 금융 시장의 원활한 작동에 초점을 맞춰야 한다. 금융 위기 시기 구제 금융과 양적 완화와 같은 정책들은 모두 여기에 해당된다. 저자들은 책에서 금융 시장의 역할만으로는 금융 위기와 대침체를 설명할 수 없음을 보인다. 대신 주택 가격의 거품, 거품의 붕괴와 그에 따른 순자산의 손실로 인한 총수요의 감소에 부채가 결정적인 역할을 했음을 잘 설명하고 있다. 저자들에 따르면, 금융 중개 기능도 중요하지만, 그보다는 위기의 근본 원인이었던 부채를 직접 공략하는 방식, 즉 채무 계약의 재조정을 통해 원금을 경감시켜 주거나 이자 부담을 덜어 주는 방식이 총수요를 살려서 경제를 회복시키는 데 더 효과적인 정책이다.

〈집값 오른다고 정부에 세금 더 낼 것도 아니잖아. 왜 자신들 이득을 바라보고 무리한 대출을 받아 집 산 사람들의 빚까지 내가 책임져야 하지?〉 채무 재조정에 대한 말이 나오면 당연히 이런 반응이 나올 수 있다. 저자들은 무리한 빚을 얻어 형편 이상의 집을 산 사람들에게 면죄부를 주자는 것이 아니다. 대신 도덕적 비난을 잠시 멈추고, 경제 전체에 이득이 될 수 있는 방향으로 위기를 탈출하고 재발을 막을 수 있는 방안을 찾아보자고 제안한다. 저자들은 증권화 등을 통해 모기지 대출을 무분별하게 공급한 증거를 제시하면서 대출의 공급과 수요 측면 모두 잘못이 있을 때 모든 손실을 수요 측면, 즉 빚을 진 사람들에게 전가하는 것은 공정하지도, 효율적이지도 않다고 주장한다.

또한 저자들은 채무 재조정이 일부 좌파의 선동적 주장이 아니라 대공황 시기에 이미 효과적으로 사용되었던 정책이었고, 대침체 시기에도 오바마 행정부 관료들과 주류 경제학자 사이에서도 적극적으로 옹호되는 정책이었음을 지적한다.

그렇다면 부채의 위험성과 도덕적 해이 문제는 눈 감고 넘어가야 하는 것일까? 저자들은 차제에 이 문제를 해결할 새로운 모기지 대출 방식을 제안하고 있다. 책임 분담 모기지shared responsibility mortgage라 이름 붙인 새로운 대출 방식은 손실과 이익을 채권자와 채무자가 공유하는 것을 핵심으로 한다. 즉 채무 계약에 주식 성격을 가미해서 집값이 하락했을 경우 채무 부담을 줄여 주고, 집값 상승으로 이득이 발생했을 경우 이득을 공유하자는 것이다. 또한 도덕적 해이를 방지하기 위해 집값의 기준은 개인의 집값이 아니라, 개인이 어찌할 수 없는 지표, 예를 들어 해당 지역의 평균 시세 등으로 정하자는 것이다. 이런 방식을 통해 채무자의 경제 사정에 아랑곳하지 않는 융통성 없는 채무 계약의 해악도 줄이고 도덕적 해이 문제도 방지할 수 있다. 또한 집값이 하락할 경우 손실을 일부 부담해야 하는 채권자도 더 조심스럽게 대출을 공급하기 때문에 거품도 방지하고 대출 건전성도 높일 수 있다. 저자들은 추가적인 분석을 통해 책임 분담 모기지가 이미 미국에서 널리 쓰이고 있었다면, 대공황 이후 가장 큰 위기인 대침체는 흔히 경험하는 불황에 지나지 않았을 것이라는 것을 수치로 보이고 있다.

저자들의 제안이 우리나라의 상황에 정확하게 들어맞지 않을 수도 있다. 게다가 우리는 정책의 입안보다 실행이 훨씬 더 어렵다는 것을 잘 알고 있다. 하지만 이미 몇몇 나라에서 학자금 대출 상환 부담을 채무자의 졸업 후 수입에 비례해서 조정해 주고 있고, 영국과 우리나라에서도 손실 분담의 성격을 가진 대출 제도를 시행하기 시작했다. 부채의 위험성에 대한 문제 인식을 가지고 새로운 정책들이 시도되고 있는 것으로 보인다. (히포크라테스 선서에 나온다고 잘못 알려진) 〈무엇보다, 해를 끼치지 말라First do no harm〉의 원칙을 기억해서 경제에 해가 될 수 있는 섣부른 정책들의 시행은 조심해야겠지만, 부채에 관련된 여러 나라들의 역사적 사례들로부터 배우고, 우리 경제의 실상에 맞는 적절한 정책들을 연구해서, 이들 정책을 미리 위기 대응 방안에 포함시켜야 할 시점이라 생각한다.

이 책은 눈에 쉽게 들어오는 그래프와 수식 없는 설명으로 논의를 진행하고 있으나 실은 대부분 가장 권위 있는 학술지에 실린 연구들을 쉽게 풀어 전달한 것이다. 또한 단순히 주요 변수 사이 통계적 상관관계에 기반을 두고 설명한 것이 아니라, 제도의 차이, 지형의 차이 등 외생적인 변화를 이용해서 영리하게 인과관계를 보이고 있다. 인과관계에 기초해야 현상을 올바르게 이해할 수 있고, 바람직한 정책적 대안이 나올 수 있다. 독자들은 이 책을 통해 부채의 해악과 거시경제와의 상호 작용을 이해할 수 있을 뿐 아니라, 경제학자들이 인과관계를 밝히기 위해 어떤 통계와 방법론을 쓰는지도 즐겁게 접해 볼 수 있을 것이다.

책의 번역을 끝내는 시점에 소득 주도 성장과 부채 주도 성장에 대한 논의가 많아지고 있다. 미천한 역자의 지식과 경험으로 현 시점에서 부채 주도의 성장과 소득 주도의 성장 중에서 어떤 방향이 옳은지 단언할 수 없다. 하지만 이 책을 통해 부채가 우리의 생각보다 훨씬 위험할 수 있다는 것, 경제 위기에 대한 대책으로 금융 기관의 구제 금융만 있는 것이 아니라는 점을 인식했으면 좋겠다. 이 책을 통해 새로운 사실을 알게 됨으로써 논의의 지평이 넓혀지고, 새로운 정책적 대안들을 논의하고 고려하는 계기가 된다면 역자로서 큰 보람을 느낄 것 같다.

* * *

연구년 중에 박사 논문 지도교수였던 아티프 미안 교수의 책이 나왔다는 소식을 듣고 흥미롭게 읽다가 우리나라 경제에 시사점이 많을 것 같다는 아내의 격려 덕분에 번역을 시작했다. 번역서가 나오기까지 많은 분들의 신세를 졌다. 먼저 열린책들의 안성열 주간과 직원 분들의 헌신과 전문성 없이는 이 책이 나올 수 없었다. 부족한 제자를 늘 격려해 주시는 연세대학교 이제민 교수, 시카고 대학의 랜들 크로즈너 교수와 제임스 라이첼 교수, 브라운 대학의 수전 셔낙 교수, 프린스턴 대학의 아티프 미안 교수, 그리고 스탠퍼드 대학 경제학과에서 편안한 연구년 생활을 보낼 수 있도록 배려해 준 모니카 피아제시 교수에게 감사한다. 또한 번역 전문을 꼼꼼하게 읽으면서 매끄럽게 읽히도록 도와준 김태승 선배, 스트레스 해소에 큰 도움을 준 스탠퍼드 금밤테 사람들, 번역을 착수할 때 큰 도움을 준 김정희 선배와 친구 안현신, 단어 선택에 대해 조언을 준 친구 강수종, 서승남, 엄지용, 이창원에게도 감사한다. 그리 길지 않은 분량의 책을 번역하면서도 아내와 부모님, 가족들의 사랑과 희생으로 지은 집에서 분에 넘치는 삶을 살고 있음을 다시 한 번 절감했다. 마음의 빚이 계속 쌓여만 간다. 늘 고맙다는 말씀을 드린다.

ㄱ ──

가계 부채 7, 8, 17~29, 37, 45, 61, 69, 70,
   73, 99, 105, 106, 113, 125~129, 132,
   153, 191~198, 206~208, 211, 216,
   219, 237~241, 249, 279, 302
가계 소득 대비 부채 비율 17~19, 173
가계 지출 19, 20, 56~61, 68, 69, 94,
   186, 189, 195, 205, 234, 235, 257,
   281, 287
가우티, 애거트손 238
가이트너, 티모시 204
간과된 위험 166~169
개인 저축률 19
거품 50, 67, 68, 92, 107, 118~123,
   129~136, 154~169, 214, 219, 240,
   248, 262, 271, 286
경기 부양 65, 230, 237, 238
고용 14, 55, 86, 88, 89, 92~104, 139,
   190, 206, 216, 217, 296
공급 중심 시각 74
과다 변동성 160
『광기, 패닉, 붕괴: 금융 위기의 역사』 156
교역재 일자리 95~102
구제 금융 91, 176~178, 183~185, 190,
   195, 198, 199, 218~220, 240, 241
국내 총생산 18, 54~57, 73, 74, 81, 115,
   134, 137, 206, 211, 270, 277, 296
국내 총생산 대비 부채 비율 18, 134
국제통화기금 21, 137, 215, 216, 279
근시안적 소비자 132, 133
글릭, 루벤 20
금융 위기 6, 7, 19, 22~24, 40, 46, 54,
   91, 105, 136, 148, 156, 167, 176,
   183, 186, 187, 190~195, 229, 242,
   268~270, 293, 301
금융 자산 26, 36~42, 64, 67, 68, 259
기간 입찰 대출 182
기대 인플레이션 233~236
기술주 거품 67, 68, 192, 193
기업 투자 55, 57
기업 어음 매입 기금 182
긴급 경제 안정법 197
깡통 주택 45, 46, 79, 91, 173, 199,
   217~220, 230~232, 256, 259, 264,
   295

ㄴ ──

나카무라, 에미 237, 261

낙관주의자 162~167, 248
내구재 18, 19, 53, 54, 57, 95
노블먼 대 미국저축은행 297
니우어르뷔르흐, 스테인 반 184

ㄷ ——

단기 자금 조달 183
달러 표시 대출 138
대공황 16, 18~20, 22, 69, 75, 84,
    94, 105, 153, 185, 197, 210, 211,
    222~228, 236
대규모 자산 매입 프로그램 182
대부자 50, 120, 136, 133, 137, 142,
    143, 180~185, 218, 246, 262, 263
대차대조표 불황 283
대출 붐 113, 115~118, 126, 134, 135,
    153, 169
대침체 16~22, 25~27, 37~45, 48,
    51~57, 60~70, 75, 77, 81, 92~106,
    116, 153, 166, 175, 177, 181, 184~190,
    193~195, 199, 203, 206~212, 220,
    225~232, 238, 241, 242, 249, 255,
    262, 264, 269
던지, 도리스 214
데이비드슨, 애덤 191, 192, 293
데일리, 수전 174, 175
델 레이, 엘레나 302
뎀야닉, 율리야 152
도너번, 숀 215
도덕적 해이 135, 196, 217~220, 266,
    267, 303

도비, 윌 216, 217
디난, 캐런 281
디마르코, 에드워드 203~206
디트로이트 서쪽 지역 111~116, 136, 153,
    157, 158, 285
디플레이션 21, 84, 88, 208, 222~225,
    228, 236

ㄹ ——

라시오네로, 마리아 302
라인하트, 카르멘 22, 23, 207, 301
랜싱, 케빈 20, 21
러스티그, 하노 184
레런, 앤드루 245
레버드 로스 5, 7, 71~90, 93~96, 99,
    103, 105~107, 152, 173, 194, 195,
    207, 208, 217, 220~243, 248~250,
    255, 269, 285
레버리지 비율 37~39, 41, 63~68, 92, 151
레버리지 승수 40~42, 58, 279
레비틴, 애덤 142
로고프, 케네스 22, 23, 270, 301, 302
로머, 크리스티나 199, 236
로빈슨 크루소 경제 73~76, 282
로즈, 조너선 210
리먼브라더스 52~55, 58, 60, 281
리오스럴, 호세빅터 284
리파이낸싱 비율 232

ㅁ ——

마이너스 이자율 234

마일스, 데이비드 263, 264

마틴, 앤드루 244

맥브라이드, 빌 214

머니 마켓 펀드 167, 183, 268

먼로, 제임스 209

「멋진 인생」 139, 179

명목 소득 증가율 116, 117

모기지 대출 26, 34~41, 45~48, 51, 64, 66, 77~79, 89~91, 103, 111~126, 140~153, 156, 157, 169, 173, 193, 194, 196, 200, 201, 210, 213, 231, 232, 246, 253, 264, 297, 303

모기지 재협상 212, 213

모기지 크램다운 213~215, 239

모나코 코치 코퍼레이션 13~16, 19, 54, 85

무커지, 탄모이 148

미국 경제 회복 및 재투자법 238

미국 재무부 138, 183, 184, 268

『미국 화폐사』 224

민간 부문 증권화 142, 143, 148~152

민간 부채 7, 21~23

ㅂ ───

바이든, 조지프 213

바이스버그, 제이컵 52

바흐터, 수전 142

바흐터, 틸 폰 104

반 헤메르트, 오토 152

배젓 룰 181

뱅크런 180, 181, 183

버냉키, 벤 115, 185, 193, 224, 229, 286

베로네시, 피에트로 184

베임, 데이비드 18

벤더, 슈테판 104

벤데이비드, 이츠하크 202

벤슨, 클리 194

보험 28, 33, 34, 50, 51, 104, 179, 181, 183, 186, 217, 251, 265, 267, 304

본원 통화 225, 230

부시, 조지 W. 26, 184

부실 자산 구제 프로그램 191, 197, 198

부의 불평등 36~39, 44, 51, 106, 256

부의 이전 258

부이터, 윌럼 229

부자 39, 40, 42, 44, 50, 61, 68, 77, 116, 130, 192, 239, 268

부적격 모기지 141, 142

부정적인 외부 효과 266

부채 디플레이션 21, 84, 223, 224

「부채 축소의 오류」 61

부채 탕감 194, 196~221, 303

불황 5~9, 15~17, 20~29, 37, 38, 52~60, 69, 73~76, 80, 84, 89, 104, 105, 112, 175, 176, 186, 194, 195, 205, 207, 220, 223, 226, 228, 232~235, 238, 242, 253, 266, 269, 273, 279, 283, 284

브라운, 데릭 113

블라인더, 앨런 281

비관주의자 162~165

비교역재 일자리 95~98, 102
비그, 비크란트 202
비시니, 로버트 49, 166
비싱요르겐센, 아넷 268
비주택 투자 55~57
비탄력적인 주택 공급 121~128, 286
비합리적 기대 25, 120, 286
비합리적 행동 132
빈야민, 아펠바움 214
빚을 이용한 자금 조달 39, 265~269

ㅅ ———
사법적 압류 절차 48, 49
사이즈, 앨버트 121
서류 간소화 모기지 150, 152
서머스, 로런스 198
서브프라임 모기지 112, 144
선거 자금 조달 190
세금 정책 263, 264
세루, 아밋 148, 150, 202
센트럴밸리 45, 46, 58, 60, 100, 102
소비자 지출 192
소유자 거주 주택 150
솔로, 로버트 155
송, 재 216, 217
순자산 35~46, 50, 51, 58~70, 77~79,
    92, 94~99, 102, 106, 130, 173,
    187, 192~195, 218, 232, 250, 253,
    255~259, 281
슈로위키, 제임스 61, 281
슈미더, 요하네스 104

슈워츠, 안나 224
슈하넥, 게리 158
슐라이퍼, 안드레이 49, 166, 167
슘페터, 조지프 100
스노든, 케네스 210
스미스, 버논 158, 161
스와이어, 피터 215
스태퍼드, 에릭 143
스털츠, 르네 188
스테인손, 존 237
스튜어트, 존 177
스페인 모기지법 174
승수 효과 41, 42, 59, 261
시장 실패 199
신용 공급 156~158, 113
신용 점수 230, 231, 286
신용평가 기관 141, 146, 148, 151,
    152
신탁증서법 201
실러, 로버트 160, 251, 270, 302
실물 경기 변동 이론 282
실업 14, 15, 29, 46, 60, 73, 81,
    84~88, 91~107, 112, 137, 173, 187,
    188, 216, 220, 244, 245, 250, 261,
    269, 277, 278
실업 급여 104
실업률 14, 46, 81, 84, 87, 94,
    99~105, 112, 137, 173, 244, 261, 269
실업이 미치는 부정적 효과 15, 104,
    105, 268, 304

ㅇ ──

아가왈, 수밋 202

아드마티, 아낫 271

안전 자산 138, 141, 144~147, 167

암로민, 진 202

압류의 외부 효과 47, 62, 79

앨런, 프랭클린 137

야수적 충동에 따른 시각 25, 118~120,
    122, 165, 286

양적 완화 182, 236

에드워즈, 니니안 209

에바노프, 더글러스 202

AIG 54

연방예금보험공사 181, 183, 186

연방주택관리청 197

연방주택금융청 203, 204, 251

연방준비제도이사회(연준) 129,
    181~183, 185, 189, 193, 211,
    223~236, 298

영란은행 21, 236, 263

예측된 위험 214

오바마, 버락 91, 194, 196, 198, 199,
    204, 214, 215

오재그, 피터 198

오하니안, 리 103

올리, 마사 18, 19

올슨, 밥 13

와니체크, 크레이그 13

와이츠만, 홀 275

외부 효과 47, 62, 79, 266

우선 청구권 35, 36, 42, 44, 76, 77,

79, 169

울프, 마틴 229

워런, 엘리자베스 191

원금 탕감 91, 203~206, 213~216, 239,
    252, 297, 300

위험 분담 (원칙) 246~250, 264,
    269~271, 303

윌리엄스, 알링턴 158

윗킨, 제임스 150

유동성 함정 81, 83, 239

유럽중앙은행 236

유통 화폐 225~228, 232

은행 대출 시각 190~195

은행 중심 시각 52, 185, 187, 188,
    192, 194, 259

은행 위기 22, 23, 54~57, 60, 137, 191,
    271, 279

이자율 76, 78, 80~83, 101, 126,
    133, 134, 137, 151, 157, 181, 188,
    230~235, 250~255, 262, 263

이주 100~104, 111

인구 증가율 102

인플레이션 82, 83, 135, 223~225, 228,
    230, 233~236, 252, 269

임금 삭감 83, 84, 87~89, 102

ㅈ ──

자동차 산업 86~88, 92, 93, 96, 97, 111,
    199

자본 이득 250, 254, 255

자본 이득 공유 조항 250, 255, 262,

263

자산 가격 거품 167, 240

자산 가격 결정 이론 158, 159, 161

자산 담보부 증권 대출 창구 182

자연 치유력 80, 103

재배분 50, 84, 88~90, 100, 101, 220, 223, 284

재정 정책 8, 220~243

저금리 40, 80, 232, 233

저축자 35, 36, 76~84

전미 주택 구제 및 압류 방지 법안 197

전미중소기업연합 186, 187

정리해고 14~16, 19, 54, 57, 70, 87, 96, 97, 104, 105, 188

정부 지원 기관 140~142, 182, 203, 204, 206, 263

정부 지출 승수 261

정치적 양극화 242, 243

정치적 영향력 190

제나이올리, 니콜라 166, 167

제로 금리 하한 81~84, 101, 205, 225, 230, 233, 237, 238, 283

조르다, 오스카 7, 23

주렉, 자쿱 143

주식 형태의 자금 조달 302

주택 공급 120~128, 286

주택 공급 탄력성 122, 128

주택 담보 대출 비율 40, 66, 256, 258, 259, 279

주택 담보 대출의 채무 불이행 145, 153

주택 보수 및 개조 129

주택 시장 붕괴 69, 85, 92~99, 106, 192, 193, 205

주택 자산 37, 39, 62, 67, 78, 79, 129, 257~259

주택 저당 증권 140~153, 182, 200, 201, 230, 288, 289

주택 투자 53~57

주택소유자대부공사 210, 300

주택의 자산 효과 61, 62, 129

중앙은행 6, 80, 136~138, 180~183, 224, 226~230, 233, 235, 236, 271, 283

증권 담보부 기간 대출 182

증권화 시장 141, 148

지나코플로스, 존 50, 162, 201, 212

지불 준비금 225~230, 233, 235, 298

지역 주택 가격 지수 251~253

지역적 특성 44~46

진, 한스베르너 240

징갈레스, 루이지 184, 297

ㅊ ———

차입 제약 131, 132

차입자 35~36, 50, 76, 77, 82, 83, 144, 147, 185, 225, 230

창조적 파괴 100

채권자 6, 7, 35, 47, 79, 85~88, 95, 168, 176~178, 183~186, 190, 193, 195, 200, 203, 205, 206, 210, 211, 214~219, 223, 239~241, 248~250, 253~255, 258~260, 264

채권자 섬 85~88, 93, 95

채무 불이행 50, 79, 84~112, 114, 140~153, 188, 201~203, 210, 212, 214~216, 220, 226, 230, 245, 269, 271, 295

채무자 5~7, 28, 34, 36, 47, 62, 79~81, 84, 85, 93, 95, 106, 174~178, 203, 205, 206, 208~211, 214~219, 223, 239~241, 248~250, 258~260, 263, 267, 303

채무자 섬 6, 85~88, 93, 95

책임 분담 모기지 249~269, 303

초안전 자산 144~147, 151, 153, 154, 168, 267, 268, 271

촘시셋펫, 수팔라 202

최종 대부자 136, 137, 180~184

『충분히 구제할 가치가 있는』 210

ㅋ ──────

칼리, 캐슬린 188

캐럴, 크리스토퍼 283

컴스트라, 마크 270

케이퍼, 스테이시 195, 199, 215

케인스, 존 메이너드 16, 101, 103

켈리, 브라이언 184

코니악, 수전 212

코벌, 조시 143, 147

코커, 밥 91~94

콥-더글러스 선호 284

쿠, 리처드 228, 283, 299

크로즈너, 랜들 211

크로퍼드, 윌리엄 H. 209, 210

크루그먼, 폴 135, 228, 235, 238, 239

크리슈나무르티, 아르빈드 268

크리스틴, 로버츠 195, 199, 215

키스, 벤저민 148

킨들버거, 찰스 P. 155~157, 160, 161, 168, 169, 248

킹, 머빈 21

ㅌ ──────

탄력적인 주택 공급 120~128, 286

터너, 아데어 275, 302

테민, 피터 19

테일러, 앨런 22, 23

통화 정책 8, 220~243, 304

투매 46~40, 266

투자자 82, 134~137, 140~154, 167~169, 177, 183, 195, 200, 212, 213, 248, 259, 267~272

트랜칭 141, 144~146

트레비, 프란체스코 48, 190, 242, 257, 275

티파티 운동 196, 241

ㅍ ──────

파산 13, 26, 27, 52~55, 58, 60, 89, 173, 176, 178, 213~216, 245, 296, 297

파산 법원 178, 213~216

파산법 13장 213, 296, 297

패니메이 203, 204, 263

퍼슨스, 찰스 18, 19

펀더멘털을 강조하는 시각 24, 25,
　73~76, 79, 80, 100, 115~118, 127,
　158, 160, 282
펠드스타인, 마틴 207
폰티프, 제프리 160
프라이머리 딜러 대출 182
프레디맥 203, 204, 263
프레스턴, 스티브 197
플로서, 찰스 103
피셔, 어빙 84, 88, 222, 223, 226
피스코르스키, 토마시 150, 202
피시백, 프라이스 210
피코 점수 151

ㅎ ──────

하방 위험 보호 조항 250, 252, 254~259,
　262
하이퍼볼릭 소비자 132
하틀리, 대니얼 48
학자금 대출 182, 244~248, 266, 267,
　302
한계 대출자 113, 114, 116, 118, 121,
　122, 125, 126, 133, 143, 152
한계 소비 성향 62~70, 78, 192, 193, 195,
　204, 205, 223, 230, 238, 240, 258, 259
할부 금융 18
행동 경제학 132, 160
허버드, 글렌 204
허켄호프, 카일 103
헬리콥터 화폐 228~230, 299
헬위그, 마틴 271

〈헬프 투 바이〉 프로그램 263, 264
현금 18, 47, 81~83, 112, 133, 136, 140,
　141, 144, 159, 163, 164, 188, 217,
　228~230, 232, 238, 248, 256, 283
홀, 로버트 283
홈 에쿼티 대출 37, 126, 128, 129,
　131, 132, 218
홍주윤 137
화이트하우스, 마크 112
환율 81, 84
후순위 청구권 35, 41, 77
후순위채 179
후오, 젠 284
힐, 클레어 288

옮긴이 **박기영** 연세대 경제학부 부교수로 재직 중이다. 연세대학교 경제학과를 졸업하고 동 대학원에서 석사 학위를 받았다. 한국은행에서 근무한 이후 시카고 대학에서 경제학 박사 학위를 받았다. 주로 금융 시장과 거시 경제에 대해 연구하고 있다.

빚으로 지은 집

발행일 2014년 10월 30일 초판 1쇄
        2023년 8월 25일 초판 8쇄

지은이 아티프 미안, 아미르 수피
옮긴이 박기영
발행인 홍예빈 · 홍유진
발행처 주식회사 열린책들

경기도 파주시 문발로 253 파주출판도시
전화 031-955-4000 팩스 031-955-4004
www.openbooks.co.kr

이 도서의 국립중앙도서관 출판예정도서목록(CIP)은 서지정보유통지원시스템 홈페이지(http://seoji.nl.go.kr)와 국가자료공동목록시스템(http://www.nl.go.kr/kolisnet)에서 이용하실 수 있습니다.(CIP제어번호:CIP2014029789)

House
of
Debt